KB265764

이 시 한 의

취업 적성검사 불패노트

이시한의

취업 적성검사 불패 노트

job

aptitude test

workbook

RHK
알에이치코리아

적성검사,
이젠 공부 안 하는
사람만 손해

　　최근 들어 기업 입사 과정에서 적성검사를 공부하고 시험 보는 구직자들이 부쩍 늘었다. 불과 몇 년 전만 해도 적성검사는 아이큐 시험이라느니, 평소 실력으로 보면 된다느니 하면서 준비하는 사람을 오히려 이상하게 보았지만 요새는 매우 달라졌다.

　　평상시 실력으로 보겠다고 하면 '무슨 배짱으로 공부 한 자 안 할까?', '취업하기 싫은가 보구나'라며 이상하게 보는 시대가 되었다. 그만큼 최근 몇 년 사이에 적성검사는 취업의 필수 관문으로 자리 잡았다. 아무리 좋은 대학을 나오고, 토익 점수가 만점에 가까워도 적성검사를 통과하지 못하면 면접 볼 기회조차 가질 수 없으니 말이다. 이른바 '신(新) 취업 3종 세트'로 뽑히는 것이 바로 자기소개서, 적성검사, 면접이다.

　　단언하건대 시험 직전에 모의고사라도 한 번 풀어본 사람과 평소 실력이나 머리만 믿고 그냥 적성검사장에 들어간 사람은 점수 차이가 천양지차다. 또한 문제 유형만 쓱 훑어보고 만 사람과 열흘 이상 꾸준히 공부한 사람 역시 점수 차이가 많이 벌어진다.

어떻게 보면 적성검사는 공부를 안 한다고 해서 0점이 나오는 시험은 아니기 때문에 공부에 대한 절박함이 덜할 수 있다. 그러나 문제는 자신만 그런 것이 아니라는 점이다. 다들 어느 정도는 점수가 나오기 때문에 적성검사에서는 이른바 나를 빛내줄 '하위권'이 없다. 그런데 또 재미있는 것은 굉장히 잘 보는 사람도 없어서 중위권에 대다수 지원자들이 몰려 있다는 것이다. 결국, 한두 문제 차이로 떨어지느냐 붙느냐가 결정된다. 한 문제 더 맞고 덜 맞고에 따라 순위가 뒤바뀌는 일도 비일비재하다.

결론적으로 아주 잘하는 사람도 없지만 아주 못하는 사람도 없으므로 평균보다 몇 개 더 맞히는 데 힘써야 한다는 얘기다. 그런데 말이 쉽지 몇 문제 더 맞히는 것이 생각처럼 쉽지만은 않다. 그래서인지 최근에는 적성검사 공부의 필요성을 절실히 느끼는 구직자들이 폭발적으로 늘고 있다. 적성검사 강의라든가 오프라인 모의고사 같이 체계적 교육에 대한 수요 역시 급증하고 있다. 그러나 아직까지는 적성검사를 제대로 공부하는 사람이 많지 않은 것이 현실이다. 일반적으로 모의고사 책 한 권 사서 풀어보거나 온라인 모의고사를 한 번 보고 갈음하는 정도니 말이다. 예전에는 이 정도만 해도 아예 준비하지 않는 사람이 많아서 어느 정도 효과를 볼 수 있었지만 요즘에는 구직자라면 이 정도는 다 하기 때문에 좀더 체계적이고 효율적인 준비가 필요하다. 간략히 말하자면, 적성검사는 '남보다 조금 더 잘 보는 것'이 관건이다. 적성검사만 3개월 이상 공부하는 사람은 별로 없다. 적성검사 공부에 대한 동기부여가 부족한 탓도 있겠지만, 결정적인 이유는 삼성을 제외한 대부분 기업들의 1차 서류 통과 여부가 불투명하기 때문이다. 그렇다고 1차 서류에 붙고 나서 시작하면 늦은 감이 없지 않다.

그래서 제시하는 것이 《이시한의 취업적성검사 불패노트》의 솔루션이다. 적성검사는 기업마다 조금씩 다르게 실시하지만 문제의 본질을 따지고 보면 그만큼 비슷한 시험도 없다. 대동소이한 문제들이기 때문에 기업별로 따로 공부하기보다는 한꺼번에 유형별로 모아서 익히고, 실제 기업의 적성검사에 임박해서는 해당 기업의 모의고사를 풀어보는 식으로 준비하는 것이 훨씬 효과적이다.

이 책은 실제로 해커스 어학원에서 〈대기업 적성검사 대비반〉오프라인 강좌를 진행한 경험과 자료를 바탕으로 집필되었다. 방학 때면 미어터지는 강의실 때문에 한정적으로 강의가 열릴 수밖에 없었기에 지난 학기에도 강좌 신청이 마감돼 많은 학생들이 강의를 듣지 못했다. 안타깝게 강의를 놓친 학생들은 물론 지금 이 시간에도 고군분투할 수많은 취업준비생들에게 보다 효율적으로 적성검사를 준비할 수 있는 방법을 알리고자 이 책을 펴내게 되었다. 개인적으로는 마침 좋은 반응을 얻고 있는 『이시한의 자기소개서 불패노트』와 『이시한의 취업면접 불패노트』와 더불어 '취업3종 세트'를 완성한다는 의미도 있다.

좋은 대학에 들어가려는 이유도 따지고 보면 좋은 직장을 얻기 위한 중간과정이 아닌가. 조금만 더 공부해 적성검사라는 막판 스퍼트를 넘으면 고지가 눈앞인데, 그 앞에 주저앉아서야 되겠는가. 토끼처럼 결승선을 앞

두고 '잠깐 쉬어야지'라고 마음먹었다가는 패자로 남는 속 쓰린 경험을 하게 될지 모른다.

요즘 같은 승자독식 시대에는 승자가 아니면 아무런 의미가 없다. 최상위권 대학, 고득점 토익, 높은 학점, 어학연수 등 각종 스펙 쌓기가 지난한 경주의 과정이었다면, 자기소개서와 적성검사 그리고 면접은 마지막 스퍼트에 해당한다.

특히 그중에서도 적성검사의 경우, 많은 구직자들이 소홀히 하기 십상인 영역으로 조금만 더 신경을 쓰면 오히려 남들보다 훨씬 좋은 점수를 얻어 차별화에 성공할 수 있는 영역이기도 하다. 여기까지 잘 왔으니, 조금만 더 달리자. 이 책으로 적성검사를 준비하는 취업준비생들 모두 원하는 등수로 결승점을 끊고 합격하는 기쁨을 맛보길 기원한다.

이시한

차 례

PART 2. 언어능력 검사

PART 5. 공간능력 검사

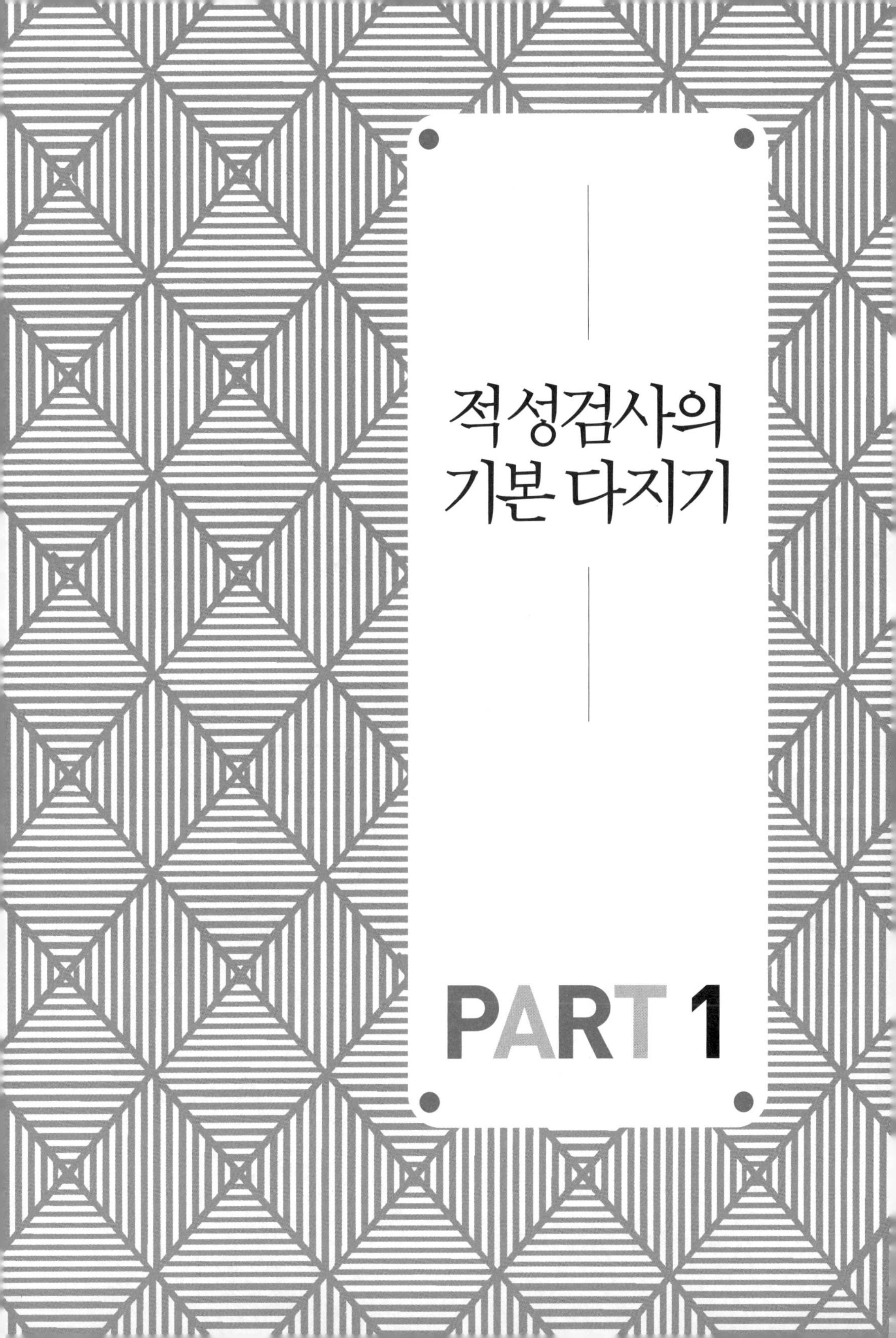
적성검사의
기본 다지기

PART 1

Chapter 1

불패의 적성검사 공략법
A to Z

얼마 전 한 취업 준비생과 상담을 하게 되었다. 보통 구직자들은 대부분 구직을 시작한 후 처음 얼마 동안은 '어떻게든 되겠지.'라는 막연한 기대감을 품게 마련이다. 그러다 1년 정도 구직 활동을 해도 취업이 되지 않으면 '어떻게 해야 되지?'라는 의문을 떠올리게 되고, 2년 정도 구직에 실패하고 헤매게 되면 '어떻게 해도 안 되겠지.'라는 절망감에 휩싸이기도 한다.

이 여성 구직자는 두 번째 단계를 지나고 있었다. 그러니까 '어떻게 해야 될까'를 고민하며 닥치는 대로 여기저기 조언을 구하고 이것저것 알아보는 중이었다는 말이다. 그녀는 도무지 이해가 안 된다고 했다. 소위 명문대를 나왔고 학점도 좋으며 토익 점수도 900에 가까운 데다 나이가 많은 것도 아닌데 도대체 왜 취업이 안 되는지 모르겠다는 것이었다. 게다가 자신이 생각하기에 외모 또한 호감형인데 여태껏 면접을 한 번 못 본 채 번번이 낙방했다고 한다.

이야기를 듣다보니 문제의 실마리는 바로 거기 있었다. 면접을 여태껏

한 번도 못 봤다는 사실 말이다. 그렇다면 그전 단계에 문제가 있었다는 것이고, 따라서 서류전형 아니면 적성검사 둘 중 하나가 실패의 주된 원인이라는 얘기가 된다. 스펙이 좋기 때문에 결국 자기소개서를 엄청나게 못 썼거나 적성검사에서 터무니없이 낮은 점수를 받았다는 소린데, 1차 서류전형에선 대부분 통과되었다는 것으로 미루어 짐작하건대 적성검사를 한 번도 통과하지 못했다는 결론을 내릴 수밖에 없었다.

그래서 그 여성 취업 준비생에게 단도직입적으로 물어봤다. "적성검사는 얼마나 공부하셨어요?" 돌아온 대답은 "그런 걸 공부까지 해야 해요?"였다.

찾았다! 이 구직자의 문제점은 지금껏 적성검사를 단 한 번도 공부하지 않은 것이었다. 취업을 위해선 꼭 거쳐야 하는 시험인데 '공부를 왜 해야 하나'는 의문은 곤란하지 않겠는가. 공부가 필요한 것은 물론이고, 한정된 시간 안에 치러야 하는 객관식 시험인 만큼 테크닉도 필요하다.

구직자의 70%를 떨어뜨리는 적성검사

취업계의 서울대라 할 수 있는 삼성을 생각해보자. 채용 인원이야 해마다 조금씩 달라지긴 하지만, 삼성에서는 매년 거의 1만 명에 가까운 신입사원을 뽑는다(경력사원의 경우는 매년 사업 영역에 따라 달라지므로 정확하게 통계 내기 어렵다). 그런데 삼성의 경쟁률은 대략 10대 1 수준이다. 다시 말해 해마다 10만여 명 정도가 삼성의 신입사원이 되기 위하여 원서를 낸다는 말이다.

삼성의 입사 프로세스는 1단계 서류전형, 2단계 적성검사, 3단계 면접 평가로 이루어진다.

그런데 다른 기업들과 차별되는 것 중 하나는 1차 서류전형에서 필터링이 거의 없다는 것이다. 그러니까 이력서 칸에 쓰라는 것만 다 쓰면 웬만하면 서류 탈락 없이 두 번째 관문인 적성검사에 간다는 말이다. 대략 9만 명 이상이 서류전형을 통과하며, 여기서 탈락하는 사람은 대부분 최소 자격요건을 갖추지 못해서 지원서의 빈 칸을 채우지 못한 사람들이다. 요컨대 토익 점수를 쓰라는 난에 최소 요건 이상의 토익 점수를 쓰기만 하면 서류 전형에서 떨어질 일은 거의 없다는 뜻이다.

이런 상황에서도 10% 정도는 걸러지는 걸 보면, 한번 찔러나 본다는 심정으로 입사지원서를 제출하는 사람도 열 명 중에 한 명은 된다는 얘기다.

삼성직무적성검사(SamSung Aptitude Test)를 줄여서 SSAT라고 하는데, SSAT를 보는 인원은 연 9만여 명 정도다. 그런데 이중에서 면접을 볼 수 있는 응시자는 보통 최종 선발인원의 2~3배 정도다. 최대로 3배수 정도 뽑아서 면접을 진행한다고 했을 때, 선발인원인 9천여 명의 3배수인 2만 7천여 명 정도가 최종적으로 면접의 기회를 가지게 되는 것이다.

물론 상반기와 하반기에 중복 지원하는 사람들도 많기 때문에 실제로 2만 7천 명에게 기회가 가는 것은 아니지만, 일단 수치만 따져보자면 그렇다는 얘기다.

면접기회가 주어지는 2만 7천 명이라는 숫자를 다른 각도에서 보면, 응시 인원의 70% 정도인 약 6만 3천여 명이 SSAT에서 떨어진다는 말이 된다. 각 기업들에서 적성검사를 실시한 것은 꽤 오래전부터다. 평균 10여 년 이상 된 시험이고, 응시생의 70%가 탈락하는 까다로운 시험임에도 불구하고 여전히 많은 취업 준비생들이 아무런 준비 없이 시험을 본다. 단순히 말해 10명 중에 3명만 되는 시험이니까, 고등학교로 치면 30명 정원의 한 반에서 10등 안에는 들어야 되는 셈이다. 이처럼 무시할 수 없는 수준의 난이도를 가진 시험을 공부 한 자 안 하고, 시험 전에 문제 몇 번 풀어본 실력으로 승부를 보고자 하는 사람이 많다.

게다가 앞서도 언급한 바와 같이 적성검사에는 나보다 월등히 낮은 점수로 나를 돋보이게 해줄 '하위권'이 없다. '하위권' 학생들은 이미 나와 다른 그레이드에서 취업의 문을 두드리고 있으며, 나와 함께 적성검사를 볼 정도의 학생이라면 우열을 가리기 힘든 수준끼리의 경쟁이므로 불과 몇 문제 차이로 결판나기 십상이다.

적성검사는 결코 쉬운 시험이 아니다. 대학 내내 그렇게 신경 썼던 학점이나 영어 점수로 걸러지는 응시자 비율은 10%이지만 평소 실력으로 보면 된다고 안이하게 여겼던 적성검사에서는 무려 70%가 걸러진다. 안타까운 현실이 아닐 수 없다.

평소 주력하던 영어공부 시간의 천분의 일 정도만 들인다면, 해외 연수 다녀올 돈의 천분의 일만 투자해서 책 한 권 사보거나 모의고사라도 본다면 몇십 배 몇백 배 이상의 효과를 거둘 수 있는데, 이 부분을 간과해서 낭패를 당하는 구직자들이 아직도 많다.

꿈의 직장 중 80%가 적성검사를 본다

2010년 기준으로 구직자들이 '갖고 싶은 일자리'로 뽑는 대기업의 경우, 무려 82.5%가 인·적성검사를 실시하는 것으로 나타났다. 사실 대기업 중에서는 롯데 정도만이 인·적성검사를 실시하지 않았었는데, 2012년부터는 롯데도 인·적성검사를 실시한다고 한다. 즉 초등학생도 이름만 들으면 알 수 있는 정도의 대기업치고 인·적성검사를 실시하지 않는 기업은 찾아보기 힘들게 되었다.

범위를 확대해서 상장기업 전체로 놓고 봐도 상장기업 556개사 중 43%인 239개사가 인·적성검사를 치르는 것으로 알려져 있다. 한 지원자가 적어도 20여 기업에 원서를 쓴다고 할 때 평균적으로는 응시한 10여 개 이상의 기업에서는 적성검사를 통과해야 한다는 말이다. 특히 자신이 가고 싶은 일자리를 대기업이라는 프레임으로 고정시키게 되면, 거의 90% 가까이는 인·적성검사를 보아야 한다.

기업들의 이름만 살짝 봐도 삼성그룹, 현대기아차, SK그룹, 두산그룹, KT, STX그룹, 한화, 현대중공업, 하이닉스, CJ, NHN, 동부그룹, S-Oil, GS그룹, 대림산업, LS산전, LG CNS, LG화학, 국민은행, 대한항공, 신한은행, 외환은행, 우리은행, 농협, 효성, 현대건설, 대우건설, LG전자, LG디스플레이, 하나은행, 대우증권, 이랜드, 각종 공사 및 공단 등이 적성검사를 실시하고 있다. 요즘엔 중견기업들도 적성검사를 실시하는 곳이 많기 때문에 사실 이런 리스트는 의미가 없다.

요즘처럼 취업하기 힘든 시대에 한두 개 회사에만 원서를 넣는 취업 준비생은 드물기 때문에, 몇 개의 회사에만 응시한다고 해도 반드시 적성검사를 보게 마련이다. 그러니 취업 준비생이라면 당연히 적성검사 준비에 힘써야 한다.

토익과 학점은 점점 비중이 떨어지고 있다

적성검사가 서류전형보다도 더 중요한 취업의 관건으로 등장했다는 사실은 취업준비생들에게도 관점의 전환이 필요한 시점임을 암시한다. 토익 점수를 50점이라도 더 올려보려고 힘들게 아르바이트해서 모은 돈은 물론 몇 개월이라는 시간을 쏟아부으며 매진하고, 학점 관리를 위해 밤샘을 불사하던 과거 취업준비 행태에서 시각을 전환할 필요가 있다는 말이다.

토익 점수나 학점은 1차 서류전형을 통과하기 위해 필요한 요소다. 그러나 서류전형 통과의 문턱이 낮아지고 오히려 적성검사가 변수로 등장한 지금, 토익 점수나 학점에 매달리기보다는 적성검사에 좀더 비중을 둘 필요가 높아졌다. 삼성의 경우는 지원자의 대부분이 삼성 직무적성검사 SSAT를 볼 수 있도록 하고 있다. 삼성뿐만 아니라 다른 기업들도 점점 그런 추세이다. 물론 1차 서류 심사를 통해 필터링을 하는 기업도 여전히 많지만 최근의 경향을 보면, 반드시 '서울 상위권 대학', '고득점 토익 점수', '높은 학점'이 있어야 통과하는 것만은 아닌 것 같다. 최근 조사 결과, 대기업 합격자의 평균 스펙은 예상 외로 높지 않다. 토익 점수만 살펴보면, 대기업 합격자의 평균 토익 점수는 2010년 745점이었고, 2011년에는 720점 정도였다. 평균 합격 점수가 800점대에도 못 미친다는 것은 놀라운 사실이 아닐 수 없다. 이 같은 동향이 나타나게 된 이유는 기업의 인사담당자들의 이야기를 들어보면 짐작할 수 있다. "아무리 토익 점수가 높아도 막상 필요할 때 써먹을 수 없는 경우가 대부분이다. 점수 따기용 공부만 하다 보니 영어 시험 점수는 높은데 정작 필요한 자리에서는 꿀 먹은 벙어리가 태반이다." 라고 호소하는 인사담당자가 한둘이 아니다. 막대한 비용을 들여 인재를 선발한 기업 입장에서는 난감한 일이 아닐 수 없다. 그렇다고 하루아침에 토익이라는 서류심사 요건을 없앨 수는 없고, 그 대안책으로 영어 말하기 시험인 오픽(OPIC)이나 토익 스피킹(TOEIC Speaking)등을 함께 보는 식으로 병행하고 있는 형편이다. 점차 서류심사 전형에서 토익 점수 비중을 낮추는 식으로 평가 방식의 조종이 불가피해 보인다. 최근에는 토익 점수가 높아도 탈락하고, 토익 점수가 낮아도 합격하는 현상이 종종 일어나고 있는데 이 같은 현실을 반영했기 때문이다.

다음으로 서류전형 합격자들의 평균 학점을 살펴보면, 3.4~3.6점인 경우가 많다. 신입생 때부터 학점관리에 힘쓰지 않으면 받기 만만치 않은 점수다. 그런데 이 역시도 들인 공에 비하면 큰 메리트가 된다고 할 수 없다. 게다가 교육과학기술부와 한국교육개발원이 조사한 통계에 따르면 전국 181개 대학의 2009학년도 졸업생 29만 2천여 명의 졸업평점 평균 분포가 A학점이 35.5%, B학점이 55.5%이라고 한다. B학점 이상이 무려 91%였다.

국정감사에서도 이와 관련해 "대학이 학생들의 취업에 학점이 활용된다는 이유로 학칙을 어기면서까지 후한 점수를 주고 있다. 따라서 과도한 성적 인플레로 인해 학점이 취업시장에서 객관적인 자료로 활용되지 못하고 있다."라는 지적이 나온 바 있다. 결국 학점은 더더욱 기업 입장에서 믿을 수 있는 자료가 못 된다는 뜻이다.

특히 지방대의 경우 서울 소재 대학보다 학점을 더 후하게 주는 편인데, 이는 취업 과정에서 겪는 지방대 졸업생들의 불리한 점을 상쇄하려는 의도가 강하다. 반대로 말하면 학점만 놓고 보면 오히려 서울에 있는 대학을 졸업한 취업준비생들이 불리한 입장에 놓인다. 공정성을 위해서라도 기업 입장에서 학점에 큰 가중치를 부여할 수 없게 된 이유다.

이렇게 객관적인 자료의 신뢰성이 무너진 상태에서 기업들이 선택할 수 있는 것은 자신들이 직접 시행하는 다소 주관적인 평가들이다. 주관적이라는 것은 개인적인 기준이 적용될 때 문제가 되는데, 그렇게 보자면 주관적인 평가를 남이 하면 문제가 될 수 있지만 입사자를 뽑는 당사자인 기업이 직접 주관적인 평가를 하는 것은 사실 문제될 것이 없다.

최근 들어 자기소개서와 면접이라는 부분이 강화된 것은 이 때문이다. 사실 최고로 강화되어야 하는 것은, 그리고 기업의 입장에서 가장 많은 비중을 두어야 하는 것은 면접이다. 1박 2일간 합숙면접을 하는 기업들은 그만큼 한 사람을 뽑는 데 신중하겠다는 의미다. 은행이나 금융권같이 고객의 돈을 다루는 직종에서 이런 면접 방식을 많이 채택한다.

하지만 면접을 대대적으로 실시하려면 시간과 돈이 많이 든다. 구직자에게 면접비를 지불하지는 않더라도, 구직자를 전부 다 면접 보려고 작정하면 한 달 내내 사람만 보고 있어야 한다. 200명 정도 뽑는 중견 기업의 경우도 최근 50대 1 정도의 높은 경쟁률을 기록하는데 지원자들을 전부 다 면접 보려면 1만 명은 족히 봐야 한다. 면접 보다가 회사 업무가 마비될 판이다.

그래서 면접보다 더 중요하게 부각된 것이 자기소개서다. 최근 입사에 성공한 친구들의 말을 들어보면 자신이 입사에 성공한 가장 중요한 요인이 무엇이라고 생각하느냐는 질문에, "자기소개서 때문인 것 같다."고 답하는 사람들이 많다. 개인적인 면접을 통해서 끌어내야 할 이야기를 1차적으로 자기소개서를 통해 검증하고, 그중 괜찮은 사람들을 다음 단계의 시험으로 넘긴다는 의미다.

두산 같은 기업은 이력서에 학점 쓰는 칸이 아예 없다. 토익 점수의 경우도 기재하는 칸은 있지만 크게 의미를 두지 않는다. 결국 두산이 1차 서류 평가에서 중요하게 평가하는 것은 취업을 위한 히스토리와 자기소개서라는 말이다. 이런 경향은 두산뿐 아니라 웬만한 대기업에서 일반적인 현상이다. 기본적으로 자기소개서를 1천 자 이상 요구한다면, 해당 기업에서 자기소개서 자체에 큰 평가비중을 두고 있다고 보면 된다. 그리고 자기소개서에서 요구하는 글자 수가 길면 길수록 자기소개서를 잘 썼을 때 합격할 비율도 높아진다고 생각하면 된다.

이런 분위기는 취업 준비생들 입장에서 바람직한 일이다. 지난날의 과오로 얼룩진 학점이 원죄처럼 따라다니지 않아서 좋고, 요령과 기술 그것도 아니면 영어권 국가에 살았던 경험에 좌우되는 토익 점수에 목매지 않아도 되니 좋다. 하지만 기업 입장에서는 평가 때문에 죽을 맛이다. 특히 인사담당자들은 몇 만 장에 달하는 지원서, 그중에서도 자기소개서를 읽어야 하니 말이다. 게다가 자기소개서의 3대 위협요소인 대필, 짜깁기, 거짓말 같은 스킬이 도사리고 있기 때문에 자기소개서에 있는 얘기를 다 믿기도 쉽지 않다.

이에 대한 타협점으로 등장한 것이 바로 적성검사다. 너무 많은 인원 때문에 일일이 다 주관적인 평가를 하는 것은 불가능하다는 현실과, 객관적 평가를 중시해 점수로 평가했더니 시험 보는 요령만 늘어 실력과 상관없이 높은 점수를 받아온다는 문제점을 해결하기 위해 거름장치로 활용하는 것이 적성검사다.

측정하는 것이 어떤 지식적인 것이 아닌 능력적인 것이고, 관리는 객관식 시험이기 때문에 채점에 박차만 가하면 며칠 안에라도 결과를 낼 수 있는 것이 바로 적성검사다. 기업에 따라 다르긴 하지만 실제로 몇 만 명에 달하는 채점 결과가 일주일 안에 발표되는 기업도 있다.

최근 취업에서 중요한 3종 세트로 등장한 자기소개서, 적성검사, 면접 중에 적성검사는 바로 이러한 의도가 숨어 있는 시험이다.

적성검사에서 측정하는 능력

적성검사를 통해서 시험할 수 있는 능력은 어떻게 생각하면 조금 단순하다. 바로 정보를 이해, 분석해서 그 정보를 활용하는 능력 정도라고 보면 된다. 요즘 기업이고 대학이고 간에 인재를 뽑을 때 중요한 기준으로 삼는 것이 바로 '창의적 문제 해결력'이다. 창의적 문제 해결력은 정보를 이해, 분석하고 그 정보를 바탕으로 새로운 정보를 추리한 다음에 그렇게 수집된 모든 정보를 바탕으로 문제점을 찾고 원인을 도출해 그 원인을 제거하는 창의적인 방법을 만들어내는 능력을 의미한다.

적성검사는 이중에서 정보를 습득하고 습득한 정보를 추리해서 자신만의 정보를 만들어내는 능력을 평가하게 된다. 적성검사에 '다음 중 가장 적절한 해결책은?' 같은 문제가 나올 수는 없다. 이런 부분에 대한 평가는 주로 면접에서 이루어지게 된다. 그래서 PT 면접 같은 것이 있는 것이다. 우선적으로 적성검사에서 물어보는 영역은 정보의 정확한 습득과 활용이라는 영역이다.

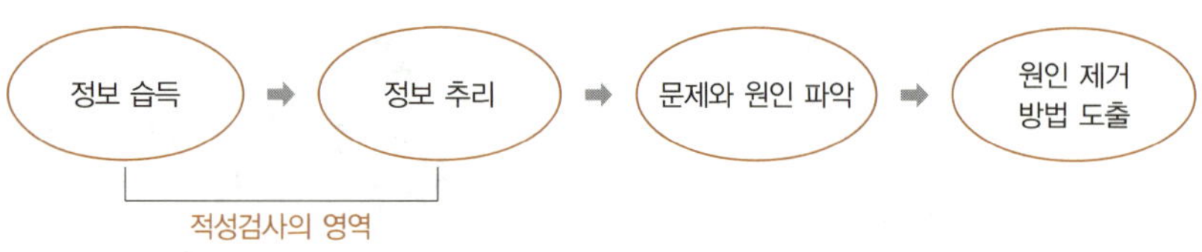

적성검사에는 크게 3가지 영역이 있는데 언어정보 이해능력, 자료정보 이해능력, 추리력이 그것이다. 여기에 이공계의 경우, 한 가지 더 추가하자면 공간에 대한 이해능력이라고 보면 된다. 다만 기업들에서는 능력 위주로만 문제를 내지 않고 있다. 문제를 내는 역량이나 노하우가 많이 쌓인 것도 아닌 데다 기초적인 학력으로 탈락자를 가려내겠다는 의도도 조금은 있어서다. 그래서 기초학력을 평가하는 문제도 약간은 출제된다. 능력으로 푸는 것이 아니라 자기가 알고 있는지 모르고 있는지가 중요한, 한마디로 상식에 가까운 것들을 확인하는 문제들이다.

분류 영역	능력 영역	기초학력 영역
언어	비문학 독해, 언어 분석	어휘, 한자
수치/자료	자료 해석, 수 추리	방정식 세우기, 공식 알기
추리	논리 추리, 상황 추리	
공간	공간 이해, 도형 추리	

적성검사도 공부가 가능한가?

사실 적성검사를 위해 오프라인에서 강의를 듣는 것은 상당히 적극적인 공부 방법이다. 필자가 2010년 하반기에 적성검사를 가르쳤을 때는 오프라인 반 기준으로 한 개 반 정도였다. 한 강의실의 수강 인원은 대략 100~200명 사이니 이 정도 수치를 생각하면 된다. 그런데 2011년 하반기에 가르친 오프라인 반 수강생은 1천여 명이 넘었다. 1년 사이에 5~10배가 늘어난 것이다.

이 수강생들 중에서 실제 적성검사를 한 번이라도 본 사람은 30~40% 정도다. 그러니까 수강생 중 3분의 1은 해보니까 안 돼서 공부하기 시작한 것이고, 나머지 3분의 2는 처음부터 공부를 단단히 하고서 적성검사를 보려고 하는 것이다.

그러니 점점 적성검사가 어려워지지 않을 수 없다. 면접 볼 사람의 2~3배수라는 선발 인원이 정해진 상황에서 객관식 시험의 점수 결과가 나오는 것이기 때문에 성적순으로 줄 세우기를 할 수밖에 없다. 내가 공부를 안 해서가 아니라, 남들이 공부를 하기 때문에 가만히 있으면 내 순위가 뒤쳐질 수밖에 없는 것이다.

적성검사를 공부하는 방법은 따로 있다. '공부가 가장 쉬웠어요.'라는 말이 어울릴 것 같은 한 서울대 졸업생의 경우, 처음에는 적성검사 공부를 하지 않았지만 나중에는 책, 모의고사를 보며 열심히 했는데도 실패의 고배를 마셔야 했다. 능력 시험과 학력 시험의 성격이 혼재되어 있는 적성검사에서 능력적인 부분의 준비가 취약했던 것이다.

능력 시험은 훈련이다. 일종의 이륜 자전거 타기라고 생각하면 된다. 페달을 밟으면 가고, 왼쪽으로 핸들을 꺾으면 자전거가 왼쪽으로 간다는 것은 금방 암기할 수 있는 것들이다. 하지만 이런 지식을 가지고 있다고 해서 이륜 자전거를 제대로 탈 수 있는 것이 아니다. 자전거가 쓰러지지 않게 중심을 잡는 원리를 몸에 익히는 훈련의 과정을 거쳐야만 자전거를 탈 수 있게 된다. 마찬가지로 정보를 분석하고 그것을 바탕으로 올바른 추리를 해내기 위해서는 기본적인 원리를 알아야 한다.

능력 시험은 실제적인 훈련이 없으면 몸에 잘 붙지 않는다. 고등학교 때 치렀던 비문학 시험만 생각해봐도 알 것이다. 수학이나 사회 같은 것은 어디서부터 어디까지라는 범위가 뚜렷하고 나름 외워서 해결할 수 있는 문제들이 많아서 "이해 안 되면 외워."라는 말을 할 수 있었다. 그래서 기초적인 것만 알면 그것을 잘 응용해서 새로운 것을 가르치는 교육이 이루어진 것이 아니라, 일단 이것저것 닥치는 대로 외우는 교육이 많았다. 문제는 이런 인재들이 사회에 배출되고 보니 아는 것은 많은데, 실제 상황에서는 대처력이 현저히 떨어지더라는 것이다.

결국 적성검사에 필요한 공부 방법도 훈련이다. 유형을 익히고, 그 유형에 맞는 풀이 솔루션을 습득하고, 그 솔루션을 자유자재로 응용할 수 있는 능력이 체화될 때까지는 훈련이 필요하다. 어느 정도 답에 근접할 수 있는 숙련 과정을 거쳐 공부가 이루어져야 한다.

현실적인 적성감사 공부 방법

능력 향상이라는 의미로 적성검사를 대하자면 사실 몇 개월을 줘도 모자른다. 하지만 실제로 적성검사를 몇 개월씩 공부하는 사람은 드물다. 기본적으로는 어느 기업의 1차 서류전형에서 합결할지 모르는 상황에서 그 기업에 맞춘 적성검사 준비를 하기가 억울할 수도 있다. 그래서 취업 준비생들은 웬만하면 1차 서류에서 거의 다 붙는 삼성의 SSAT로 준비를 한다.

이것을 준비하면 다른 기업들도 어느 정도 준비가 된다고 보기 때문이다.

하지만 이렇게 준비한다고 해도 적성검사에 투자할 시간이 부족하기만 하다. 많아야 한 달, 짧으면 일주일 만에 적성검사를 준비하는데, 시간을 보다 효율적으로 활용하기 위해서는 공부 전략을 세워야 한다.

우선 기초학력과 관련한 것은 무조건 외워야 한다. 그러니까 방정식 문제라든가, 공식 문제 같은 경우는 모른다기보다 예전에 배워서 아련한 것들이기 때문에, 시험 보기 전에 다시 한 번 풀어보면서 기억을 되살린다는 차원에서 접근하는 것이 좋다.

단 여기서 예외가 있는데, 어휘라든가 한자 같은 경우는 1~2주 남은 상황에서 외우는 것은 상당히 비효율적이다. 문제의 비중도 많지 않은데, 그 한두 문제 맞히려고 전철에서 영어 단어장도 아니고 한글 단어장을 꺼내드는 것은 누가 봐도 미련한 짓이다. 따라서 시간이 얼마 없다면 이런 부분은 과감히 '평소 실력'에 맡겨야 한다.

능력적인 것은 익혀서 향상이 금방 가능한 것이 있고 그렇지 않은 것이 있기 때문에 구분을 해야 하는데, '추리'라는 말이 들어가는 영역들은 생각보다 효율이 좋다. 언어 추리, 상황 추리 같이 퀴즈류의 문제들은 평소 그런 문제를 안 풀어서 그렇지 생각보다는 어렵지 않다. 낯선 것이지 어려운 것이 아니다. 따라서 기본적인 풀이 방법만 좀 알아놓고 유형을 익히고, 약간의 연습과정만 거치면 이런 유의 문제는 굉장한 효자 과목이 된다. 일단 풀고 나면 헷갈릴 것 없이 정확한 답이 나오기 때문이다.

수 추리나 공간 추리 같이 추리는 추리지만, 수나 공간이 붙은 것은 워낙 기발한 문제들도 나오기 때문에 다 풀려고 하지 말고 아는 것이라도 정확히 푸는 것이 중요하다. 수열 같은 경우 모든 수열이 다 특이한 것이 아니라, 반 정도는 더하고 빼고 하는 차원에서 나올 수 있기 때문이다. 그러니 평범한 변화를 보이는 것은 정확히 맞히고, 그 밖의 어렵고 복잡한 것들에서 몇 문제나 더 맞을 것인가 싸움으로 가면 효과적이다.

언어라든가 자료 해석 같은 경우는 시간이 조금 걸리는데, 그중 자료 해석 같은 경우는 자료를 읽는 연습을 한 적이 없어서 낯선 것이지, 아주 어려운 것은 아니다. 언어로 치면 거의 내용 일치 문제밖에 없기도 하다. 따라서 자료 해석의 공부는 함정이 되는 선택지의 표현들을 미리 익혀두면 도움이 된다. 함정이 될 만한 진술들은 조금 더 구체적이고 자세히 봐서, 오답에 빠져들지 않는 것이 기술이다. 정답을 찾아낸다기보다 오답을 걸러내는 풀이를 해야 한다.

사실 언어가 제일 오래 걸린다. 언어 같은 경우는 다른 능력보다 빠른 시간 안에 독해할 수 있는가가 핵심이기 때문이다. 이런 독해 습관과 속도는 하루아침에 향상되지 않는데, 이 역시 독해를 할 때 주의해야 할 포인트나 신경 써야 할 부분들을 정확하게 조준하고 보는 연습을 함으로써 어느 정도 실력을 향상시킬 수 있다.

적성검사의 유형 분류

기업들마다 실시하는 적성검사는 각기 다르지만 그 안의 문제들은 거의 대동소이하다. 적성검사지를 만드는 데 많은 예산을 쓰기보다 철저히 기존의 문제들을 재활용하는 기업들이 많기 때문이다.

다음의 유형 분류는 이 책의 유형 분류이기도 하고, 현재 실시되는 대부분의 적성검사를 수집, 분석해본 결과 나온 분석표다.

이 책에서는 아래 분류에 맞춰 대부분의 문제를 소개하고 있으니, 아주 희귀한 문제 몇 개 빼고는 실제로 적성검사를 보면서 마주칠 문제는 이 책을 통해 미리 접해본다고 봐도 무방하다. 이 정도의 준비만 해도 100개 기업 이상의 적성검사 준비를 마친 것이나 마찬가지다.

카테고리	유형	구체적인 문제 형태
언어정보	언어 이해	제시문 읽고 주제 파악, 내용 일치, 추론
	어휘	단어 사이의 관계, 한자, 속담, 들어갈 단어 등
	언어 분석	논리적 구조 맞히기, 문단 배열, 논증 분석, 들어갈 문장, 접속사 넣기 등
	추론	필연적인 추론과 화용적인 추론의 차이 구분
추리력	논리 추리	명제의 참/거짓 맞히기, 논리 퀴즈
	상황 추리	배치하기나 위치 찾기, 순서 맞히기, 매칭하기 등의 퀴즈
수치/자료정보	수리 계산	간단한 방정식, 확률 등
	수 추리	다양한 수열
	자료 해석	주어진 자료를 읽기 / 자료를 이용한 계산 문제
공간/도형정보	공간 이해	전개도 문제, 도형 통과, 펀치 뚫기 등
	도형 추리	8개 도형 주고 하나 맞히기, 도형이 변하는 규칙 찾기

인성검사란 무엇인가?

대부분의 기업이 인적성 검사라고 해서 적성검사만 보는 것이 아니라, 인성검사도 함께 보고 있다. 인성검사는 기업의 인재상에 부합하는 인성을 갖춘 인재를 가려내기 위한 시험이다. 인성검사 문제는 그야말로 따로 준비할 것이 없다. 맞고 틀린 답을 고르는 것이 아니라 자신에 대한 성격과 성향을 체크하는 문제이기 때문이다. 가령 '나는 성실하다'라는 문항이 나오면, '매우 그렇다, 그렇다, 보통이다, 아니다, 매우 아니다'라는 답변 중에 하나를 체크하면 된다. 문제는 누가 이런 질문에 '나는 매우 성실하지 않다'라고 쓰겠는가? 대부분은 이상적으로 보이는 답변을 고르기 마련이다. 그러다보니 인성검사의 효용성에 의문이 제기될 수 있다. 구직자 입장에서는 자신을 좋은 사람으로 어필하고 싶은 게 당연하다. 성격 파탄자가 아니고서야 '당신은 게으른 편입니까?'와 같은 질문에 '매우 게으르다'라고 답할 리가 있겠는가. 그래서 기업에서는 인성검사에 '허위척도'라는 장치를 마련해 구직자의 지나친 거짓말을 걸러내고 있다. 한마디로 거짓말하는 정도를 검사하는 것인데, 작은 거짓말을 걸러내려는 목적이 아니라 구직자가 마음먹고 하는 큰 방향의 거짓말을 확인하려는 목적이다. 지나치게 거짓말하는 성향의 지원자를 걸러낸다고 봐도 무방하다.

거짓말을 측정하는 방법으로는 비슷한 질문을 여러 번 해서 모순된 결과가 나타나는지를 살펴보는 것과 "나는 태어나서 거짓말을 한 번도 한 적이 없다"와 같은 현실적으로 도저히 불가능한 대답을 유도하는 질문으로 신뢰도를 측정하는 방법이 있다.

비슷한 질문을 반복해 묻는 형태

• 나는 성실하다
①매우 그렇다 ②그렇다 ③보통이다 ④그렇지 않다 ⑤전혀 그렇지 않다

• 나는 게으르다

①매우 그렇다 ②그렇다 ③보통이다 ④그렇지 않다 ⑤전혀 그렇지 않다

• 나는 꾸준하다는 말을 많이 듣는다

①매우 그렇다 ②그렇다 ③보통이다 ④그렇지 않다 ⑤전혀 그렇지 않다

보통 이런 질문을 반복하고 답변이 일관성이 있는가 없는가를 살펴본다. 수많은 문제들 사이에 드문드문 떨어져 있기 때문에 거짓말로 대답하다 보면 일관성 있게 답변하기가 어렵다. 한두 문제도 아니고 몇 백 문제들이 거의 비슷비슷하게 있기 때문에 앞에 나온 질문을 기억하기는커녕 방금 나온 문제에 뭐라고 답했는지조차 기억하기 힘든 상황이다.

비슷한 질문에 자꾸 불일치하는 결과가 나오면 신뢰성에 의심을 받게 되므로 기본적으로 자신이 생각하는 바를 기준으로 답변하는 것이 좋다.

현실적으로 불가능한 이상적인 대답을 유도하는 형태

스스로를 굉장히 잘 포장해가며 문제를 풀어나가고 있는데, 갑자기 다음과 같은 질문이 튀어나온다면 어떻게 하겠는가?

• 나는 태어나서 지금까지 거짓말을 해본 적이 없다

①매우 그렇다 ②그렇다 ③보통이다 ④그렇지 않다 ⑤전혀 그렇지 않다

태어나서 지금까지 거짓말을 하지 않는다니! 인간이라면 불가능한 일이다. 그런데 생각 외로 ①에 체크하는 구직자들이 의외로 많다. 너무 뽑히고 싶은 마음에 스스로를 높여세우는 '스트레스성 과잉포장압박'에 시달리는 구직자들이 많다는 말이다. 거짓말을 자주하느냐는 질문에는 매우 그렇지 않다라고 답할 수 있겠지만 거짓말을 해본 경험이 없느냐는 질문에 ①을 고른다는 것은 과잉포장이 아니고 무엇이겠는가. 보통 사람이면 ③이나 ④만 해도 양호한 정도일 거다.

이렇게 동화책 속에나 존재할만한 이상적인 사람으로 자신을 포장하지 않도록 주의해야 한다. 잘 보이려다 되려 신뢰성을 의심 받을 수 있다.

따라서 인성검사는 취업준비생 입장에서는 특별하게 준비할 게 있다기보다, 어떤 기조로 인성검사를 해나가면 되는가 정도를 숙지하면 된다.

또한 인성검사는 주어진 문항에 체크할 시간이 상당히 짧기 때문에 빨리빨리 체크해 나가야 한다. 머리 굴릴 시간을 주게 되면 답에 대해 이것저것 생각해볼 여지가 많아지기 때문에 기업에서는 인성검사에 시간을 많이 주지 않는다. 생각나는 대로 빨리빨리 처리하지 않으면 인성검사의 OMR 카드를 다 못 채우는 불상사가 생길 수도 있으니 주의하자. 기업이 정해놓은 인재상에 맞춘 답을 생각하다 보면 시간 안에 수행을 못하게 될 가능성이 많으므로 실제 자신이 생각하는 바를 빨리빨리 답하는 편이 더 낫다.

인성검사에 임하는 바람직한 자세

인성검사에 임할 때는 기본적으로 자신이 어떤 사람인지에 대해서 캐릭터를 가지고 있는 것이 좋겠다. 크게 보면 다음과 같은 정도가 보통 기업의 인재상일 것이다.

다음은 대표 캐릭터와 반대의 단점이 부각되기 쉬운 부분을 보완하는 방법에 대해 정리한 것이다.

1) 성실형 : 노력, 성실, 끈기 등으로 상징되는 인재. 소통에 대해서는 열려 있다는 식으로 고리타분하지 않다는 것을 보여줘야 함.

2) 창의형 : 자유로운 발상, 관점의 전환 능력 등으로 나타나는 인재. 조직 사회를 견딜 수 있을 만큼 배려와 공동체 의식이 있다는 것을 보여주면 좋음.

3) 사교형 : 소통, 배려, 공감, 이해, 섬기는 리더십 등으로 대표되는 인재. 능력적인 부분이나, 일에 대한 욕심이 있다는 것을 보여주어야 함.

4) 선의형 : 착한 품성이 돋보이는 인재인데, 이런 경우는 가능성에 대해서 보는 것이므로 배울 자세와 연결된다. 향상될 준비가 되어 있다는 가능성을 부각시켜야 함.

5) 능동형 : 능동적으로 일을 찾아 하는 인재로 설치는 것과 구분되어야 함. 능동형 인재는 일단 일부터 저지르고 보자는 '무대포'가 아니라는 것을 보여주어야 하기 때문에 철저한 계획을 세울 수 있음을 증명하면 좋음.

6) 글로벌형 : 외국인이나 외국어에 익숙한 인재들. 외국어에 익숙한 사람은 그 문화에 대한 이해나 타인종에 대해 받아들이는 폭이 넓다. 한국적인 조직문화에도 잘 적응한다는 것을 보여주어야 함.

7) 기획형 : 계획하고 기획하는 능력이 있는 인재. 탁상공론이 아니라 실

제로 실천에까지 이어지는 실천력과 의지도 가지고 있다는 것을 보여주어야 함.

이중에서 자신에게 가장 잘 맞는 것을 고르거나, 이외에도 자신의 캐릭터를 나타내줄 만한 캐릭터를 생각해서 기본 방향만 정해놓고 인성검사에 임하자. 모든 것을 다 갖춘 인재는 아무것도 안 갖춘 것이나 마찬가지로 생각될 수 있다. 캐릭터가 뚜렷한 것이 보다 설득력 있다.

자신의 성향에 맞춰 캐릭터를 정하게 되면 인성검사에서 실수할 여지도 줄어들게 된다. 잘 보이고 싶은 마음에 자신을 과대 포장하려 하다가 오히려 인성검사에서 부적합 판정을 받을 수도 있기 때문이다.

인성검사 평가지에는 '신뢰도'라는 항목이 따로 있어 작성자의 거짓말을 걸러내는 여과 장치 역할을 한다. 주로 '허위척도(lie scale)'에 따라 신뢰도를 표시하는 것인데, 이 신뢰도 점수가 기준점 이상이 되어야만 통과할 수 있다. 사실 100% 완벽하게 자신에 대해 정의할 수 있는 사람은 없기 때문에, 동일한 질문이라고 해도 어느 정도까지는 불일치하는 답변을 해도 상관없다. 즉 어느 정도는 허위척도에 걸려도 괜찮지만 그 정도가 심하면 문제가 된다는 것이다. 그러니 허위척도의 기준점을 넘지 않기 위해서라도 너무 좋은 말만 늘어놓으려고 해서는 안 된다.

간혹 인성검사 때문에 탈락했다고 주장하는 지원자들이 있는데, 실제로 그런 경우는 거의 없다. 대개 인성검사 때문이 아니라 적성검사에서 통과하지 못했을 확률이 높다. 간단한 방정식을 못 풀어서 떨어졌다고 하기에는 창피해서 인성검사 핑계를 댄다는 말이다. 무엇보다 인·적성검사는 구직자들에게 평가 결과를 알려주지 않기 때문에 인성검사에서 떨어졌다는 말은 그 사람의 짐작일 뿐이다.

　인성검사는 고귀한 성품을 지닌 사람을 뽑아내려는 시험이 아니라 치명적인 성격 결함자를 걸러내는 최소한의 필터링일 따름이다. 그야말로 기초적인 품성을 확인하는 장치일 뿐이지 취업의 문을 가로막는 높은 장벽은 아니라는 말이다. 그러니 인성검사보다는 적성검사에 포커스를 맞추고 매진하자.

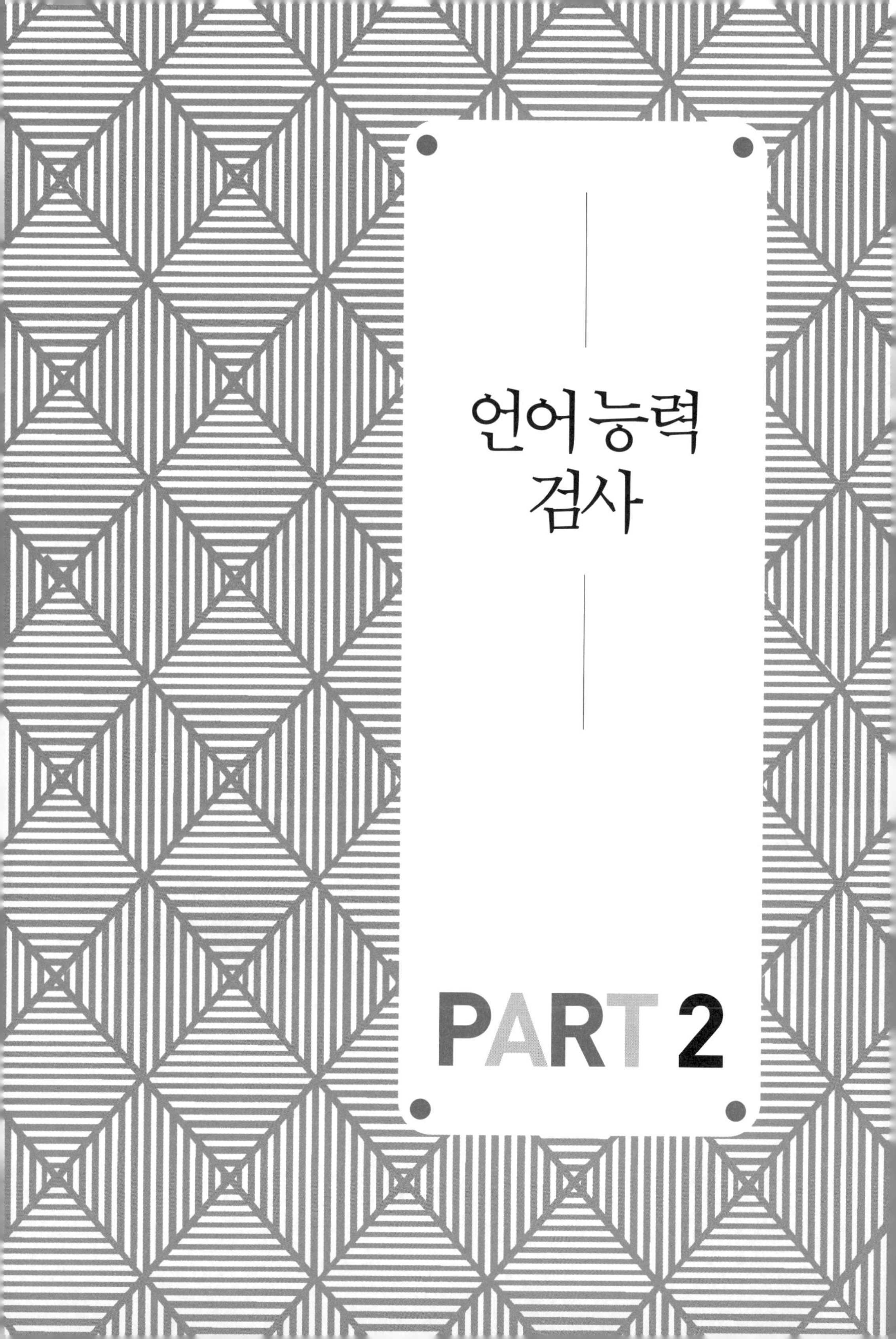

언어능력
검사

PART 2

Chapter 2

언어 이해

1) 유형

짧은 시간 내에 주어진 제시문을 읽고 제시문의 내용을 잘 이해했는지 체크하는 문제다. 주제, 내용 일치, 추론, 비판, 적용 등의 문제들이 주를 이룬다. 고등학교 시절에 풀었던 언어영역 시험의 비문학 파트와 유사하다고 생각하면 이해가 쉬울 것이다.

2) 측정 능력

현대는 정보 사회다. 제한된 시간 안에 수많은 정보를 검색하고 그중에서 도움이 되는 핵심적인 정보를 끄집어내 자기 것으로 만드는 능력이 중요하다. 이 유형의 문제들은 정보를 해석하고, 획득한 정보를 바탕으로 추론하는 능력들을 확인하기 위한 것이다.

3) 핵심 스킬

이 영역의 포인트는 정보의 '정확한 이해' 보다는 '빠르게 이해' 하는 것이다. 많은 지원자들이 '시간이 조금만 더 있었으면'이라고 탄식하지만 시간이라는 조건은 모두에게 똑같이 주어진다. 따라서 정해진 시간 안에 빨리 정보를 찾아내는 능력이 중요하다는 말이다.

빠른 시간 안에 독해를 요구하다보니, 가장 중요한 능력은 빠른 시간 안에 글을 읽는 습관이다. 대부분 시간 안에 문제를 다 못 보게 되는데, 가장 큰 이유는 글을 빨리 못 읽어서다. 문제의 수준이 높은 편은 아니므로 글만 빨리 읽으면 문제 자체에 큰 함정이나 난점은 없다. 결국 지원자들은 어떻게 하면 기존의 글 읽기 습관을 버리고, 글을 빨리 읽을 것인가에 대한 해법을 찾아야 한다.

4) 최근 경향

한 제시문을 주고 거기서 3~4문제 정도 출제하기도 하지만 어떤 기업에서는 한 제시문당 한 문제를 출제하기도 한다. 이렇게 되면 보다 빠른 독해 실력이 요구된다. 어휘라든가 논리까지 포괄하는 언어적인 문제들에서는 제시문을 읽고 문제를 푸는 언어 이해형의 문제가 대세라고 할 수 있다.

1번 아니면 3번

'와, 이번 중간고사에서 국어는 만점 나오는 것 아냐?'

고등학교 시절 보았던 중간고사를 떠올려보자. 모처럼 마음먹고 이번 시험에서만은 세상을 놀라게 하리라 생각하고 본 중간고사. 첫날엔 주로 국어 시험이 있었다. 나름 열심히 하고 본 시험이라 유난히 자신감이 있었는데 몇몇 문제들이 꼭 1번인지 3번인지 헷갈린다. 다 모르면 그냥 모르는 문제지만, 헷갈리면 쉽사리 찍지도 못한다. 그래서 한참 고민하다가 조금 더 그럴듯하다고 생각하는 1번을 찍기로 했다. 이런 식으로 5~6문제가 헷갈렸지만, 모두 다 더 맞다고 생각하는 것을 답으로 썼기 때문에 왠지 이번 시험은 성적이 아주 잘 나올 것 같다. 이러다 1등 하는 것 아냐? 커닝한 거라고 의심하면 어떻게 하지? 이렇게 떳떳하게 시험 봤는데 말야. 별별 상상을 다 하면서 답안지를 맞춰본다.

하지만 막상 답안을 맞추다 보면 내가 찍지 않은 나머지 하나가 정답이다. 5~6문제가 모두 그러니까 이런 식이라면 앞으로는 내가 답이라고 생각하지 않은 번호를 써볼까 하는 생각도 들 정도다. 하지만 또 막상 그렇게 답을 쓰면 틀리고……. 결국 국어 과목과 나는 인연이 아니라고 생각하고 암기과목을 더 파기로 한다.

언어영역을 포기하고 암기과목이나 수학에 승부를 걸기로 하고 대입 시험을 치른 사람들이라면, 언어 시험에서 두 개 중에 하나 사이에서 고민하다가 확신을 가지고 쓴 답이 오답인 아픈 기억을 가진 사람들이라면 언어에 대한 기억은 트라우마가 되어 지금도 남아 있을 것이다. 왜 두 개 중에 하나가 헷갈리면 꼭 틀리게 되는 걸까? 나는 남들과 다른 상식을 가진 사람일까? 언어 문제에서 양자택일의 고민은 어머니가 좋은지 아버지가 좋은지, 귀여운 게 좋은지 예쁜 게 좋은지 따지는 것보다 더 어려울 때가 있다. 이런 유의 시험에서 해방된 사람은 그런 고민을 다시 하게 되지 않아서 좋아했겠지만, 웬걸 취업 문턱에서도 다시 이런 고민을 만나게 된다.

비문학 부활하다!

　"수리영역은 마음잡고 공부하면 오르는 데 6개월, 외국어 영역은 1년, 언어영역은 2년이 걸린다."라는 말이 있다. 그만큼 언어 공부가 지난하고 꾸준한 실력을 요한다는 의미인데, 나 역시 고교시절 언어영역 때문에 골치를 앓곤 했다. 무엇보다도 언어영역에서 점수가 안 나오는 이유는 비문학에 있었다. 수학은 급하면 그냥 문제를 통째로 외워버리는 일도 자주 있곤 했는데, 비문학만은 범위도 없고 정해진 패턴도 없기 때문에 공부할 수가 없었던 것이다.

　하지만 이것은 잘못된 접근이다. 비문학을 공부할 때 이른바 배경지식을 아는 내용이면 쉽게 풀고, 모르면 못 풀고 하는 식으로 공부하게 되면 도무지 실력이 늘 수가 없다. 사실 그것은 비문학 시험이 아니라 상식시험이다. 비문학을 공부하는 올바른 방법은 '글을 읽는 방법'을 깨우치는 것이다.

　모르는 내용이라 하더라도 어차피 글 안에 정보가 다 들어 있기 때문에 주어진 글을 자세하게 분석하여 이해하면 비문학 문제라고 어려울 리가 없다. 문제는 언어 문제를 풀 때 이런 식의 방법으로 접근하지 않고 방대한 분량의 배경지식을 외워서 접근하려고 하기 때문에 발생하는 것이다. 배경지식을 외운다는 것은 아무리 공부해봤자 공부한 범위에서 나올 확률이 아주 빈약하다는 말과 같다. 이 말을 또 다르게 표현하면 아무리 공부해도 점수가 올라가지 않는다는 말과 '이음동의어'가 되겠다.

　갑자기 웬 학창시절 비문학 얘기냐고? 우리가 적성검사에서 만날 첫 번째 관문이 바로 비문학 영역의 문제들이기 때문이다. 게다가 해당 유형의 문제들은 대부분의 기업들에서 그 비중도 매우 크다. 이에 관련된 문제가 많이 나온다는 말이다.

언어 쪽 문제들이 아예 제시문을 주고 제시문에 대한 내용을 이해하는 것으로만 구성된 적성검사도 많고, 설혹 어휘라든가 논리적인 문제가 같이 나온다 하더라도 '언어 이해'에 해당하는 이 유형의 문제들이 일단 문제의 반 이상을 차지하는 경우가 대부분이어서, 여기서 점수를 얻지 못하는 한 결코 좋은 점수에 이르지 못한다는 사실을 명심해야 한다.

어휘에 관계된 문제들은 솔직히 그냥 외워야 할 것들이 많아서 확률 싸움이라고 볼 수 있다. 따라서 일정 정도 이상은 단기간에 점수를 올리기 힘든 부분이 있다. 하지만 우리가 지금 다루는 문제들은 분명하게 푸는 방법들이 있다. 그리고 우리는 대기업의 적성검사에서 워낙에 많은 비중을 차지하고 있는 이 유형의 문제들에서 점수를 획득해야 하기 때문에 바로 그 방법들을 분명하게 알아야 한다. 그것도 매우 짧은 시간 안에.

고등학교 시절에 언어영역 시험에 트라우마가 있는 사람들은 언어 점수를 올린다는 것, 그것도 단시일 안에 올린다는 얘기에 고개를 절레절레 저을지도 모르겠다. 하지만 그건 '배경지식 없이는 못 푼다'는 잘못된 문제 풀이 방법에 익숙해서이고, 실제로는 단시일 안에 비문학 문제들을 정복하는 방법과 요령들이 분명히 있다. 이제 그 방법을 공개한다.

언어 이해 문제의 핵심

주어진 제시문을 이해하고 그에 관련된 문제에 답하는 유형의 문제로 의외로 간단히 해결할 수 있는 경우가 대부분이다.

예전에 언어 시험에서 틀렸던 문제들을 되돌아보라. 1번과 3번이 헷갈린 것은 결국 주어진 제시문이 무슨 소리인지 정확히 이해하지 못하고, 대강 '이런 뜻일 것이다'라는 짐작하에 문제를 풀어서이다. 이런 대강의 이해는 2, 4, 5번을 제외하는 데는 문제가 없지만, 1번과 3번을 정확히 골라내는 데는 문제가 된다. 아마 이와 유사한 일이 영어 시험에서도 일어났을 것이다. 주어진 제시문을 완전히 이해하면 문제를 푸는 데 큰 지장이 없지만 제시문을 미처 다 이해하지 못하면 문제가 한없이 헷갈리는 현상 말이다.

결국 주어진 언어 파트의 문제를 잘 풀기 위한 최상의 방법은 제시문을 정확히 이해하는 것이다. 그 이해의 방법으로 배경지식적인 풀이를 생각하지만, 그래서는 제대로 된 풀이가 아니다. 그것은 언어를 이해하기보다는 지식을 아는 것에 불과하기 때문이다. 글자 그대로 주어진 언어, 그러니까 제시문만 가지고 이해에 도달해야 하는 것이 우리에게 주어진 과제다.

적장의 목을 베어라

삼국지를 보면 수많은 군사들이 뒤엉켜 싸우는 백병전도 장관이지만 장수들의 대결은 빼놓을 수 없는 명장면이다. 군사들이 지켜보는 가운데 벌인 장수들의 일대일 대결의 승패에 따라 백만대군이 그냥 물러가기도 한다.

한편, 백병전의 백미를 꼽으라면, 흩어져 도망가는 적군을 추격하며 외치는 "적장을 잡아라."라는 함성이 아닐까. 상대편의 우두머리를 잡으면 군사를 하나로 모아 유기적으로 연결하는 허브가 없어지기 때문에, 그만큼

이기기가 수월해지는 것이다. 그 말은 곧 그 많은 군사들도 장수라는 구심점이 없으면 일반인들의 집단일 뿐이지 군대로서 역할을 하지 못한다는 것이다.

글도 그렇다. 여러 가지 어휘와 단어들이 많이 나오지만, 그 상태로만 놓아두면 그냥 여러 단어들의 집합일 뿐이다. 그 단어들이 유기적으로 연결되어 뜻을 가질 때, 비로소 글이 된다. 이때 중요한 것은 핵심이 되는 단어다. 글은 가장 핵심적인 하나의 단어에 대해 설명을 한다든가, 그것에 관한 어떤 부분을 주장한다. 우리에게 주어지는 제시문은 대부분 설명문 아니면 논설문이다. 군대로 치면 장수에 해당하는 이 단어의 정체는 바로 '핵심어'이다. 영어로는 '키워드(Key Word)'라고 부른다.

글을 읽을 때 제일 중요한 스킬은 바로 '핵심어를 찾는 것'이다. 너무 당연한 말이지만, 여기에 '단 5초만에'라는 수식어를 붙이면 얘기가 달라진다. 물론 전혀 불가능한 말은 아니다. 드라마의 주인공이 결국엔 그 드라마에서 제일 자주 나오는 사람이듯이 글의 주인공인 핵심어는 그 글에서 제일 자주 나오는 단어가 된다.

핵심어는 주어진 제시문이 가진 주제의 주어다. 따라서 제일 많이 나올 수밖에 없다. 설명문이면 그 주어가 무엇인지에 대한 설명이 오고, 논설문이면 그 핵심어에 대한 설명이나 주장을 하는 글이 나오기 때문이다. 우선 제시문을 보면서 가장 많이 나오는 말이 있으면 그것이 바로 핵심어라 생각하면 된다. 만약 자주 나오는 단어가 여러 개 있으면 그중에 보다 더 중요한 단어가 무엇인지 찾으면 된다.

핵심어 찾기가 어려우면 선택지를 보자. 제시문에는 주로 객관식 문제가 주어지므로 반드시 선택지가 붙어 있기 마련인데, 따라서 선택지에 자주 언급되는 단어가 결국 핵심어가 되는 것이다.

　다음의 제시문을 예로 들어 핵심어 찾기를 시험해보자. 가볍게 읽기 어려운 제시문이긴 하지만 실제로 출제되는 제시문들의 내용 역시 가벼운 내용은 없으니 어려운 제시문을 통해 연습해두는 것이 좋다. 주어진 제시문을 그냥 읽지 말고, 핵심어가 무엇인지 찾아서 그에 대한 내용을 정리한다고 생각하며 읽어보자.

　메를로 퐁티가 몸을 '예술작품'이라 말한 것은 니체를 떠올리게 한다. 문명의 '내과의사'라고 자처한 니체가 『자라투스트라는 이렇게 말했다』에서 '내 몸은 나의 전부이며 그 이외의 아무것도 아니다. 영혼이란 몸의 어떤 면을 말해주는 것에 불과하다.'라고 말했던 것은 결코 우연이 아니다. 그는 관조적 '테오리아(theoria)'에 도전하여 벗어나는 한편, 그 자리에 '아이스테시스(aisthesis)'를 대치시켰던 것이다. 그렇게 함으로써 니체는 '마음의 눈'을 통해 영원한 천상의 이데아(eidos)를 추구하고, 지상의 덧없는 순간들을 포기해버리는 플라톤주의를 전복하려 했다.

　니체의 몸의 정치는 플라톤 이래 아주 오래되고 지금도 계속되고 있는 이론적 관조의 전통에 대한 대항이다. 청년 니체는 첫 저서인 『비극의 탄생』에서 음악을, 고대 희랍적인 음악(공연예술)을 지고의 미학으로 평가했다. 고대 희랍의 '무지케(mousike)'는 낭송시, 무용, 극 그리고 음악을 포괄하는 것이다. 니체에 따르면 오직 미적현상으로서만 존재와 세계가 영원히 정당화되며, 오직 음악만이 미적현상으로서의 세계를 정당화한다는 것이 과연 무슨 의미인지를 우리에게 가르쳐줄 수 있다. 요컨대 니체에게서 세계는 음악적 미에 의해 '측정' ―'메트론(metron)'이라는 음악적 의미에서― 되며, 이러한 음악의 일차적 존재조건은 인간의 세계와 인간바깥의 세계 모두에 우리를 조율시키는 것이다.

　몸은 늘 철학의 담론에서 고아였다. 주류 서양사상은 신체를 어두운 석굴 혹은 어두운 대륙이라고 주장했고, 신체를 벗어난 불멸을 옹호하면서 신체를 덧없고 소멸하는 상품이라고 매질하고, 심지어 '십자가에 못 박았던' 것이다. 희랍사상만이 아니라 기독교도 이점에서는 마찬가지다. 엄격하고 금욕적인 기독교인이자 신학자였으며 스스로 자신의 어렵게 생각하지 말고 이중에 눈에 띄는 핵심어가 무엇인지 살펴보자. 각 단락마다 나와 있으면서 가장 많이 나온 말, 바로 '몸'이다. 각 단락별로 '몸'에 대해 뭐라고 말했나를 정리해보자. 첫 번째 단락에서는 니체의 말에 주목한다. 그 말의 내용은 "내 몸은 나의 전부이며 그 이외의 아무것도 아니다. 영혼이란 몸의 어떤 면을 말해주는 것에 불과하다."는 것이다. 두 번째 단락에서는 니체의 몸의 정치는 플라톤 이래 아주 오래되고 지금도 계속되고 있는 이론적 관조의 전통에 대한 대항이라는 점이다. 세 번째 단락에서는 몸은 늘 철학의 담론에서 소외되어왔었다고 얘기하고 있다. 결국 이 글을 정리하면 니체에 의해 몸이 주목받았는데, 이는 그동안의 서양 전통을 깨는 참신한 시도라는 것이다.

독해의 기술

제시문은 한 단락 이상으로 구성되어 있다. 사실 핵심어에 대해 알았다 해도 단어 하나에 주목하면서 조금 더 집중력 있게 보라는 말이지 특별한 요령은 아니라고 생각할 사람도 많을 것이다. 그래서 조금 더 기술적인 요령을 소개하려고 한다. 이것이야말로 독해를 쉽게 하는 요령이고 반드시 익혀야 할 '독해의 기술'이다.

결론부터 말하면 긴 제시문에서 단락별로 중심이 되는 문장을 빨리 찾는 요령이라고 할 수 있다. 각 단락의 중심이 되는 하나의 문장들을 연결하여 한 문장으로 만들면 그게 바로 그 제시문의 주제가 된다.

친구들한테 편지를 써본 적이 언제이던가? 그나마 친구가 군대에 가게 되면 그것을 기회로 편지가 오가기도 했었지만, 최근에는 군대에서도 인터넷 사용이 가능해져 그마저도 보기 힘든 풍경이 되었다. 그렇다고 편지가 사라진 세태가 나쁘다는 것이 아니다. 편지와는 또 다른 느낌의 이메일이 있고, 오히려 이 새로운 의사 전달 매체는 훨씬 더 많은 양의 정보를 교환하는 수단이 되곤 하니 말이다.

그런데 친구에게 이메일을 쓸 때, 띄어쓰기는 잘하고 있는가? 대부부은 틀림없이 띄어쓰기를 할 것이다. 안 그러면 독해가 쉽지 않으니까. 그렇다면 단락 간에도 칸을 띄고 글을 쓰는가? 아마 틀림없이 단락을 띄울 것이다. 그렇지 않으면 스크롤의 압박이라며 친구한테 욕먹기 십상일 것이다. 그렇다면 진짜 중요한 질문 하나! 언제 단락을 띄워야 할까?

바로 이 질문에 대한 대답에 중요한 원리가 들어 있다. 대부분의 사람들은 말하고자 하는 내용이 바뀐다고 느낄 때 단락을 띄운다. 예를 들어 이메일로 친구에게 리포트 내용을 물어보는 단락에, 그대로 이어서 같은 과 친구인 영철이에 대한 험담을 쓰지는 않는다. 말로 하자면 '그나저나 영철이 말이야…….' 하며 전환을 하겠지만 글에서는 그런 식의 전환을 단락을 띄우는 것으로 나타낸다. 그래서 리포트 내용에 대한 토론과 영철이에 대한 험담은 다른 단락에 적혀지게 되는 것이다. 거기다가 요즘 지하철역이 공사해서 등교하기가 더 귀찮아졌다는 말까지 덧붙이고 싶다면 그 역시 단락을 띠워야 할 것이다.

이 이메일에는 세 단락이 존재한다. 리포트, 영철이, 지하철역이 각 단락의 핵심이다. 그리고 이에 대한 주제 문장은 '리포트 쓰기 어렵고, 영철이는 나쁘고, 지하철역 공사 때문에 등교하기도 어렵다.' 정도로 정리하면 될 것이다. 이렇게 주제 문장을 연결하니, 한마디로 최근에 학교생활이 힘들어졌다는 말로 정리가 된다. 그러니까 이 이메일에는 최근 학교생활의 고충을 토로하는 내용이 담겨 있다고 말하면 어느 정도 내용을 잘 정리했다고 말할 수 있다.

한 단락에는 하나의 내용이 담겨 있다. 그리고 그에 대한 주제 문장이 존재한다. 주제 문장은 여러 개일 수도 있다. 모든 사람이 글을 간결하게 잘 쓰는 것은 아니니까. 그런 글을 읽을 때면 중언부언한다는 느낌을 받게 된다. 그렇지만 우리가 접하는 문장들은 아마도 한 단락에 한 개의 주제 문장을 가질 것이다. 시험의 제시문으로 채택될 정도의 글은 어느 정도 잘 쓴 글로 검증이 끝난 글이라고 볼 수 있기 때문이다. 따라서 한 단락에 하나의 주제 문장이 있다는 전제로 제시문을 읽어도 큰 무리는 없겠다.

한 단락에서 추출한 하나의 주제 문장들을 연결해서 그대로 내용을 가진 문장으로 만들거나, 나열된 내용들을 통합할 수 있는 키워드로 정리하게 되면 그것이 바로 그 글의 주제가 된다. 그리고 그 글의 주제를 명사형으로 만들면 그것이 그 글의 제목이 될 것이다. 앞서 예를 들었던 '최근에 학교생활이 너무 힘들다'는 내용에 제목을 붙이면 '최근 학교생활의 어려움' 정도가 된다.

이제 '쉽게 제시문을 읽는 방법'이라는 막연한 목표가 '쉽게 한 단락에서 주제 문장을 찾아내는 방법'이라는 구체적인 목표로 바뀌게 되었다. 그럼 다시 여기서 의문이 생긴다. 어차피 한 단락에서 제일 중심이 되는 주제 문장을 찾으려면 한 번은 꼼꼼히 읽어야 하는 것 아닌가 하는 그런 생각 말이다. 문제는 속도다. 대부분의 적성검사에서 가장 문제가 되는 것이 바로 속도다. 시간만 주면 얼마든지 풀겠지만, 시간이 없어 못 풀겠다는 하소연이 고충사항으로 가장 많이 개진되는 것들이다. 이제 진짜 중요한 빠른 속도로 중요한 문장을 찾는 요령을 알아보자.

독해 속도 향상의 비법

독해를 위해 제안한 한 가지 방법은 단락별 주제 문장을 찾는 것이다. 그렇다면 어떻게 빨리 찾을 것인가? 생각보다 요령은 간단하다. 주제 문장이 될 만한 것들을 외우는 것이다. 다음에 제시하는 요령들은 특징적으로 구성된 한 단락에서 빨리 주제 문장을 찾아내는 대표적인 방법들이다.

두괄식 구성 유형

"너 정말 마음에 안 든다." 누군가 당신에게 대뜸 이렇게 말하면 당신은 어떻게 대응할 것인가? "어디다 대고……"라고 발끈하는 사람보다는 "왜?"라고 일단 묻는 사람이 더 많을 것이다. "저는 신자유주의에 반대합니다."라고 누군가 말했다면 역시 우리는 "왜?"라고 묻고 싶어질 것이다. 생각해보면 자신의 의견을 먼저 말하는 방법은 말하기의 좋은 요령이다.

좋은 말하기는 기본적으로 청중이 듣고 싶어 하는 말하기여야 한다. 이때 결론부터 말하게 되면 청중은 자연히 그 이유를 듣고 싶어 하게 된다.

세련되고 간결하게 잘 쓴 글일수록 글의 핵심을 제일 앞머리에 제시하는 두괄식 구성을 따르고 있을 때가 많다. 의견도 명료하고, 청중들의 궁금증을 일으키는 좋은 방법이기도 하니 말이다. 그래서 먼저 자신의 의견을 정확히 말하는 서양의 전통에서는 제일 앞문장이 주제 문장인 경우가 80%다. 하지만 우리 글에선 자신의 의견을 정확히 말하지 않고 은유에 숨겨놓는 동양의 전통을 따르는 글도 많기 때문에 60% 정도를 두괄식 구성이라고 보면 된다. 설명문이나 논설문 역시 동양적 전통에 따르는 글이라기보다는 서양적 전통에 더 가까운 글이 많아 두괄식 글이 압도적으로 많다.

현대 연극에서는 오브제도 다양한 해석 행위의 좋은 대상이 된다. 예전의 연극에서 오브제는 극중 인물의 형상화와 상황의 전개를 돕는 소품으로, 단지 리얼리티의 재현 도구로 사용되었을 따름이다. 그러나 현대 연극에 이르러 오브제는 극적 상상력을 확대하는 중요한 기표가 되었다.

접속사 뒤에 결론이 오는 유형

'그러므로', '따라서' 등의 접속사 뒤에 배치하는 경우다. 우리가 잘 아는 삼단논법으로 예를 들어보자. "모든 사람은 죽는다. 소C는 사람이다. 그러므로 소C는 죽는다." 이 글에서 핵심 주장은 '모든 사람은 죽는다.'가 아니다. 결론은 "그러므로 소C는 죽는다."이다. 그렇다면 이 글에서 제일 앞문장의 역할은 무엇일까? 이 경우 제일 앞문장은 이 글의 결론을 성립시키기 위한 전제가 된다. 결론은 '그러므로'가 지시하고 있다. 이러한 유의 접속사는 '앞의 문장들을 종합해 보면 그러므로(따라서) 이러저러하게 된다.'는 정도의 뜻을 가지고 있는 셈이다. 주제 문장을 드러내주는 다른 접속사로는 '결과적으로', '요컨대', '즉' 등이 있다.

개기 일식을 관찰할 수 있다는 것은 매우 우연적인 결과이다. 지구의 위성인 달이 태양보다 400분의 1 정도로 그 크기가 작지만, 현재 시점에서 달은 태양보다 우리에게 400배 정도 가까이에 위치해 있다. 그러므로 하늘에 떠 있는 달과 태양은 겉보기 크기가 거의 비슷하여 개기 일식을 연출할 수 있는 것이다.

앞말과 뒷말의 대조로 강조하는 유형

'그러나'가 붙어 있다는 것은 앞에서 언급한 말과 정반대로 얘기하고 있다는 뜻이다. 그러니까 이 경우 글쓴이가 하고 싶은 말은 '그러나'의 앞이나 뒤 중 하나라는 것이다. 정반대되는 의견이니 이 둘을 전부 옳다고 우기지는 못할 테니 말이다. 그런데 보통은 '그러나'로 연결을 하게 되면 하고 싶은 말을 뒤쪽에 배치한다. "너는 참 괜찮은 사람이라고 생각했었어. 그러나 요즘에는 내 생각이 잘못된 게 아닐까 하는 의심이 들어."라는 말에서 중요한 것은 예전의 생각이 아니라, '그러나' 이후의 지금의 생각일 것이다.

처음부터 "넌 왜 그렇게 못됐니?"라고 말하면 되지 왜 앞의 말을 해서 헷갈리게 할까? 간단히 말하면 '그러나' 이전은 '그러나' 이후의 말에 힘을 실어주기 위한 밑밥이 되는 것이다. 앞의 말과 대조가 되어야 뒤의 말을 더 강조할 수 있기 때문이다.

19세기 말에 이르러 화학공업을 필두로 과학과 기술이 만나기 시작한 이래 20세기에 들어서면서 과학을 바탕으로 한 새 기술 분야들이 속출했고, 오늘날에 이르러서는 과학의 성과를 활용하지 않는 기술 부분이 거의 없게 되었다. 그러나 과학의 성과가 기술로 일방적으로 넘어가는 것은 아니다. 과학 또한 기술의 성과에 힘입는바 적지 않다. 현대 과학의 주요 연구 기기들은 대부분 현대의 첨단 기술을 통해 얻어진다.

의문형 앞에 주제가 오는 유형

의문문이 제일 앞에 와 있는 경우에는 그 의문에 대한 답이 주제 문장이 된다. 인터넷에 "유재석과 강호동 중 누가 더 뛰어난 MC일까?"라는 제목 의 글이 있어 클릭했더니 기사 내용은 "기자도 참 궁금하다."는 것이었다. 자연히 "이런 개나리~, 진달래~" 같은 말이 튀어나오게 된다.

왜 그럴까? 보통 사람이라면 이런 의문문 형태의 제목을 보는 순간, 이 에 대한 답도 있을 것이라고 기대하고 클릭하게 되는데 답은 쏙 빼놓고 없 기 때문이다. 신문기사야 '낚시'를 해서라도 조회수를 올리려는 의도 때문 에 어쩔 수 없다지만, 보통의 설명문이나 논설문에서는 의문문이 제일 앞 에 붙으면 그 의문에 대한 답이 반드시 뒤에 오게 마련이다. 그리고 바로 그것이 그 단락의 주제 문장이 된다.

이와 같은 연극을 접한 관객들은 과연 어떤 태도를 지녀야 할까? 작품의 다층적이고 복합적인 성격 중에서 오브제가 지닌 이미지를 적극적으로 수용하는 것이 한 방법이 된다. 오브제는 이제 관객들의 해석을 기다리는 기호, 곧 관객과 무대를 이어주는 가교가 된다. 관객은 오브제를 통해 작품의 의미를 해석해내거나 자신의 삶과 연관시켜 새로운 의미를 생산해내는 경험을 하게 된다. 오브제는 공연의 영역에 속해 있는 동시에 관객들의 삶에 속해 있는 것이다.

인용이나 예화를 활용한 유형

인용이나 은유, 예화를 포함한 문장이 제일 앞에 오게 되면 그 은유나 인용, 예화에 부여한 뜻이 주제 문장이 된다.

2006년에 막을 내린 〈이규태 코너〉는 풍부한 지식에 근거한 식견과 깔끔한 문체로 23년간 사랑받은 최장수 신문 칼럼이다. 이분의 글은 짧으면서도 재미있고 하고자 하는 말을 정확히 전달하는 것으로 소문이 나 있었다. 이분이 글을 쓰는 방법은 토피카(Topica, 토피카란 논의에서의 '논점'이나 '관점'을 의미한다)를 이용하는 것이다. 흔히들 글을 쓰기 위한 예화를 토피카라고 하는데, 이규태 선생은 이 토피카가 무궁무진했다.

"제나라 때 재상 장량은……"이나 "한번은 워즈워드가……"로 시작되는 토피카들은 읽는 이의 호기심을 자극하고 흥미를 유지시켰다. 하지만 이규태 선생의 글은 장량의 행적이나 워즈워드의 일상을 알려주기 위해서만 쓰인 글은 아니었다.

"이같이……", "요즘도 그와 같은 일이 벌어지지 않으리라고 누가 장담하겠는가?" 정도의 글로 최근의 시의와 적절하게 연결시키는 능력이 있었기에 〈이규태 코너〉는 재미와 의미를 동시에 충족시켰던 것이다.

예화, 인용, 은유의 글들은 아무리 많이 쓰였어도 그 자체가 주제 문장이 되지 않는다. 굳이 많은 지면을 할애하면서까지 그것을 써야 했던 바로 그 이유가 주제이다. 그리고 문학적인 글이 아닌 이상 독자에게 전적으로 해석을 맡겨놓기보다는 글쓴이가 직접적으로 주제를 언급하게 된다. 조금 더 간단하게 말하자면 은유에 대한 해석이 주제 문장이 되는 것이다.

〈헨젤과 그레텔〉에서 헨젤을 가두고 그레텔을 살해하려고 하였다는 아이들의 주장은 아무런 여과 없이 받아들여졌다. 헨젤을 특히 잘 먹여서 채 몇 주가 지나지 않아 몸무게를 부쩍 늘렸다는 것을 아이들은 범죄에 설득력 있는 이유로 말하고 있지만, 실제로는 외롭게 살고 있는 노인의 좋은 마음씨를 말해주고 있을 뿐이다. 무엇보다 마녀가 있고, 또 마녀를 죽여도 벌을 받지 않는다는 대중적인 선입견이 아이들의 행동을 법률적으로 조사하고 도덕적으로 부정하지 못하게 한 것이다. 모든 상황을 고려한다면 '헨젤과 그레텔'은 명백하게 파시즘적 박해에 관한 이야기이다. 독일 파시즘이 '마녀'와 같은 유대인을 '불가마'와 같은 아우슈비츠 가스실에 넣었던 사실을 기억하자.

| 글쓴이의 생각, 가치판단, 주관 등이 드러난 유형

글쓴이의 감정, 생각, 가치판단, 느낌 등이 그대로 드러나 있으면 그것이 바로 주제 문장이다. 아무리 주장을 담은 논설문이라 해도 처음부터 끝까지 주장으로만 일관하는 글은 없다. 이러저러한 이유로 이렇게 생각한다는 식으로 전개되는 글이기 때문에 따지고 보면 글쓴이의 주관이 들어가는 부분은 그렇게 길지 않다. 따라서 글쓴이의 생각이 강하게 나타나는 문장이 있다면 그것이 곧 주제 문장이 된다. 주제를 전달하기 위해 나머지 글을 길게 덧붙여 부연 설명하는 것이다.

형벌제도를 설치함에 있어서 제헌위원회의 당사자들은 그것이 갖는 불리점도 고려해야만 한다. 그것은 적어도 두 가지가 있는데 한 가지는 이른바 징세에 의해 운용될 관계기관의 유지비이고, 다른 한 가지는 그러한 형벌제도가 대표적 시민의 자유를 그르치게 될 가능성에 의해 판단될 그의 자유에 대한 위협이다. 강제기관을 설치하는 것이 합리적이기 위해서는 이러한 불리점이 불안정에서 오는 자유의 상실보다 작아야 한다는 것이다. 이것이 사실이라고 가정할 때 최선의 체제는 이러한 위험들을 극소화하는 체제이다. 다른 조건이 동일하다고 할 경우 자유에 대한 위협은 법이 합법성 원칙에 따라 공평하고 규칙적으로 운용될 때 보다 작아진다는 것은 명백하다.

언어 이해 문제의 실제적 응용

언어 이해에 주어지는 제시문은 3~6단락 정도 사이다. 단락별 주제를 하나씩 찾아내서 그 문장들을 연결하면 대강의 내용이 나온다. 사실 적성검사에서 주어지는 시간은 매우 짧은 편이다. 제시문을 두세 번씩이나 읽어보며 여유롭게 독해할 시간은 없다. 따라서 한 번에 독해를 끝내는 연습을 해야 하는데, 그 방법이 바로 단락에서 주제를 찾는 것이다. 그리고 밑줄을 그은 그 문장들에 의미를 부여하면 전체적인 글의 윤곽이 나온다.

그렇게 글의 흐름을 파악했으면 주제파악 문제는 자연스럽게 풀 수 있고, 내용일치 문제도 확인해야 할 내용이 어느 부분에 나올지 알 수 있기 때문에 빠른 시간 안에 풀 수 있다. 전체적인 글의 흐름을 아는 것이 관건인 문맥파악 문제에도 도움이 된다. 결국 단락별 주제를 찾고 그것을 연결해 내용을 파악하는 전략은 여러 가지로 장점이 많은 방법이므로 포기하지 말고 연습해서 자기의 방법으로 만들어보자. 효과적으로만 연습한다면 단 1~2주 만에도 비약적인 발전을 보이는 것이 이 방법이라는 것은 약학대학 입문자격시험(PEET)의 언어추론, 법학적성시험(LEET)의 언어 이해 등의 시험에서도 이미 증명된 바 있다.

다음 글의 중심 내용으로 가장 적절한 것은?

화이트(H. White)는 19세기의 역사 관련 저작들에서 역사가 어떤 방식으로 서술되어 있는지를 연구했다. 그는 특히 '이야기식 서술'에 주목했는데, 이것은 역사적 사건의 경과 과정이 의미를 지닐 수 있도록 서술하는 양식이다. 그는 역사적 서술의 타당성이 문학적 장르 내지는 예술적인 문제에 의해 결정된다고 보았다. 이러한 주장에 따르면 역사적 서술의 타당성은 결코 논증에 의해 결정되지 않는다. 왜냐하면 논증은 지나간 사태에 대한 모사로서의 역사적 진술의 '옳고 그름'을 사태 자체에 놓여 있는 기준에 의거해서 따지기 때문이다.

이야기식 서술을 통해 사건들은 서로 관련되면서 무정형적 역사의 흐름으로부터 벗어난다. 이를 통해 역사의 흐름은 발단·중간·결말로 인위적으로 구분되어 인식 가능한 전개 과정의 형태로 제시된다. 문학 이론적으로 이야기하자면, 사건 경과에 부여되는 질서는 '구성'(Plot)이며 이야기식 서술을 만드는 방식은 '구성화'(emplotment)이다. 이러한 방식을 통해 사건은 원래 가지고 있지 않던 발단·중간·결말이라는 성격을 부여받는다. 또 사건들은 일종의 전형에 따라 정돈되는데, 이러한 전형은 역사가의 문화적인 환경에 의해 미리 규정되어 있거나 경우에 따라서는 로맨스·희극·비극·풍자극과 같은 문학적 양식에 기초하고 있다.

따라서 이야기식 서술은 역사적 사건의 경과 과정에 특정한 문학적 형식을 부여할 뿐만 아니라 의미도 함께 부여한다. 우리는 이야기식 서술을 통해서야 비로소 이러한 역사적 사건의 경과 과정을 인식할 수 있게 된다는 말이다. 사건들 사이에서 만들어지는 관계는 사건들 자체에 내재하는 것이 아니다. 그것은 사건에 대해 사고하는 역사가의 머릿속에서만 존재한다.

① 역사의 의미는 절대적인 것이 아니라 현재 시점에서 새롭게 규정되는 것이다.
② 역사가가 속한 문화적인 환경은 역사와 문학의 기술 내용과 방식을 규정한다.
③ 역사적 사건에서 객관적으로 드러나는 발단에서 결말까지의 일정한 과정을 서술하는 일이 역사가의 임무이다.
④ 이야기식 역사 서술이란 사건들 사이에 내재하는 인과적 연관을 찾아내는 작업이다.
⑤ 이야기식 역사 서술은 문학적 서술 방식을 원용하여 역사적 사건의 경과 과정에 의미를 부여한다.

첫째 단락 – 역사적 서술은 논증에 의해 결정되지 않는다.

둘째 단락 – 이야기식 서술에 따라 사건들이 연관을 맺는다.

셋째 단락 – 이야기식 서술은 의미도 함께 부여한다.

이 이야기들을 종합하면 결론은 ⑤이 된다. 따라서 정답은 ⑤이다.

Chapter 3

어휘

1) 유형

어휘력 문제는 적성검사에 어울리기보다는 기초학력 평가에 어울리는 문제다. 무언가를 외우고 알아야 풀 수 있는 문제들이기 때문이다. 반의관계라든가 유의관계 등 단어들 사이의 관계를 물어보거나 고사성어, 속담, 단어의 뜻, 심지어 한자어가 적절한지 등을 묻는 문제들로 구성되어 있다. 즉, 기본 교육을 받은 사람이라면 갖추어야 할 기본적인 어휘 지식들을 평가하는 문제들이다.

2) 측정 능력

어휘력 문제들은 학력 평가에 가까운 문제들이기 때문에 사실 직무적성검사에 적합한 문제들은 아니지만, 현실적으로는 제일 자주 나오는 유형의 문제들이다. '국어 시험도 아니고 기업 입사 시험에서 도대체 어휘력을 왜 측정하는 것인가' 라고 의문을 가질 사람도 많겠지만, 어휘력의 차이는 곧 사고력의 차이로 받아들여지기 때문이다. 2만 단어 정도의 어휘력을 가진 사람과 10만 단어의 어휘력을 가진 사람이라고 했을 때, 후자의 사람이 사고의 깊이도 더할 것이고, 자신의 사고를 표현하는 방법도 더 나을 것이라고 생각할 수 있다. 따라서 어휘력을 측정하게 되면 기본적인 사고력을 측정하는 일종의 계측기가 될 수 있다.

따라서 이 유형의 문제에 강하다는 것은 사고력에 깊이가 있다는 의미가 되고, 원활한 의사소통을 위한 도구를 가지고 있다고 이해할 수 있다. 영업직뿐만 아니라 관리, 인사, 홍보, 기획 등의 업무가 적절하지만 어떤 업무든 다양한 어휘를 적재적소에 사용해서 손해 볼 일은 없기 때문에 어떤 업무에든 가장 기본적으로 필요한 능력이라고 보는 것이 타당하다.

3) 핵심 스킬

상식적인 어휘가 많이 요구되는 문제다보니, 짧은 시간 안에 점수를 받아야 되는 경우에는 특별한 스킬을 발휘하기가 곤란한 유형의 문제들이다. 그러나 고사성어나 속담 같은 경우 자주 출제되는 것들이 뻔하니 빈출 문제 위주로 암기해두면 도움이 된다.

4) 최근 경향

단어 사이의 관계가 가장 자주 나오는 형태고, 어휘적인 부분들, 고사성어가 조금 나온다. 전반적으로 조금 옛날 스타일의 문제여서 앞으로 적성검사가 더욱더 발달하면서 사라질 운명의 문제 유형들이지만 아직까지는 자주 출제되는 문제니 미리미리 준비하도록 하자.

환상을 깨트린 맞춤법 표기

그녀는 민박집의 스타였다. 길어야 사나흘 머무는 유럽 민박집의 특성상 오래 알고 지낼 수 있는 것은 아니었지만 유난히 흰 얼굴에 생머리의 청순한 그녀가 처음 온 날, 민박집에 있던 남자들은 기쁨의 맥주 파티를 벌였다.

촉촉이 젖은 머리카락을 채 말리지 못하고, 마당 벤치에 앉아 밀크티를 옆에 놓고, 수첩에 사색에 잠긴 듯 무언가를 끄적거리고 있는 모습을 본 민박집의 남자들은 그녀의 전화번호를 알 수만 있다면 까짓 유럽 여행 일정쯤이야 조금 늦춰져도 상관없다는 생각을 하게 되었다. 원래 민박집에서는 금방 친해지고 말을 섞게 되는데 그녀만은 사람들과 말을 잘 섞지 않았고 그런 신비함 때문에 그녀에 대한 민박집 남자들의 관심은 갈수록 고조되었다. 그래서 아침 일찍 관광을 하러 흩어지던 사람들이 그녀가 머물던 기간에는 상당히 느지막이 길을 나섰고, 그녀와 같은 지하철역에서 마주치는 우연들을 굉장히 자주 연출하기도 했다.

그녀에 대한 여신급 환상이 깨진 것은 사흘째 되는 날이었다. 벤치에 앉아 밀크티를 마시다가 수첩을 놓고 간 것이다. 그 수첩을 주운 사람이 발견한 것은 한 페이지를 빼곡히 채운 한국음식 이름의 나열이었다. 그녀의 수첩에는 ‘한국 가서 먹을 음식들’이라는 제목으로 여러 가지 음식들이 적혀 있었다.

떡볶기, 김치찌게, 육계장, 짜장면, 순대국,
닭도리탕, 모밀국수, 오무라이스, 설농탕, 쭈꾸미

대학생들이 방학을 이용해 떠나는 유럽 여행은 대부분 20일에서 30일 사이의 여정이다. 경비가 넉넉지 않은 학생들의 배낭여행인 만큼 레스토랑에서 먹는 음식은 언감생심이고, 매끼 패스트푸드가 아닌 게 다행인 지경이라 간단한 음식도 1만 원 정도는 훌쩍 넘어버리는 한국음식은 꿈도 못 꾼다.

그래서인지 일주일이 넘으면 한국 음식이 눈앞에 아른거리기 시작하고, 한 20여 일 정도 되면 한국 음식 금단현상이 극에 달한다. 친구들과 기차를 타고 대화를 할 때면 깨어 있는 시간의 반은 먹고 싶은 음식을 이야기하는 데 쓰곤 할 정도다. 배낭객 중에는 에펠탑이고 뭐고 간에 우선 조리시설이 있는 숙소를 잡아 중국 마켓에서 사온 신라면 같은 것을 끓여 먹는 것으로 그 갈망을 달래는 사람도 있다.

이 여학생 역시 아침마다 우수에 젖은 눈으로 그리운 음식들을 떠올리고 있었던 것이다. 무언가 철학적 사색을 즐기는 것으로 보였던 그녀가 사실은 먹을 것 생각을 하고 있었다는 것도 놀라웠지만, 그렇게 그리워하며 적은 음식 표기가 모조리 틀렸다는 것은 더 놀라웠다!

제대로 된 표기는 다음과 같다.

떡볶이, 김치찌개, 육개장, 자장면, 순댓국,
닭볶음탕, 메밀국수, 오므라이스, 설렁탕, 주꾸미

한국말은 결코 쉽지 않다

한국말을 배우고 있는 한 외국인에게 "너는 영어를 잘하니 좋겠다."고 말한 적이 있다. 그러자 그 외국인은 "넌 한국말을 잘하니 정말 부럽다."고 응수했다. 곰곰이 생각해보니 그 외국인이 농담을 한 것만은 아닌 것 같다. 한국어를 배우려는 외국인들은 어느 정도 배우게 되면 기초적인 한국말을 하기 시작하는데, 그것은 기초 생활 어휘이고 조금만 안으로 들어가면 너무 많은 어휘 때문에 당황하게 된다고 한다.

그리고 보면 '검푸르다'와 '푸르뎅뎅하다' 같은 말을 영어로 표현하는 것은 불가능할 것이다. 문법이나 어휘 등등, 우리가 어려서부터 한국말을 써와서 어렵다는 자각이 없을 뿐이지 외국어로서 한국어를 배워야 한다면 쉽지만은 않을 것이다.

어휘력과 관련한 문제들은 이렇듯 쉽지 않은 한국말에 대해 어느 정도까지 세밀하게 알고 있나 확인하는 영역이라고 할 수 있다. 어휘력과 사고력은 밀접한 관계가 있다고 알려져 있다. 따라서 적성검사에 출제되는 어휘력 관련 문제는 바로 그런 사고력의 기초적인 부분, 커뮤니케이션의 베이스가 되는 부분들을 시험하려는 의도라고 보면 된다.

미리 한 가지 말하자면 앞에 나온 음식 이름처럼 생활에서 일상적으로 쓰는 어휘도 제대로 알지 못하는 경우가 비일비재한데, 시험으로 출제되는 까다로운 어휘를 정확히 안다는 것은 상당히 어려운 일이란 것이다. 쉽게 나오는 문제는 누구나 쉽게 풀 수 있지만, 조금만 어렵게 나와도 웬만한 사람은 풀 수 없는 문제가 되어버린다. 그러니 어휘를 많이 모른다고 너무 낙심하거나 좌절할 필요는 없다.

단어 사이의 관계를 묻는 문제

어휘력 문제에서 가장 대표적인 유형은 단어 사이의 관계를 묻는 문제다. 이 유형의 문제는 거의 대부분 기업의 적성검사에서 출제되고 있다. 반대말이나 동의어 같은 경우는 반드시 나온다고 봐도 좋을 만큼 어떤 적성검사에서도 한 번씩은 나오는 유형이다.

여기서 애매해지는 것이 바로 이런 유형의 문제를 어떻게 준비할 것인가 하는 점이다. 평소 많은 독서량과 뛰어난 국어 실력을 자랑하는 사람이라면 문제가 없겠지만 일반적인 사람, 특히 그중에서도 말보다는 도표나 수치로 얘기하는 것이 편한 이과 계열 학생들의 경우 준비하기가 참 곤란한 영역이다. 반대어, 동의어 같은 것들을 단어장에 적어서 지하철에서 외우고 다니기에도 이상하고, 그렇다고 안 하자니 종종 이런 문제들을 틀리게 되니 불안하다.

결론을 먼저 말하자면 단어 암기식의 공부는 효율이 떨어진다. 대부분 적성검사를 준비하는 기간은 그리 길지 않다. 사실 적성검사를 1년씩 준비하는 것도 좀 '오버'이긴 하다. 그렇다면 결론은? 포기다!

적성검사를 대비하는 책에서 이런 말을 하는 것이 편치 않은 사람도 있겠지만, 외우기식의 공부로는 도저히 대비할 수 없다는 것이 사실이다. 어떤 어휘가 어떻게 나올지 알고 그 많은 것을 다 외우겠는가. 하지만 또 이렇게만 말하면 적성검사 대비서로서의 자격이 없으므로 그나마 효율적인 방법을 알려주려 하는 것이다. 그러니까 정확히 말하자면 외워서 대비하는 방법은 포기하고, 다른 방법을 찾아야 한다는 것이다.

무작정 외우기보다 관계 파악에 힘써라

다음과 같은 문제가 대표적인 유형이라고 볼 수 있다. 이런 경우 한자 실력이나 평소 어휘 실력이 문제의 성패를 좌우할 수밖에 없다.

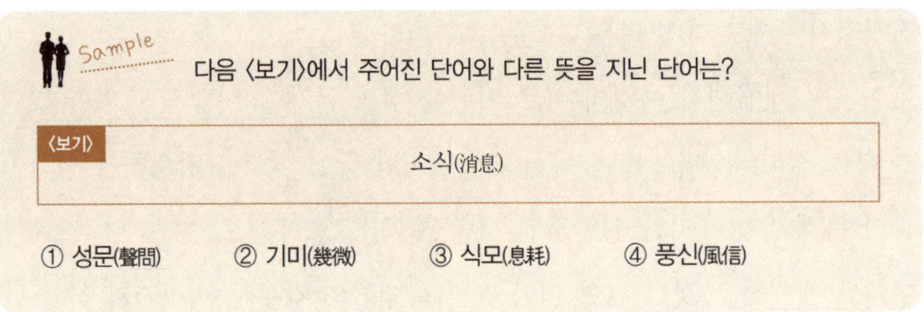

소식, 성문, 식모, 풍신 모두 '멀리 떨어져 있는 사람의 사정을 알리는 말이나 글'을 의미한다. 하지만 기미는 '낌새'의 뜻으로 다른 것과는 다르다. 정답은 ②이다.

하지만 이런 동의어나 반의어를 벗어나서 다른 형태로 나올 경우에는 단순히 단어 실력으로만 볼 수 없는 경우도 많다. 가령 다음의 경우는 어휘 실력이라기보다는 상식에 가깝다.

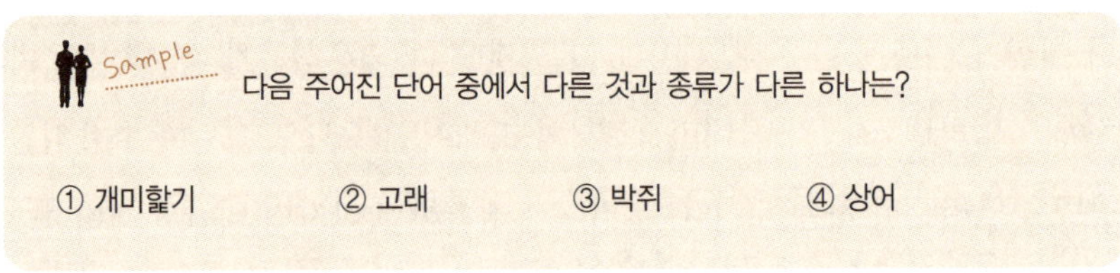

다른 것들은 모두 포유류인 데 반해, 상어는 조류다. 정답은 ④이다.

동의어나 반의어를 많이 안다고 회사 생활에 큰 도움이 되는 것은 아니기 때문에 어휘력 문제에서 동의어나 반의어 문제만 20문제씩 출제될 일은 없다. 오히려 위의 문제와 같은 상식과 어휘 사이의 관계를 설정해서 푸는 문제가 같이 나오기 때문에 대비 요령이 생기는 것이다.

위의 문제는 종류가 다른 동물을 찾는 것이기 때문에 조금 상식 문제 같은 느낌이지만, 다음의 문제는 어떤가?

완제품과 부속품, 전체와 부분의 관계라고 볼 수 있다. 그래서 'A : 자동차, B : 안테나'가 된다.

이 문제는 상식이라기보다는 약간 난센스 퀴즈 같은 느낌도 없지 않아 있다. 완제품과 부속품의 관계, 전체와 부분의 관계라는 것을 인지하지 못하면 풀기 난해한 문제다. 그런데 단어 사이의 관계가 동의어나 반의어 같은 것은 있어도 이런 식으로 설정되지는 않기 때문에 맞긴 한데 무언가 이상한 느낌의 퀴즈가 되는 것이다.

문제는 이런 식의 출제가 많다는 것이다. 그러나 현대자동차나 SK 같은 일부 기업의 적성검사에서는 이런 문제만 몇 십 문제씩 나오기도 한다. 그러니 이런 문제를 준비하는 방법은 동의어, 반의어를 외우는 것이 아니라 단어들 사이의 관계가 어떤 것들이 있는가에 대해 미리 알고 공부해놓은 다음에 단어들이 주어졌을 때 그 관계들을 재빠르게 대입해보는 것이다. 시간 대비 노력의 양을 생각했을 때 이런 문제를 대비하는 가장 효율적인 방법이다.

단어들 사이의 관계를 묻는 대표적 유형

대부분 어휘력을 체크하는 문제들의 제한 시간은 매우 짧은 편이다. 깊게 생각할 시간을 주기보다는 순간적인 판단력을 보려고 하다보니, 한 문제에 빠져 깊게 생각하게 되면 파트 전체를 망칠 수가 있게 되기 때문에 확실한 문제부터 정확하게 푸는 연습이 필요하다.

단어들 사이의 관계를 파악하는 유형의 문제들에서는 유의관계, 반의관계처럼 상식적인 관계뿐 아니라 도구와 사용목적같이 억지로 설정한 듯한 관계들도 종종 나오기 때문에 이런 관계들을 외우다시피하고 있으면 기본적으로 시간을 절약하고 정확도도 높일 수 있다. 얼핏 보아 눈에 안 들어오는 단어들의 관계는 단어들 사이의 관계를 미리 파악하고, 주어진 단어들에 빈번하게 출제되는 관계 순서대로 빠르게 적용해보아, 효과적으로 단어들 사이의 관계를 찾아내는 방법을 적용한다.

다음은 단어들 사이의 관계를 정리한 것이다. 이것들 외에도 얼마든지 단어들의 관계야 만들 수 있지만 그중에서 시험에 자주 나오는 것들을 소개한다.

❶ 유의관계

두 어휘 사이의 의미가 비슷한 관계다.

ex) 교사 : 선생님, 생각 : 사고, 가난하다 : 빈곤하다, 이름 : 성명

❷ 반의관계

두 어휘의 의미가 상반된 관계다.

ex) 하얗다 : 까맣다, 오다 : 가다, 크다 : 작다, 숟가락 : 젓가락

❸ 모순관계

어휘 사이에 대립관계가 성립하면서도, 두 어휘 말고 다른 중간 영역이 없는 관계다.

ex) 살다 : 죽다, 남 : 녀, 있다 : 없다

❹ 상대관계

반의관계의 한 종류로 대립적인 뜻이 있으면서도, 한쪽이 존재해야 비로소 다른 쪽이 존재하는 관계다.

ex) 부모 : 자식, 스승 : 제자, 남편 : 아내, 팀장 : 팀원

❺ 상하관계(포함관계)

카테고리상 상위 범주와 하위 범주의 관계다.

ex) 직업:은행원, 문학:소설, 색깔:초록색, 포유류:고래

❻ 동위관계(대등관계)

상·하위 포함관계의 카테고리 상 같은 등위에 있는 관계다.

ex) 사과:포도, 사자:호랑이, 제헌절:개천절, 네이버:다움

❼ 전체와 부분 관계

전체와 그것의 한 부분을 이루는 구성요소로 이루어진 관계다.

ex) 단어:문장, 오토바이:핸들

❽ 인과관계

두 가지 사물이나 사건이 원인과 결과로 맺어진 관계다.

ex) 불:연기, 과소비:적자

❾ 상관관계

두 가지 사물이나 사건이 인과관계까지는 아니더라도 통계적으로 일정한 비례관계나 반비례관계를 보이는 관계다.

ex) 키:몸무게, 폭식:비만

❿ 다의관계

다의어는 한 낱말이 여러 가지 뜻으로 쓰이는 것을 의미한다. 그러므로 다의관계는 한 단어가 서로 다른 의미로 쓰일 때를 지칭하게 된다.

ex) 가로수 길:살 길, 조직의 머리:좋은 머리

⑪ 상보관계

두 가지가 서로 대립적으로 보이지만, 또한 한쪽이 다른 한쪽을 보완해
주는 역할을 할 때 상보관계라 한다.

ex) 이성 : 감성, 이론 : 실험

⑫ 순환관계

A는 B의 원인이고, B는 A의 결과다. 그런데 이 B가 다시 A의 원인이 된
다. 결국, A와 B는 계속 서로 돌고 도는 것이 되므로 순환관계라 한다.

ex) 비 : 구름, 씨 : 열매

⑬ 목적과 수단 관계

목적을 정하고 나아갈 때, 그 목적을 이루는 수단이 되는 것 등과 연결
되면 목적과 수단 관계라고 볼 수 있다.

ex) 건강 : 운동, 부동산 대책 : 집값 안정

⑭ 과정과 결과 관계

어떤 결과물을 생성할 때 중간에 필요한 과정과의 관계다. 목적과 수단
의 관계와 유사하다.

ex) 절약 : 저축, 공부 : 시험합격

⑮ 단체와 구성원 관계

조직이 있고, 그 조직 구성원으로 구성된 관계다.

ex) 대학교 : 대학생, 병원 : 간호사

중심이 되는 핵심이 있고, 그 주변부에 해당하는 보조의 단어가 짝지어 질 때 핵심과 보조의 관계라고 부를 수 있다.

ex) 주심:부심, CEO:비서

고사성어와 속담 문제

적성검사 시험에서 자주 출제되는 것 중 하나가 고사성어(사자성어) 다. 그런데 사실 고사성어 문제는 어떤 면에서는 가장 적성검사답지 않은 문제들이다. 왜냐하면 적성검사는 한 사람이 가진 능력을 확인하기 위한 것인데 고사성어 문제는 교양이나 지식의 정도를 측정하는 즉, 외워야 풀 수 있는 '학력평가적' 성격이 강한 문제들이기 때문이다. 주어진 자료만 가지고도 잘 생각하면 정답이 나오는 것이 일반적인 적성검사의 특징이어 야 하는데, 고사성어 문제는 주어진 것 외의 것을 알고 있어야 답이 나오는 문제라는 말이다.

그런데 일견 불리해 보이는 이런 특성을 반대로 뒤집어서 보면 고사성 어 문제는 미리 공부해 두기만 하면 아무리 꼬아내도 헷갈리지 않고 쉽게 풀 수 있는 문제이기도 하다는 뜻이다. 그렇다고 모든 고사성어를 외우고 준비할 수는 없는 노릇이다. 우리에게 주어진 시간은 매우 한정되어 있기 때문이다.

사실 고사성어 문제에는 구체적인 '요령'이 있을 수 없다. 얼마나 많이 외우는가가 관건이다. 하지만 이 책의 목적은 어떻게 하면 짧은 시간에 효

율적으로 적성검사 점수를 올릴 것인가에 달렸기 때문에 이런 식의 무조건
적인 외우기는 권하지 않는다. 그래서 중간적인 해결책으로 제시할 수 있
는 것이 바로, 빈출 고사성어의 암기다.

잘 나오는 것만 선택적으로 암기하자는 말이다. 고사성어 문제의 출제
빈도는 무시하지 못할 정도인데다가, 웬만한 기업의 적성검사에는 거의 등
장하는 편이니 유명한 고사성어는 확실하게 익혀놓자.

자주 출제되는 150여 개 정도만 정확히 뜻을 알아놓으면 웬만한 기업의
적성검사에서는 큰 어려움을 겪지 않을 것이다. 이 외의 고사성어가 출제
되면 어차피 아는 사람이 많지 않을 가능성이 농후하므로 다 같이 틀리면
그만이다. 그러면 아무 문제가 없다.

적성검사에서 가장 경계해야 할 사항은 남은 맞는데 나는 틀리는 문제
다. 다 같이 어려워하는 문제라면 그 문제 때문에 변별력이 생기지는 않기
때문이다.

고사성어 문제라고 한꺼번에 지칭해도 그것을 문제화했을 때의 형태는
조금씩 다를 수 있다. 아래와 같이 세 가지 형태가 대표적이다.

뜻을 먼저 보여주고 고사성어를 찾는 유형

이와 같은 형태는 사자성어의 뜻을 제대로 알고 있나를 물어보는 문제
로, 눈치로 해결할 수 있는 문제는 아니다. 그러니까 알면 알고 모르면
모르는 문제로, 시간을 들여서 더 자세히 본다고 더 나아질 수는 없는 문
제다.

다음 뜻으로 쓰이는 말은?

하늘을 같이 이지 못함

① 천고마비(天高馬肥)　　② 천재일우(千載一遇)
③ 불구대천(不俱戴天)　　④ 천의무봉(天衣無縫)

이 문제의 답은 ③번으로 '하늘을 같이 이고 살지 못할 정도로 큰 원한'을 이르는 말이다.

이런 유형의 문제는 기본적으로 자주 나오는 사자성어를 알아놓은 후, 모른다 싶으면 과감하고 빠르게 찍고 다음 문제에 임하는 것이 좋다. 찍을 때에는 한 번도 들어보지 못한 사자성어보다는 한 번쯤 들어봤는데 '아리송한' 사자성어를 찍는 것이 확률적으로는 조금 더 나은 선택이 된다.

신문기사 같은 제시문에서 고사성어를 인용하는 맥락을 주는 유형

이와 같은 형태는 사자성어의 뜻을 넘어 맥락적인 속뜻까지 정확히 알아야 하는 문제다. 그런데 다행인 것은 문제의 성격상 그렇게 어려운 사자성어가 나오기는 힘들다는 것이다. 자주 쓰이는 말만 어느 정도 정확히 알아놓으면 문제될 것이 없다. 단독으로도 많이 등장하지만, 제시문을 주고 서너 문제를 풀어야 하는 형식의 문제에서도 자주 등장하는 유형의 문제로서 사자성어 문제 유형 중에서는 가장 자주 등장하는 유형이라고 할 수 있다.

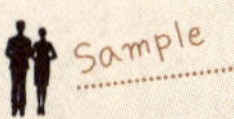

다음 기사를 읽고 추론할 수 있는 사자성어는?

지구촌 경제가 일본 쓰나미에 이어 리비아 전쟁으로 또다시 충격을 받을 것으로 보인다. 일본 대지진 참사 및 원전 유출 사고 사태 장기화 우려로 국제 경기가 좋지 않은 가운데 일본이 시중에 엄청난 유동성 폭탄을 풀고 있었다. 그런데 리비아 전쟁이 몰고 올 국제 유가의 수직 상승과 이에 따른 국제 상품가격의 동반 상승, 국제 투자금의 안전자산 도피, 국제 증시의 동반 폭락 등이 이어져 인플레이션에 대한 우려는 더욱 가속화되고 있다.

① 금상첨화(錦上添花)   ② 사면초가(四面楚歌)
③ 설상가상(雪上加霜)   ④ 인면수심(人面獸心)

이 문제의 답은 ③이다. '엎친 데 덮친 격'이라는 관용적 표현으로 나타낼 수 있는데, ② 같은 경우도 가능하지만, 일본 쓰나미에 리비아 전쟁이 또 일어났다는 것이 기사의 주조이므로 '나쁜 일에 나쁜 일을 더한다'는 설상가상이 조금 더 맥락에 적합하다고 할 수 있다.

신문 기사를 읽고 거기에 어울리는 사자성어 찾기 문제는 의외로 복잡하지 않고 쉽다. 문제의 성격상 정세라든가 경제, 사회면에서 나오기 쉬운데 정치 같은 경우는 위험하고, 사회는 시의가 너무 빨리 바뀌어서 주로 경제면에서 많이 나오게 된다.

그런데 경제가 최근 몇 년 동안에 좋았던 적이 없고, 앞으로도 안 좋을 것이라는 전망이 팽배하기 때문에 다양한 사자성어를 알아야 하는 것이 아니라 부정적인 어감이 있는 것들을 많이 알아두면 도움이 된다. 무슨 뜻인지 몰라 어쩔 수 없이 찍어야 한다면 들어서 어감이 안 좋은 것으로 찍는 것이 좋다.

고사성어의 공통점을 찾는 유형

이와 같은 형태는 사자성어의 뜻을 알거나, 아니면 얼핏 눈에 띄는 한자의 뜻이라도 알면 풀리는 문제다.

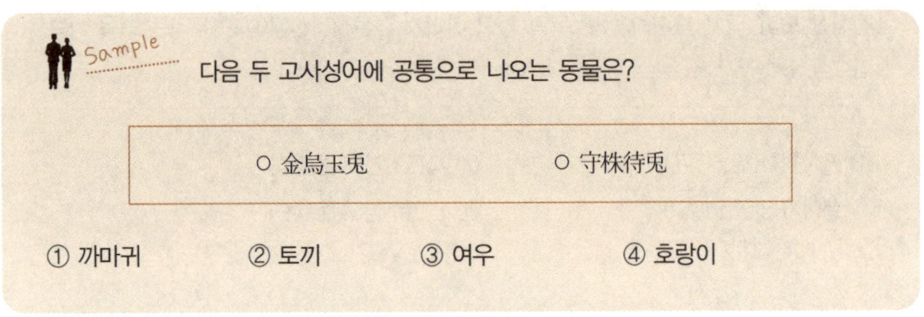

金烏玉兎(금오옥토)는 금까마귀와 옥토끼란 뜻으로, 해와 달을 가리키는 말이다. 그 밑에 이어지는 守株待兎(수주대토)는 토끼가 나무 그루터기에 부딪혀 쓰러지기만을 기다린다는 말로, 요행이나 바라는 어리석은 인간을 비유할 때 쓰이는 말이다. 그러므로 정답은 ② 토끼이다.

이런 유형의 문제는 동물 문제가 제일 많이 나오는 편이다. 나올 만한 동물을 좀 알아놓자. 사자성어에서 한 자만 발견해도 풀리게 된다. 말(馬), 소(牛), 개(犬) 같은 것은 굳이 외우지 않아도 쉽게 한자를 알아보기 때문에 그 외에 다음과 같은 것들을 미리 생각해놓자. 까마귀(烏, 오), 토끼(兎, 토), 여우(狐, 호) 호랑이(虎, 호), 개(狗, 구), 닭(鷄, 계) 등.

이 외에도 친구나 스승 등 사자성어에 자주 나올 만한 한자를 익혀두자.

속담 문제도 매한가지

속담 맞히기 문제는 고사성어와 다를 바 없다. 다만 맞혀야 하는 것이 고사성어가 아니라 속담일 뿐이다. 하지만 속담이라는 것이 한정되어 있고 활용 폭이 좁다보니 고사성어보다는 출제빈도가 덜한 편이다. 하지만 고사성어와 마찬가지로 외워야 하는 문제이므로, 그나마 빈출되는 속담 위주로 외워서 대비하는 것이 좋겠다.

속담 문제는 성격상 고사성어보다는 유형이 다양하지 못하다. 고사성어는 어떤 일에 얽힌 얘기도 많기 때문에 그 자체로 해석하기보다는 그에 맞는 이야기를 알아야 되는 경우도 있고, 한자로 되어 있기 때문에 해석하기 쉽지 않은 경우도 있다. 반면 속담은 일단 한국어로 되어 있기 때문에 해석 자체가 안 되는 경우는 거의 없다.

다만 속담의 관건은 맥락상 잘 써야 된다는 것이다. 그러므로 속담에서는 주로 상황을 제시하고 그 상황에 맞는 속담이 무엇인지를 물어보는 문제가 핵심이라고 할 수 있다.

1) 상황이나 제시문을 주고 알맞은 속담을 찾는 유형
2) 빈 칸에 들어갈 속담을 찾는 유형

1) 유형은 앞서 보여준 신문기사에서 사자성어 찾기나 매한가지다. 찾아야 하는 것이 속담으로 바뀔 뿐이다. 2) 유형은 문맥을 주고 문맥 속에서 자연스럽게 사용되는 속담을 찾는 것으로, 속담의 겉 뜻뿐만 아니라 용례까지 정확히 알고 있는지를 묻는 것이다.

한자 어휘력 문제

　한자 어휘력을 묻는 문제는 한마디로 말하자면 '한자'를 얼마나 많이 알고 있는가가 좌우한다. 한자라면 머리를 쥐어짜는 사람들이 많을 텐데, 그만큼 어떤 사람에게도 강점이 안 되는 유형이므로 한자를 많이 알지 못한다고 너무 걱정하지 않아도 된다. 게다가 어휘 문제 사이에 끼여 몇 문제 출제될 뿐이지 한자가 굉장한 비중을 차지하고 나오는 경우는 많지 않으므로 부담을 가질 필요가 없다.

　두산그룹 종합적성검사의 DCAT의 경우, 한자 시험이 따로 있기는 하지만 당락에 큰 비중을 차지하지 않는다는 소문이 자자하다. 한자 시험에서 거의 기둥을 세웠는데도 합격했다는 DCAT 경험자들의 간증에 가까운 수기가 인터넷 사이트 여기저기에 떠돌고 있으니 말이다.

　한자에 대한 문제는 대략 세 가지 유형으로 출제된다.

1) 단어를 주고 한자가 어떤 것인지 맞혀보라거나 한자를 주고 그 한자의 뜻이 무엇인지 맞히는 문제
2) 제시문을 주고 제시문에서 얘기하는 것을 한자로 표현한 것을 찾아보는 문제
3) 괄호 안에 들어갈 한자어를 찾는 문제

　조금 쉽게 나오면 한자들의 형태가 다 달라 대충이라도 알면 맞힐 수 있는 문제가 있는 반면, 비슷한 한자들이 획수 하나씩 차이 때문에 헷갈리게 제시되는 것들도 있다. 가령 까마귀 오(烏)와 새 조(鳥) 같은 것은 얼핏 유사

해 보여 헷갈리기 쉬운 한자가 된다.

이중 1) 유형의 문제들은 한자를 정확히 아는 사람한테는 쉽지만, 한자를 잘 모르는 보통의 우리들로서는 어려운 문제라 할 수 있다. 사실 획수 하나의 차이로 한자를 정확히 아는 것은 최근의 추세에는 그렇게까지 정확하게 알 필요는 없기에 요즘에는 지양되는 추세다.

2) 유형은 단독으로 나오기보다 제시문을 주고 그중에 3~4문제를 맞혀야 하는 과정 중에서 하나에 밑줄을 긋든가 해서 뜻을 찾는 문제가 나오는 경향이 있다. 고사성어나 속담에서도 공통적으로 나오는 유형으로, 한자로 표현하기보다는 고사성어로 표현하는 경향이 많은 편이다. 이 문제는 주어진 제시문의 주제가 무엇인지 정확히 아는 것이 중요하다.

3) 유형은 문맥적인 쓰임, 정확한 단어의 뜻, 그리고 한자를 읽는 능력 같은 것들이 합쳐져야 풀 수 있는 문제로 자주 나오는 문제다. 다음과 같은 유형이 대표적이다.

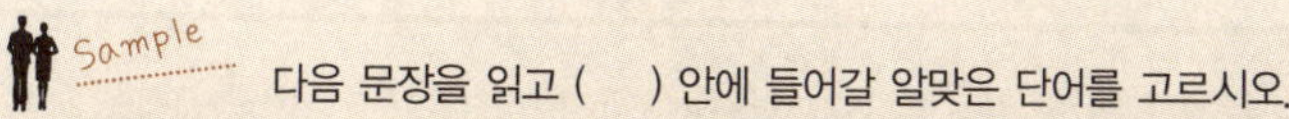

이 유형의 문제는 사실 한자를 알기보다는 한글로 된 단어의 뜻을 정확

히 알고, 그에 대한 적용만 정확히 하면 풀리는 문제다. 이 문제의 정답은
③이다. 각각은 다음과 같은 뜻이 있다.

①호소 : 억울한 사정을 남에게 말함, ②묵도 : 눈을 감고 속으로 빎, ③감
내 : 어려움을 참고 이겨냄, ④인정 : 확실히 그렇다고 여김

이 유형의 문제에서는 한글의 용례가 중요하기 때문에 한자에 집중할
필요는 없고 헷갈리는 것의 정확한 뜻 차이를 설정하자. 보통 선택지로 제
시되는 것들이 다 헷갈리기보다는 그중에 두어 개 정도가 헷갈리게 마련이
다. 그런데 헷갈리는 두 단어의 뜻 차이를 알면 사실 쉽게 풀린다. 그 뜻을
정확하게 모른다면 자신이 나름 두 단어의 차이를 설정해서 그 기준에 맞
춰 풀도록 하자.

1)+3) 유형을 생각할 필요가 있다. 이런 문제가 가장 어렵다. 다음과 같
은 문제다.

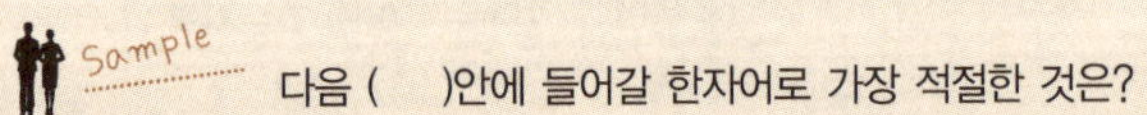

다음 (   )안에 들어갈 한자어로 가장 적절한 것은?

진성 여왕이 임금이 된 지 몇 해 만에, 유모 부호(鳧好) 부인과 위홍(魏弘) 각간 등 서너
명의 신하가 정권을 잡고 권력을 휘두르니 도적들이 사방에서 일어났다. 나라 사람들
이 걱정하여 이에 다라니(陀羅尼)의 은어를 지어 길거리에 써 붙였다. 왕과 권신들이 이
를 얻어 보고 이르기를, "왕거인(王居仁)이 아니면 누가 이러한 글을 지으리오." 하고 거
인을 감옥에 가두었다. 거인이 시를 지어 하늘에 호소하니 하늘에서 벼락이 떨어져 이
로 인해 (   )하였다. ─『삼국유사』─

① 方面   ② 放免   ③ 防衛   ④ 防潮

이 형태의 문제는 한글로 된 단어의 문맥적인 쓰임은 물론, 한자로 표기되었을 때 정확한 한자까지 알아야 하는 문제다. 적성검사에 임하는 사람들이 가장 부담을 느끼는 유형의 문제라 할 수 있다. 이 문제에서도 방면이라는 것은 알겠는데, 면의 한자가 무엇인지 모르면 풀기 힘든 문제가 된다. 이 문제의 정답은 ②번으로 각각은 다음과 같은 뜻과 음이다. ① 방면(方面) : 방향이나 방위, ② 방면(放免) : 붙잡아 가두었던 사람을 놓아줌, ③ 방위(防衛) : 적의 공격이나 침략을 막아서 지킴, ④ 방조(防潮) : 높이 밀려드는 조수의 피해를 막음.

이런 문제를 풀다보면 한자에 대한 자신감을 많이 잃게 되는데, 사실 이 유형의 문제가 많이 나오는 것은 아니니까 어려운 유형 몇 개 때문에 자신감을 잃을 필요는 없다. 전체적으로 어휘력에서도 문맥적인 쓰임과 어우러진 어휘력을 보려고 하는 경향이 강하지, 획수 하나하나 따져 묻는 것은 조금 특수한 경우이기 때문이다. 찍을 때는 분명 자신이 뻔하게 아는 같은 음의 한자가 오답으로 섞여 있을 가능성이 있다. 그러니까 너무 쉽게 음으로 읽히면 일단 의심할 필요가 있고, 그 뜻이 거기에 어울리는 것인지 뜻을 생각해 정할 필요가 있다.

사실 한자 어휘를 공부하는 방법은 고사성어보다 더욱 막막하다. 고사성어야 어느 정도 빈출이라는 것이 나오지만 한자어는 그야말로 광범위하기 때문이다. 그래서 과감히 말하자면, 적성검사를 준비하는 기간이 한 달이 안 되는 기간이라면 한자에 대한 미련은 과감히 정리하는 것이 좋다. 다른 부분을 연습해서 전체적인 점수를 높이는 것이 효율적이지, 한자 어휘 단어장을 만들어 외우고 다니는 것은 그다지 좋은 대비 방법이 아니다.

언어 분석

1) 유형

언어 분석력 문제들은 주어진 제시문을 분석적으로 읽어낼 수 있는 능력을 평가한다. 분석한다는 것은 주어진 정보를 잘게 나누어서 파악한다는 뜻이다. 언어 분석력은 문장 사이의 관계와 문장의 구조들을 파악하여, 주어진 제시문이나 정보들을 정확하게 파악할 수 있는 능력이다. 일반적으로 말하면 주어진 정보를 논리적으로 파악하는 능력이라고 하겠다.

2) 측정 능력

분석력을 갖춘 사람은 기본적으로 기획력이 있다. 기획 업무의 첫걸음은 바로 상황에 대한 이해와 그 상황 안에 숨은 논리적 구조를 파악하는 것이기 때문이다. 인사 업무에도 유리한 적성이 된다. 사람을 분석하고, 그 사람에 적합한 업무를 분석하는 것이 인사의 중요한 임무이기 때문이다.

특히 언어 분석력은 논리적인 성향과도 관계되기 때문에 논리적이고 합리적인 사고가 필요한 연구·개발 분야에서도 필요하다. 또 서글서글한 스타일의 영업이 아니라, 합리적이고 설득적인 스타일의 영업을 펼치는 데도 도움이 되는 능력이라 하겠다.

3) 핵심 스킬

주어진 제시문을 분석하는 것은 단순히 내용을 이해하는 것 이상의 일이다. 바로 논리적인 구조에 대해 알아야 하는데, 간단히 보면 글은 주장과 논거로, 그리고 그 이전에 있는 전제로 이루어진다는 것을 이해해야 한다. 그리고 글에는 흐름이 있다. 자신이 전달하고자 하는 내용을 가장 효율적으로 전달할 수 있는 흐름에 대해서 알아야 한다.

4) 최근 경향

가장 흔하게 나오는 형태로는 문단 배열 문제가 있다. 제시문의 내용과 그 내용의 논리적인 배치를 동시에 물어볼 수 있는 종합적인 문제이기 때문에 자주 등장하는 요주의 문제 형태라고 할 수 있다.

접속사 넣기는 단락의 내용을 파악하여 두 단락을 자연스럽게 연결시키는 단어를 찾는 것인데, 이것 역시 논리적인 흐름을 파악할 수 있는 문제다.

논증 분석 문제는 주어진 제시문을 구성하는 한 문장들의 관계가 서로 어떻게 되는가를 알아보는 것으로, 이것을 '예시', '대등', '논거' 하는 식의 말로 물어보면 그것을 논증 분석 문제라 하고, 그림으로 표시하면 논증도 문제라 한다.

앞의 두 유형은 상당히 자주 나오는 유형이고, 뒤의 두 유형은 자주라 할 수는 없지만 심심치 않게 얼굴을 비추는 유형이라 볼 수 있다.

모든 일에는 순서가 있다

스물아홉 살이었던 것 같다. 알 수 없는 불안과 초조감, 그리고 조급함이 그 한 해를 온전히 채웠었다. 당시 나는 대학원에 재학 중인 석사 '나부랭이'였다. 그 나이쯤 된 또래들은 회사 생활에 적응해서 대리로 승진할 때쯤이었고, 일찍 사회생활을 시작한 친구들은 과장 진급까지 할 때였다. 그와 비교해서 나는 그때 기껏 석사 논문이나 쓰기 위해 열을 올리는 중이었으니, 친구들에 비해서 뒤처져도 너무 뒤처졌다는 자괴감이 20대의 마지막 해를 지배했던 것 같다.

그 무렵에는 위인들의 이야기가 눈에 많이 들어왔는데, 그들의 업적에 관심이 갔던 것이 아니라 그들의 나이가 충격으로 다가왔기 때문이었다. 가령 괴테는 20대 초반에 변호사가 되고, 20대 중반에 유명작가가 되었다. 수학자 가우스는 24세에 괴팅겐 대학의 교수가 되었다. 주몽은 22세에 고구려를 건국했고, 전쟁을 벌여 큰 나라를 만든 뒤 41세에 세상을 뜨기도 했다. 그런 위인들에 비해 30대 진입을 코앞에 두고 석사 논문 통과나 걱정하고 있어야 하는 내 신세가 아무리 생각해도 너무 한심하게 여겨졌다.

그런데 웃긴 것은 그렇게 한심한 내 인생에 대한 자괴감을 달래는 방법조차 술을 먹고 '떡'이 되는 지극히 한심한 방법이었다는 것이다. 이런저런 술자리에 나가 스물아홉 살의 인생은 와인과 같다느니, 거위의 꿈을 아느냐느니 따위의 말로 술로의 도피를 합리화하며 거의 밤을 새우곤 했다. 진짜로 웃긴 것은 그렇게 '놀면서도' 어떻게 하면 주몽을 따라 잡을 수 있을까를 고민하곤 했다는 것이다.

유재석의 무명시절을 그린 것으로 알려진 〈말하는 대로〉라는 노래의 가사에 "난 왜 안 되지."라며 불안한 잠자리를 뒤척인다는 내용이 나오는데, 정말 그 시절의 나에게 딱 맞는 내용이다. 그런데 그런 '한심기'(백악기, 쥐라기보다 무섭다는 바로 그 한심기 말이다!)를 지나던 나에게 구원이 된 것은 한 영화제에 참여하게 된 일이었다. 학교 선배가 관여하는 영화제로 일손이 필요해서 우연히 돕게 되었는데, 생각보다 일이 커져 결국 한 학기 휴학까지 하게 되고, 생각보다 맡은 일이 무거워 전국 단위의 일까지 해야 했다.

전화기 두 대를 양손에 쥐고, 하루 두세 시간씩만 자며 미친 듯이 일해본 것은 태어나서 그때가 처음이었던 것 같다. 몇 개월을 그런 식으로 일하고, 하나의 커다란 결과물이 도출된 것을 보면서, 그리고 내 인생이 그전보다 다섯 배는 더 풍성해진 것을 보면서, 〈말하는 대로〉의 가사에도 나왔던 진리를 깨달았던 것이다. 그것은 바로 '한 번도 미친 듯이 무언가를 얻기 위해 노력한 적이 없었다.'는 사실이었다. 혼신의 힘을 다하면 내 몸까지 바스러질까 염려해서 언제나 적당한 수준에서 '아니면 말고'라는 식의 인생을 살아왔던 것이다. 주몽이 부러웠으면서 주몽처럼 일하지 않고, 가우스처럼 되고 싶었지만 가우스처럼 공부하지는 않았다.

생각해보면 행여 너무 힘들어질까봐 혼신의 힘을 다하는 노력은커녕, 아예 시도조차 안 했던 일도 얼마나 많았던가. 아주 간단한 진리를 깨달았다. 결과가 있으려면 그전에 노력이 있어야 하고, 그 바로 앞에 시도가 있어야 한다는 사실이다. 시도하지 않는데 결과가 있다면 기적이거나 사기다(하지만 우리가 인생에서 기적을 만날 수 있는 것은 단 한 번 정도일 것이다).

시도가 있고, 노력이 있고, 그리고 결과가 있다. 그리고 제일 마지막에 성공이 있다. 그림으로 보자면 이렇다.

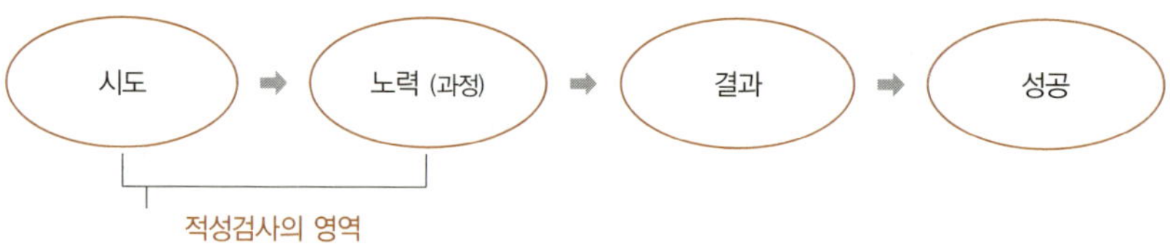

경험상 각각 다음 단계로 갈 수 있는 확률은 30% 미만인 것 같다. 시도해본다고 해서 그것을 본격적으로 할 수 있는 것도 아니다. 결과가 나왔다고 해서 꼭 성공하는 것은 아닌 것처럼 말이다. 그러니 시도한 것이 성공으로 이어지려면 확률적으로 $0.3 \times 0.3 \times 0.3$쯤 되는 것 같다. 0.027 그러니까 100%를 가정했을 때 2.7% 정도. 이게 바로 시도가 성공으로 이어질 확률이다.

시도가 있다고 해도 꼭 성공으로 가는 것은 아니다. 하지만 시도가 없다면 반드시 성공으로 가지 못한다. 성공이라는 것은 정당한 과정을 거쳐서 얻어지는 흐름의 끝자락에 있는 것이다.

그리고 그 시도가 성공으로 이어지기 위해서는 그 흐름이 정확히 구성되어야 하고, 또 그 흐름이 정당해야 한다. 이 과정을 생략하고 성공에 다다를 수는 없다.

글에도 흐름이 있다

비단 인생뿐 아니라 모든 것에서 정당한 과정이라는 것이 중요하다는 이야기를 하고 싶었는데 사설이 길어졌다. 우리에게 적성검사 문제로 주어지는 제시문 역시 정당한 흐름을 가지고 구성되어 있다. 밑도 끝도 없이 서론과 결론만 있다면 결코 우리에게 출제될 수 없는 글일 것이다. 그렇다면 우리에게 주어진 제시문을 흐름에 맞춰 읽는 것은 중요한 문제가 된다.

제시문이 주어진 글은 그 글의 흐름을 이해하면서 읽어나가는 것이 매우 중요하다. 주제보다 더 포괄적인 개념인 글의 흐름은 주제까지 어떤 과정을 거쳐 다다르는지를 이해하는 것이라고 보면 된다. 그래서 이러한 글의 흐름을 알면 글의 논리적 구조까지 안다는 것이고, 주제에 다다른 경로를 알기 때문에 얼마든지 그 안에서 나오는 세부적인 물음에도 답할 수 있게 된다.

언어 분석에 관련한 문제들은 바로 이러한 글의 흐름에 대한 이해를 올바로 하고 있나를 확인하는 유형의 질문들이다. 글의 흐름에 맞춰 글을 배열하는 문제, 중간에 빼먹은 접속사를 넣는 문제, 글의 흐름을 도식화하는 논증도 문제, 그런 논증의 구조를 말로 풀어 얘기하는 논증 분석 문제까지 이 영역에서는 단순히 주제뿐만이 아니라 주어진 제시문의 구조까지 묻기도 한다.

'시도'도 없이 '성공'만 꿈꾸는, '시도'는 하지만 '노력'은 없는 식의 합리적이지 않은 구조로 글을 읽으면 안 된다. 그러니까 '무슨 내용인지는 모르겠지만, 대강 글의 주제는 이런 것 같아.'라든가 '일단 글의 내용은 정확히 이해되지 않으니까 문제부터 풀자.' 따위의 생각을 가지고 문제를 풀다 보면 언제나 불만족스러운 점수가 나오게 되어 있다는 말이다(이런 경향은 비단 적성검사의 문제뿐 아니라 영어시험의 독해 문제 같은 데에서도 똑같이 발견된다).

문단 배열 문제

　보통 언어 분석 유형의 문제로 만나는 첫 번째 형태는 문단 배열 문제로 각 단락의 주제를 찾고, 그 주제를 논리적으로 앞뒤가 맞게 연결하는 복합적인 문제다. 그러니까 주어진 제시문의 큰 주제뿐 아니라 그 주제까지 이어지는 과정을 정확히 알아야 풀 수 있는 문제인 것이다.

　내용적인 부분과 형식적인 부분을 정확히 알아야 풀 수 있는 문제인 만큼 이 문제는 지원자의 언어적인 능력과 논리적인 능력을 한꺼번에 확인할 수 있는 매우 좋은 문제라고 할 수 있다. 그래서 적성검사 유의 시험에서는 상당히 자주 출제되는 유형의 문제고 출제된 시험에서 차지하는 문항수의 비중도 높다.

　게다가 이 문제 같은 경우 내용면에서 조금만 어려워지거나 주어진 제시문 자체가 길어지면, 지원자들도 매우 어려워하는 문제이기 때문에 난이도 조절에도 결정적인 역할을 한다. 한마디로 적성검사에서는 매우 중요한 문제라는 것이다.

　시험에 따라 글의 난이도나 길이가 매우 다르기 때문에 편차가 매우 큰 편인데, 다음에 소개하는 유형은 쉬운 편에 속하는 문제이다.

Sample 　다음 글의 순서로 가장 적절한 것은?

(가) 따라서 이 생태계를 구성하는 구역은, 그 지역이 끝없이 연결되는 열대우림이나 사막과 같이 매우 넓게 정의될 수도 있고, 작은 어항이나 연못과 같이 매우 좁게 정의될 수도 있다.

(나) 경우에 따라서 자연생태계와 인공생태계 사이에 반자연생태계(semi-natural ecosystem) 또는 순치생태계(domestic ecosystem)를 정의하기도 하는데, 이는 농업, 산림업, 양식업 등을 위하여 인간이 자연생태계에 변형을 가하여 인간이 필요한 생물을 산물로서 얻으면서 관리해가는 생태계를 말한다.

(다) 생태계(ecosystem)는 특정한 지역에 살고 있는 생물들과 그 생물들이 살고 있는 주변 환경을 합쳐서 일컫는다.

(라) 이러한 생태계는 크게 자연적으로 만들어져서 태양의 힘에 의해서 그 기능이 유지되는 자연생태계(natural ecosystem)와 인간이 만들고 인공적으로 그 기능이 유지되는 인공생태계(artificial ecosystem)로 구분할 수가 있다.

① 다 – 나 – 가 – 라   ② 다 – 가 – 라 – 나   ③ 다 – 라 – 가 – 나
④ 나 – 가 – 다 – 라   ⑤ 나 – 다 – 가 – 라

"따라서 이 생태계를 구성하는 구역은, 그 지역이"라는 (가)앞에는 생태계라는 말의 정의와 그것이 지역과 연관되는 이야기인 (다)가 나와야 한다. 그래서 정답은 ②번이 된다.

그렇다면 어려운 문제는 어느 정도일까? 사실 적성검사의 문단 배열 문제는 문제의 난이도가 글의 내용보다는 글의 길이에 의해 좌우되는 경향이 있다. 짧으면 30초 길어도 1분 안에는 한 문제를 풀어야 하므로 다음 예제의 문제는 주어진 시간 안에 풀기에 꽤 부담되는 길이임에는 틀림없다.

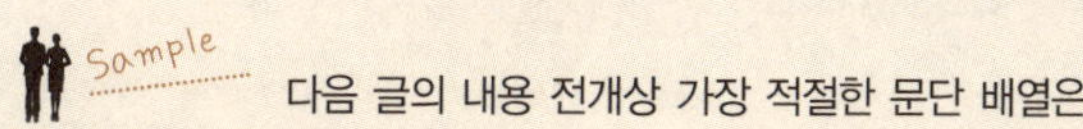

다음 글의 내용 전개상 가장 적절한 문단 배열은?

(가) 이런 통계는 대부분의 선진국에 있어 엇비슷하며 ─이탈리아, 프랑스, 스페인, 포르투갈, 네덜란드, 스웨덴도 마찬가지다─ 뿐만 아니라 많은 개발도상국들, 특히 중국

도 비슷한 경향을 보이고 있다. 몇몇 지역, 예컨대 중부 이탈리아, 남부 프랑스, 남부 스페인에서는 출산율이 독일이나 일본보다도 더 낮다.

(나) 독일의 인구 통계 변화는 전혀 예외적인 것이 아니다. 세계 2위의 경제대국 일본은 2005년경, 인구가 1억 2,500만 명으로 절정을 이룰 것이다. 보다 비관적인 정부의 예측에 따르면, 2050년경에는 인구가 9,500만 명 정도로 감소할 것이라고 한다. 그보다 훨씬 이전인 2030년경에는 65세 이상의 인구가 성인인구의 절반을 차지할 것이다. 일본의 출산율은, 독일과 마찬가지로, 가임여성 1인당 1.3명이다.

(다) 이 모든 것이 의미하는 바는 노년층의 지지를 받는 것은 모든 선진국에 있어 정치적 규범이 된다는 사실이다. 연금은 선거 때마다 들고 나오는 단골 메뉴가 된 지 오래다. 인구와 노동력을 유지하기 위해 이민을 완화하려는 정책 또한 점점 더 정치적 논란거리가 되고 있다. 이런 두 가지 이슈들은 모든 선진국들의 정치 상황을 크게 바꾸고 있는 중이다.

(라) 2030년이 되면, 세계 3위의 경제대국인 독일은 65세 이상의 인구가 전체 성인인구의 거의 절반가량을 차지할 것이다. 지금은 5분의 1 수준이다. 따라서 만약 지금 여성 1인당 1.3명까지 떨어진 독일의 출산율이 정상적인 수준으로 회복되지 않으면, 앞으로 30년 동안 35세 미만의 독일 인구감소율은 노인 인구의 증가율보다 2배나 빠를 것이다.

(마) 노동 인구가 지불해야 하는 연금부담이 지나치게 높아지지 않도록 하기 위한 한 가지 대책으로, 정신적으로도 육체적으로도 상당히 건강한 사람들에 대한 정년퇴직 연령제도는 철폐될 가능성이 높다. 일터에 나가고 있는 젊은 인구와 중년 인구층은 자신들이 전통적인 은퇴 연령에 도달할 즈음에는 연금기금이 바닥나지 않을까 이미 의심하고 있다. 하지만 정치인들은 어디서나 현행의 연금제도를 유지할 수 있다고 계속 주장하고 있다.

① 가-나-다-라-마　　② 가-라-나-마-다　　③ 다-마-가-라-나
④ 라-나-가-다-마　　⑤ 라-나-다-가-마

(가)에서 '이런' 통계라고 지칭하므로 이 대명사를 받아줄 만한 통계 조사가 (가) 앞에 와야 한다. 이것이 가능한 문단은 (나) 아니면 (라)이다. 그

러니까 (나)와 (라) 둘 중에 하나는 (가)보다 앞에 와야 한다. ①과 ②, ③이 지워진다.

또한 (가)에서는 "출산율이 독일이나 일본보다도 더 낮다."라고 말하며 무언가 충격을 줄 만한 발언을 한 것 같은데, 문제는 일본의 출산율을 모르는 상태에서 이런 진술이 충격을 줄 수는 없다. 바꿔 말하면 (가)의 앞쪽 어딘가에서는 일본이나 독일의 출산율이 언급되는 문단이 있어야 한다는 것이다. (나)는 적어도 (가) 앞에 와야 한다.

선택지에 의하면 (라)로 시작되어야 한다. 그리고 독일의 인구통계라는 공통 어휘로 (나)가 그 뒤를 따른다. 문제는 '가-다'인지 '다-가'인지 하는 것이다. "이런 통계는 대부분의 선진국에 있어 엇비슷"하다고 말하는 (가) 뒤에 "이 모든 것이 의미하는 바는 노년층의 지지를 받는 것은 모든 선진국에 있어 정치적 규범이 된다는 사실"이라고 일반화하는 (다)가 와야 어울린다. 따라서 정답은 ④가 된다.

문단 배열 문제의 기술적 풀이

본래 문단 배열 문제의 풀이가 그리 간단한 것은 아니다. 단락별로 내용을 파악하고 그 내용을 논리적으로 재배열하는, 두 가지 이상의 과정을 거쳐야 하기 때문이다. 하지만 약간의 요령만 터득해놓으면 문단 배열 문제는 훨씬 수월해진다. 원래 두 문단의 배열이 반드시 하나로 고정된 제시문이 나오는 문제여야 풀 수 있는 문제인 만큼 그 필연성의 정체를 파악하는 것이 곧 문단 배열 문제 풀이의 요령이 된다.

단락끼리 이어지는 필연성을 체크하는 요소는 다음과 같다.

지시어의 사용

'이', '저' 등을 비롯해 '이러한', '이런 점에서', '이런 실험은' 등과 같이 지시어는 반드시 지시하는 대상이 앞에 있어야 한다. 그러니까 지시어가 보이면 그 지시어가 지시할 만한 개념을 함유한 단락을 바로 그 앞에 위치시키면 된다는 것이다.

종합무역상사는 재벌의 수출창구로서의 역할을 수행하였는데, 수출에서 차지하는 비중이 1979년에는 31.5%에 이르렀다. 정부의 중화학공업육성정책도 재벌의 확장에 큰 몫을 담당하였으며, 이 외에도 재벌은 해외건설, 부실기업 흡수, 제2금융권 진출 등을 통해 양적으로 팽창할 수 있었다.

이처럼 재벌은 빠른 시간 내에 경제성장을 이루어야 하는 상황에서 유용한 도구가 되었으며, 이 과정에서 재벌은 정부의 집중적인 지원하에 급속도로 성장하였다. 재벌은 정부 정책의 최대 수혜자이자 경제성장의 동력이었다.

개념이나 이름의 선·후

어떤 개념이 나오는데 그 개념이 일반적이지 않다면 그것에 대해 정의하거나 소개하는 단락이 그 개념을 자연스럽게 사용하는 단락보다 먼저 나온다. 이름도 마찬가지로 누군가에 대해 언급하고 있다면 그 이름은 처음 나올 때 소개되는 것이 일반적이다.

가령 "프로이트는" 하고 자연스럽게 쓰고 있는 단락보다, "심리학자인 프로이트는"처럼 주어를 수식하는 구절이 함유된 단락이 그것을 자연스럽게 쓰고 있는 단락보다 먼저 나온다는 것이다. 그러니까 단락들을 정확하게 연결할 수는 없지만 적어도 어떤 단락은 어떤 단락보다 먼저 온다는 선·후의 부등호 관계는 확인할 수 있다.

우주의 초대칭 모형들은 여전히 물리학 연구의 최전선의 영역으로 남아 있다. 지난 10여 년 동안 초끈 이론(superstring theory)이라고 부르는 여러 가지 우아한 변형판들이 집중적으로 탐구되었다. 초끈 이론은 모든 입자를 점이 아니라 10차원 공간 속에서 진동하는 끈의 선분이나 고리로 수학적으로 모형화하려고 시도한다. 우리는 시간과 공간의 4차원밖에 경험하지 못하지만, 나머지 6차원이 촘촘하게 감겨져 있다는 것이다. 단단하게 말려진 2차원 종이 조각이 멀리에서 보면 1차원 선처럼 보이는 것과 마찬가지이다. 이 이론에 따르면, 끈의 진동으로 질량이나 스핀과 같은 입자의 특성을 설명할 수 있다.
오늘날 여섯 개 정도의 초끈 모형들이 서로 경쟁을 벌이고 있다. 각각의 모형들은 학자들의 인정을 받기 위해서 제각기 우주에 대한 시험 가능한 예견을 내놓고 있다. 호기심을 자아내는 이 모형들 중 하나는 기본 구성단위의 수를 두 배로 늘리면서 입자와 s입자들이라는 자체 보완물을 가지는 그림자 우주(shadow universe)의 존재를 제시한다.

접속사의 존재

'그러나, 그래서' 등의 접속사가 연결하는 단락을 보고 단락 순서를 맞추는 문제다. 접속사의 앞·뒤 관계를 주의 깊게 살피면 문제 해결의 실마리를 찾을 수 있다.

판소리처럼 입에서 입으로 전해오는 문학을 구비 문학이라고 한다. 구비 문학은 다른 문학 작품과는 달리 고정된 형태가 있는 것이 아니라 늘 변모하고 유동하는 특성을 갖는다. 시나 소설 같은 것은 특정한 작가 혼자서 창작해내면 되지만 판소리는 오랜 세월 동안 수많은 광대들에 의해 조금씩 축적되어온 것이기 때문이다. 그런데 판소리가 어떠한 이야기로부터 파생·발전하였다고 할 때 그 이야기 중에서도 쪼개려야 쪼갤 수 없는 최소 단위의 이야기를 가리켜 '근원 설화'라고 한다. 모든 판소리는 하나 또는 둘 이상의 근원 설화들이 모여 '기본 줄거리'를 이루고, 이 기본 줄거리에 '첨가 줄거리'들이 덧붙어서 점차 확장되어온 것이다. 덧붙여진 첨가 줄거리들은 늘 유동적이어서 들어가기도 하고 빠지기도 하지만, 근원 설화로 이루어진 기본 줄거리만은 절대 없어서는 안 되는 요소이고 또 변할 수도 없는 핵심이 된다. 그런데 여기서 우리가 유의할 점은 판소리가 각 시대의 생활상과 사회적 배경을 작품 안에 담고자 할 때 정작 중요한 쪽은 기본 줄거리가 아니라 첨가 줄거리라는 점이다. 왜냐하면 여러 사람들의 개성 있는 생각과 능력을 그때그때 덧붙이자면 첨가 줄거리의 유동적 성격을 활용해야 하기 때문이다.

단어의 중복 사용

어떤 단락의 앞에 있는 어휘가 또 어떤 단락의 뒤에 있는 어휘와 같은데, 전체적으로 딱 그 두 군데에서만 그 어휘들이 사용된다면 80~90%는 그 단락끼리 붙어 있는 것이다.

데카르트는 자기 방법의 모형을 기하학에서 찾았다. 기하학은 가장 명징하고 논리적이어서 이성적 사고의 표본이 될 만하다. 그러나 기하학은 사고의 형식을 보여줄 따름이고 내용은 배제되어 있다. 그 형식을 익혀 어떤 대상에든지 적응해 내용을 마련하면 된다고 하겠지만, 적용해야 할 대상은 기하학적 명징성을 거부하고, 기하학의 논리로 파악될 수 없는 내용이 허다해서 문제가 생긴다. 데카르트가 실제로 이룩한 기하학의 업적은 오늘날까지 그대로 인정되지만, 인간의 신체적 활동이니 도덕이니 하는 다른 여러 문제에 관한 논의는 자기가 주장한 만큼 명징하지도 않고 논리적이지도 않다. 그런 문제를 논할 때에는 불필요한 선입견을 배제하지 못했으며, 자기가 내세운 방법의 타당성을 입증하는 결과에 이르지도 못했다.

데카르트만 특별히 그랬던 것은 아니다. 감성과 이성을 갈라놓고, 사물에 대한 감성의 반응은 잡다하고 그 타당성을 신임할 수 없지만, 사람이 이미 갖추고 있는 이성은 그렇지 않아 시비를 가리는 분명한 기준이 된다고 하는 것이 데카르트 이래로 서양 근대 합리주의 사상의 공통된 근거이다. 그래서 이성을 일방적으로 추켜올리면서 과도한 짐을 지웠다.

논증 분석 문제

언어 분석력 영역에 해당하는 두 번째 대표적인 유형의 문제는 논증을 분석하는 문제다. 논증이라는 것이 이름은 무거워 보이지만 사실 내용은 별것이 아니다. 주제와 논거로 이루어진 글이라고 생각하면 된다. 그러니까 다른 사람을 설득하기 위해 주장을 한다면, 그 주장을 그럴듯하게 보이게 하는 설득의 근거가 논거가 되고, 이 주장과 논거를 합해 논증이라 일컫는다. 그러니까 '배고프니까 밥 먹자.'라는 말에서 '밥 먹자'는 주장이 되고, '배고프니까'는 이 주장을 설득력 있게 만드는 논거가 된다. 그리고 이 말 전체를 합쳐 논증이라 일컫는 것이다.

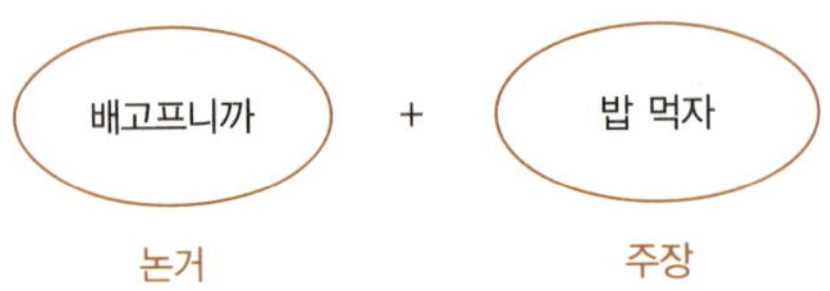

그런데 사람이 글을 쓰거나 말을 할 때에는 이렇게 단조롭게 말을 하지는 않는다. 그 앞뒤에 여러 가지 말이 붙기 마련이다. 가령 '사람은 배고플 때 보통 밥을 먹는다. 예를 들어 점심때가 되면 밥을 꼬박꼬박 먹는 학생들처럼 말이다. 그런데 지금 무척 배가 고프다. 그러므로 어서 밥을 먹어야 한다.'라는 식으로 말하면, '배고프니까'와 '밥을 먹자'는 논거와 주장인 줄 알겠는데 다른 말들은 무엇이 될까?

'사람은 배고플 때 보통 밥을 먹는다.' 같은 경우는 논증이 성립하기 위한 전제가 되고, "예를 들어 점심때가 되면 밥을 꼬박고박 먹는 학생들처럼 말이다."는 예시가 된다.

이처럼 단락은 중요한 요소인 주장과 그것을 보조하는 여러 가지 다른 문장들로 구성되어 있다. 이런 관계를 정확히 밝혀주는 것이 논증 분석 문제다.

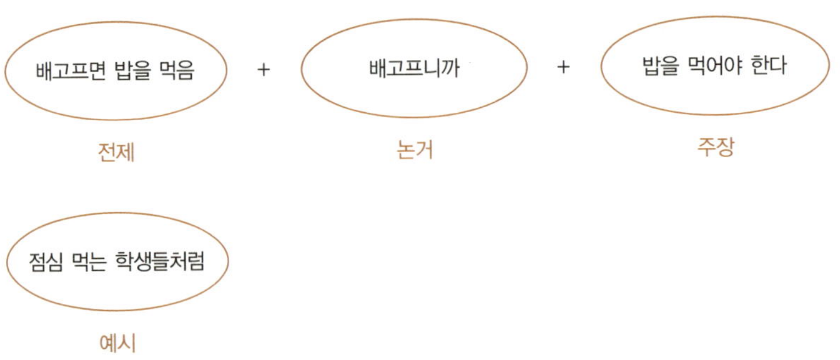

이 유형의 문제는 주어진 문장 사이의 논리적 관계를 밝히는 것으로, 전제, 결론, 근거, 예시, 상술 등 몇 가지 개념들만 익히면 대부분 그 안에서 단락들이 구성되기 때문에 몇 번 해보느냐 아니냐에 따라 결과가 상당히 달라지는 유형의 문제라고 할 수 있다.

논증 분석을 잘할수록 이른바 '논리적인 사고력'이 발달되어 있다고 볼 수 있다. 주장과 그 주장을 형상화하는 문장의 내용들을 정확히 이해하고 있다는 증거이기 때문이다.

적성검사가 어렵다고 소문난 기업들의 경우, 분석력을 테스트하는 문제 안에 바로 이 논증 분석 문제가 포함된 경우가 많다. 다음과 같은 문제가 이 논증 분석 문제의 구체적인 예이다.

Sample 다음 글에 대한 분석으로 가장 적절한 것은?

㉠인간은 생각할 수 있는 '정신적 존재'이며, '윤리적 존재'이다. ㉡짐승은 필요한 만큼 먹고 마시며 과식을 하지 않으나, 인간은 과음 과식을 하여 소화불량에 걸릴 수도 있다. ㉢짐승은 본능에 따라 욕구를 쉽게 자동 조절할 수 있으나, 인간은 그때그때마다 자기반성, 즉 정신적 활동을 통해서 자기를 제어해야 한다. ㉣"사람이 된다."는 우리말 속에 이미 윤리성이 들어 있다. ㉤'사람다운 사람'이라는 말은 인간이 본질적으로 윤리적 존재임을 보여주고 있다. ㉥인간은 대체로 육체적 욕구를 가진 점에서는 동물과 비슷하지만, 도덕적·정신적인 면에서는 동물의 범주를 벗어난다고 할 수 있다. ㉦다시 말해서 모든 동물은 본능적으로 행동하는 데 비하여, 인간은 의식적으로 행위하며, 스스로 가치를 추구하고 정신적으로 행동할 수 있다

① ㉡은 ㉠의 상세화이다.　　② ㉢은 ㉡의 이유이다.
③ ㉣은 ㉠의 예시이다.　　④ ㉥은 ㉤의 부연이다.
⑤ ㉦은 ㉥에 대한 반론이다.

㉠과 ㉡은 반대되는 내용이다. ㉇이 ㉂의 부연설명이다. 따라서 정답은
④이다.

논증 분석 문제의 기술적 풀이

논증을 분석하는 문제는 요령보다는 선택지에서 제시된 대로 제시
문을 읽어보는 방법이 가장 효과적이면서도 신속한 방법이 된다. A는 B의
뒷받침이라고 하면, 그 문장들을 "A이므로 B다."라고 재배치해봄으로써
확실하게 확인할 수 있다는 말이다.

이때 선택지에서 제시된 용어들을 정확히 알면 풀이에 도움이 될 수 있
다. 다음에 제시되는 관계들이 선택지에서 제시될 만한 대표적인 개념들이
다. 문제를 같이 풀면서 확실하게 익혀보도록 하자.

도입(화제 제시, 문제 제기)과 전제

도입과 전제는 거의 글의 첫 부분에 주어진다는 공통점이 있다. 그런데
도입은 '한번 알아보자.' 같이 글을 처음 시작할 때, 주어진 주제와 밀접한
관계없이 화제를 제시하는 문장을 의미한다. 반면 전제는 주어진 주장이
성립하기 위해서 필요한 조건이다. 어떤 주장이나 결론을 가능하게 하는
바탕이 되는 생각을 나타내는 문장일 경우가 많다.

때문에 도입하는 부분은 글 전체의 주장과 큰 관계가 없는 반면, 전제는

글의 주장과 밀접한 연관성을 지닌다. 일반적인 진술에서 전제 문장은 보통 생략된 형태가 많다. 너무나 당연한 원리나 모든 사람들이 인정하는 원칙 같은 것은 굳이 명시할 필요가 없기 때문이다. 하지만 주장을 조금 더 선명하게 하고 싶다거나 누구나 인정하기에는 조금 무리가 있는 전제라면 지문 안에 써주어서 정확하게 논증을 구성할 필요가 있다.

다음 글에서 ㉠～㉫의 논리적 관계를 바르게 분석하지 못한 것은?

㉠풍부한 감정과 뜨거운 정열은 예술의 발달을 위해서 반드시 필요한 조건이다. ㉡이지(理智)가 과학의 발달과 불가분의 관계를 가졌듯이, 정열은 예술의 발달과 불가분의 관계를 가졌다. ㉢우리 한국은 장구한 문화의 역사를 가진 나라이며, 우리 문화에서 예술이 차지하는 비중은 매우 크다. ㉣옛날 신분 사회에서는 예술가들이 사회적으로 푸대접을 받았음에도 불구하고 음악과 미술, 건축과 조각 등 여러 분야에서 우리 한국은 전통 예술의 자랑스러운 유산을 무수히 남겼다. ㉤그리고 현대에도 우리 한국은 세계적으로 알려진 과학자보다도 세계적으로 알려진 예술가들을 다수 배출하고 있다. ㉫이와 같이 과거와 현재에 걸쳐서 한국이 예술 분야에서 자랑스러운 전통을 세우고 지킬 수 있게 된 것은, 한국인이 일반적으로 가진 풍부한 감정 내지 뜨거운 정열에 힘입은 바 크다고 보아야 할 것이다.

① ㉠은 ㉫의 전제이다.　　　② ㉡은 ㉠의 부연이다.
③ ㉢은 ㉡의 근거이다.　　　④ ㉣, ㉤은 ㉢의 근거이다.
⑤ ㉫은 전체의 결론이다.

　주어진 글에서 제일 첫 문장과 제일 마지막 문장은 얼핏 주제 문장인 것처럼 보인다. 그런데 이 글에서 하려고 하는 말이 무엇일까 생각해보면 ㉫처럼 한국인의 성정에 대해서 구체적으로 논하려고 한다는 것을 알 수 있다. ⓑ이 결론이라는 말이다. 그렇다면 ㉠은 전제가 된다. 전체적으로 보면 '㉠(전제1) + ㉢(전제2) → ⓑ(결론)'이며, 여기에 ㉠을 상세화한 ㉡, 그리고 ㉢의 근거들인 ㉣과 ㉤이 붙어 있다. ㉢은 ㉡과 대등한 관계로서 또 다른 전제에 해당한다. 따라서 정답은 ③이다.

전제가 등장하는 유형의 문제를 풀 때는, 전제 문장은 일반적으로 전체 논증의 앞쪽에 많이 위치하는 편으로, 주제와 헷갈릴 때는 글의 뒤쪽에 주제 문장이 또 있나를 살펴보자. 주제 문장으로 추정되는 것이 두 가지라면 앞에 있는 것이 전제일 가능성이 많다.

주제(주장, 주지)

주제는 글쓴이가 말하고자 하는 중심 내용이 담긴 문장이다. 이 주제 문장을 찾아내는 것이 문제를 풀 때 가장 우선시되는 것이다. 이 문장을 먼저 찾아내고 그다음에 다른 문장들은 이 문장을 어떤 식으로 돋보이게 하고 있나 찾아가는 것이 이런 논증 분석 문제를 풀 때의 가장 기본적인 풀이법이기 때문이다.

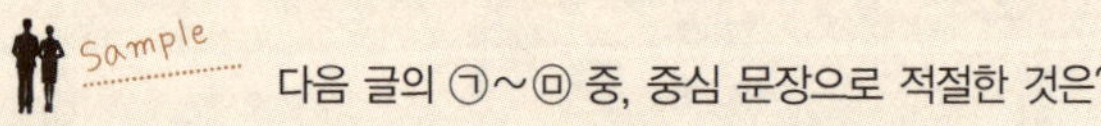

다음 글의 ㉠~㉤ 중, 중심 문장으로 적절한 것은?

삼칠일 관습은 여자가 아기를 낳은 후 21일 동안 문을 꼭 닫고 뜨거운 방에서 지내는 관습이다. 옛날부터 한국 사람들은 출산 후 산모나 아기가 찬바람을 쐬면 뼈에 바람이 든다고 생각하여 이 풍속을 지켜왔는데, 일부 농촌에서는 아직도 매우 철저하게 지켜지고 있다. 그런데 더운 방에 누워 있으면, 몸이 더워지고 땀이 많이 나서 몸에 수분이 모자라게 된다. ㉠산모는 물을 마셔서 더운 몸을 식히고 모자라는 수분을 보충할 수 있다. ㉡그러나 갓 태어난 아기는 스스로 체온을 조절하고 모자라는 수분을 보충할 수 없다. ㉢아기에게 탈수증과 전해질 불균형이 일어나고, 혈액 순환이 제대로 되지 않아 경련, 급성 신부전증, 패혈증이 일어나며, 피부가 짓무르고, 체중이 주는 일들이 생긴다. ㉣소아과 의사들은 갓 태어난 아기에게 알맞은 환경은 섭씨 20~22도에 습도 50~70%의 통풍이 잘 되는 방이라고 말한다. ㉤관계 당국은 삼칠일 풍속을 지키는 농촌 지역 주민들이 이 풍습을 버리도록 계몽 활동을 해야 할 것이다.

① ㉠　　　　② ㉡　　　　③ ㉢　　　　④ ㉣　　　　⑤ ㉤

㉠, ㉡, ㉢, ㉣은 뒷받침 문장이고, ㉤이 중심 문장이다. 정답은 ⑤이다.

설명을 위주로 하는 설명문일 때는 그 설명을 한 문장으로 요약한 문장이 핵심 문장이고, 주장을 담고 있는 논술문일 때는 글쓴이의 주장을 담고 있는 문장이 핵심 문장이다. 가장 단순한 설명이지만, 종종 이 간단한 원리를 잊고 헷갈려한다.

부연과 상세화

부연의 위치는 주로 주제 문장 다음이다. 주제 문장을 명시하고도 무언가 조금 더 할 말이 남았다거나, 보충 설명이 필요한 것 같을 때 부연의 방법을 쓴다. 한 가지 주의할 것은 부연할 때는 주제 문장에서 언급하지 않은 내용들이 담긴다는 것이다. 이에 반해 상세화 혹은 상술 문장은 주제 문장에서 언급했지만 그것이 어렵게 느껴진다거나 너무 복잡할 때, 쉽게 풀어

쓰는 문장이다. 말 그대로 주제 문장의 내용을 상세하게 설명하는 것이다.

다음 글의 ㉠~㉤의 관계를 바르게 설명한 것은?

갇혀 사는 새가 성말라 여위듯이, 두루미 속의 술이 삭아서 식초가 되듯이 교도소의 벽은 그 속에 있는 사람들의 감정을 날카롭게 벼려놓습니다. 감정이 폭발하듯 팽팽하게 켕겨 있을 때 벽은 이성(理性)의 편을 들기보다는 언제나 감정의 편에 섭니다. 벽은 그 속에 있는 모든 것을 산화(酸化)해버리는 거대한 초두루미입니다. 장기수들이 벽을 무서워하는 이유의 하나가 바로 여기에 있습니다.

㉠벽의 기능은 우선 그 속의 것을 한정하는 데 있습니다. ㉡한정한다는 것은 작아지게 하는 것이며, 결국 한 개의 점으로 수렴케 하여 지극히 단편적이고 충동적이고 비논리적인 편향을 띠게 합니다. ㉢징역 사는 사람들의 첨예한 감정은 이러한 편향성이 축적, 강화됨으로써 망가져버린 상태의 감정입니다. ㉣망가져버린 상태의 감정이라고 하는 까닭은 그것이 관계되어야 할 대립물인 이성과의 연동성(連動性)이 파괴되고 오로지 감정이라는 외바퀴로 굴러가는 지극히 불안한 분거(奔車)와 같기 때문입니다. ㉤그 짝을 얻지 못한 불구의 상태이기 때문입니다.

① ㉡은 ㉠의 상세화이다.　　② ㉢은 ㉠의 예시이다.
③ ㉤은 ㉣의 이유이다.　　④ ㉣은 ㉠의 예시이다.
⑤ ㉠은 ㉢의 구체화이다.

㉡은 ㉠의 상세화이며, ㉢은 ㉠, ㉡을 구체적으로 적용한 것이고, ㉣, ㉤은 ㉢의 이유이다. 그러니까 정답은 ①이다.

이 문제의 포인트는 부연과 상술은 엄연히 다르다는 것이다. 간단히 말하면 부연은 주제 문장에 없는 것을 첨가하는데 반해, 상술은 주제 문장에 있는 개념이나 어휘, 주장 등을 자세히 설명한다는 차이점이 있다.

일반화(추상화)와 특수화(구체화)

일반화 문장은 개개의 예들이나 개념들을 큰 틀로 묶어 한마디로 결론 내는 문장이다. 즉 일반화한다는 것은 앞의 개개의 예들을 정리하는 것이니까 대개는 주제 문장이라고 생각해도 무리는 없다. 하지만 주제 문장과 차별되는 것은, 주제 문장은 한 단락에 하나밖에 없어야 한다는 사실이다. 반대로 특수화, 혹은 구체화는 일반적인 진술에 대해 특별한 경우를 언급할 때 말하게 된다. 그러니까 일반화와 반대의 개념이라는 것이다.

Sample

다음 글의 ㉠~㉤의 논리적 관계에 대한 설명으로 바르지 않은 것은?

㉠역사의 연구는 개별성을 추구하는 것이라고 할 수가 있다. ㉡즉 구체적인 과거의 사실 자체에 대한 구명을 꾀하는 것이 역사학인 것이다. ㉢가령 고구려의 한족(漢族)과의 투쟁을 고구려라든가 한족이라든가 하는 구체적인 요소들을 빼버리고, 단지 '자주적 대제국이 침략자와 투쟁하였다.'라고만 서술해버린다면 그것은 역사일 수가 없다. ㉣요컨대 일정한 시대에 활약하던 일정한 인간 집단의 구체적 활동에 대한 서술을 빼면 그것은 역사일 수가 없는 것이다. ㉤이것은 사회적인 현상에 있어서도 마찬가지이다. 가령 화백 회의(和白會議)를 설명하는 데 있어서는 '귀족 회의가 있었다.'라고만 한다면 그것이 바람직한 설명일 수가 없는 것이다. 이것은 문화적인 현상에 있어서도 다를 바가 없다. 석굴암의 미술을 설명하면서, 신라의 경덕왕대라든가 김대성이라든가 조각의 기법이라든가에 대한 설명을 빼고, 그저 '우수한 미술품이 만들어졌다.'라고만 한다면, 이것은 무의미한 서술임에 분명하다.

① ㉠은 단락의 주제문이다.　　② ㉡은 ㉠에 대한 부연이다.
③ ㉢은 ㉡의 예시이다.　　④ ㉣은 ㉢에 대한 구체화이다.
⑤ ㉤은 ㉣에 대한 첨가이다.

'요컨대'는 '요약하건대'의 준말로, 요약한다는 것 자체가 앞의 한 이야기보다는 줄여 말하는 것이므로 이것을 구체화로 보기에는 무리가 있다. ㉣은 ㉢의 일반화이다. 정답은 ④이다.

'이유 + 논거' 즉, 논증의 형식이 한 단락 안에 여러 개 나올 수도 있기 때문에, 이중에 가장 핵심 되는 주제 문장은 주제 문장으로 분류하더라도, 다른 문장을 분류할 방법이 마땅치 않다. 이때 이 일반화 문장이라는 말을 쓰게 된다.

일반화는 말 그대로 일반적인 결론으로 도출해내는 방법이다. 귀납법에서 개개의 사례들을 한 이론으로 정리해내는 결론의 문장을 생각하면 이해가 쉬울 것이다. 주제 문장 역시 일반화 문장의 일종이다. 따라서 일반적인 진술이나 결론 또는 주제 문장이 이에 해당한다.

예시(예증)

주장에 대한 또는 주제에 대한 예를 제시하는 문장이 예시다. 주제 문장을 보다 더 이해하기 쉽게 설명하기 위해 쓰이는 문장이다.

다음 글의 논증의 짜임새를 바르게 분석한 것은?

㉠우리가 흔히 경험하는 바에 따르면, 예술이 추구하는 미적 쾌감이 곱고 예쁜 것에서 느끼는 쾌적함과 반드시 일치하지는 않는다. ㉡예쁜 소녀의 그림보다는 주름살이 깊이 팬 늙은 어부가 낡은 그물을 깁고 있는 그림이 더 감동적일 수 있다. ㉢선과 악을 간

단히 구별할 수 없는 여러 인물들이 뒤얽혀서 격심한 갈등이 전개되는 영화가 동화처럼 고운 이야기를 그린 영화보다 더 큰 감명을 주는 것도 흔히 있는 일이다. ㉣이와 같이 예술의 감동이라는 것은 '단순히 보고 듣기에 쾌적한 것'이 아닌, '우리의 삶과 이 세계에 대한 깊은 인식, 체험'을 생생하고도 탁월한 방법으로 전달하는 데에 있다. ㉤따라서 예술의 미(美)란 소재의 문제가 아니라, 인생·자연·사회에 대한 통찰과 그 표현의 탁월성에서 나오는 것이다.

① ㉠은 ㉡의 근거로서 이 글이 문제 삼고자 하는 것을 밝혀 준다.
② ㉡은 ㉢을 뒷받침하는 구체적인 예이다.
③ ㉢은 ㉡과 동일한 관계에 있으면서 ㉣의 이유를 제시하는 역할을 한다.
④ ㉣은 ㉠의 일반적 진술로, 논의의 방향을 전환시키게 된다.
⑤ ㉤은 ㉠의 논의를 발전시킨 것으로서 이 글의 결론이다.

㉡과 ㉢은 대등한 관계로서 ㉠을 뒷받침하는 구체적 예이다. 그리고 ㉣은 ㉠의 진술에서 한 걸음 나아간 발전적 진술로 ㉤의 근거가 된다. ③의 경우 '이유 제시'가 잘못 분석되어 있다. 정답은 ⑤이다.

이 형태의 문장은 비교적 찾기 쉬운 편이다. 때문에 문제를 풀 때, 주제 문장 다음으로 예시 문장을 찾아 분류해놓으면 조금 더 간단해질 것이다.

접속사 채우기 문제

괄호 안에 접속사를 넣는 문제는 괄호 안에 알맞은 단어를 넣는 어휘 문제와는 다르다. 문장 중간에 단어 넣기는 가장 알맞은 뜻을 가진 단어를 찾아야 하는 어휘력 측정 문제라면, 접속사 넣기는 주어진 괄호 앞·

뒤의 맥락을 판단해 자연스럽게 연결시켜야 하는 논리력 측정 문제인 셈이다.

이 유형의 문제에서 가장 중요한 것은 논리적 흐름, 다시 말해 논리적인 맥락이다. 전체 흐름이라는 거시적인 맥락과 괄호 앞·뒤라는 미시적인 맥락을 같이 알아야 확실하게 풀 수 있다는 말이다.

가령 다음과 같은 맥락에서 괄호가 주어졌다고 한다면 중요한 것은 글의 맥락이 된다는 것이다.

1) (당신은 참 예쁩니다) + (　　　) + (성격은 별로군요)
2) (당신은 참 멋집니다) + (　　　) + (참 착하시군요)

이 경우 1)에서는 괄호의 앞말과 뒷말이 서로 상반된다. 내용상 의미가 상반된다는 것이 아니라 맥락이 상반된다는 것이다. 칭찬을 하는 듯한데, 뒷말을 보면 오히려 약간의 비난이 이루어지고 있다. 이 경우 들어갈 말은 일반적으로 '그러나'가 될 것이다. 물론 내용상 상반되는 것은 아니기 때문에 '그런데' 같은 것이 들어가도 연결은 된다.

하지만 만약 위의 경우처럼 '그러나'가 맞지만, '그런데'도 성립하는 경우 객관식으로 주어지는 선택지에 이렇게 헷갈리게 '그러나'와 '그런데'가 같이 나오지는 않으므로 걱정할 것은 없다.

2)의 경우에서는 앞말과 뒷말이 칭찬의 역할을 하는 것이므로, 첨가한다는 의미에서 '게다가' 정도가 가장 어울릴 것이다.

접속사 채우기 문제의 기술적 풀이

사실 괄호 앞·뒤의 맥락이라고 해봐야 그리 다양하지 않다. 그러니까 이 맥락을 머릿속에 잘 정리해놓으면 생각보다는 간단하게 정답에 도달할 수 있다는 말이다.

다음에 소개하는 네 가지 맥락이 대표적인 글의 맥락이 될 것이다. 괄호의 앞을 A, 뒤를 B로 놓으면 기호로도 표시될 수 있다.

1) '그러므로': 앞의 말들을 정리하는 의미다. A 〉B
2) '그러나': 앞의 말과는 완전히 반대된다는 말이다. A ↔ B
3) '왜냐하면': 인과관계에 있을 때 찾아낼 수 있다. A ⇒ B
4) '게다가': 앞의 말에 유사한 계열의 말이 덧붙을 때 쓰게 된다. A+B

문제를 풀 때 뒤에 있는 문장의 내용이 앞에 있는 내용과 어떤 관계에 있는지 기호에 있는 맥락에서 생각해보면 접속사 문제는 굉장히 쉬운 문제가 될 수 있다.

이것을 조금 더 학문적인 맥락에서 다양하게 정리해보면 아래와 같다. 위의 네 가지 유형을 외우든, 아래에서 소개하는 분류들을 세밀하게 외우든 어떤 선택을 하든지 간에 글의 맥락이라는 부분의 분류는 한정되어 있으므로 잘 익혀서 반드시 맞히도록 하자.

문제 자체가 다양한 유형은 불가능하기 때문에, 유형으로는 다음 정도만 보면 될 것이다.

대분류	소분류	접속사의 종류
전환	전환	그런데, 그러면, 다음으로, 한편, 여기에, 어쨌든, 아무튼, 우선
양립	순접관계	그래서, 그리고, 그러니, 그리하여, 이리하여, 그러면, 따라서, 동시에, 아울러
	대등, 병렬	및, 혹은, 또는, 오히려, 그보다
	첨가	더구나, 그리고는, 또한, 더욱, 게다가, 한편
대립	역접관계	그러나, 그렇지만, 하지만, 그래도, 반대로, 반면에, 차라리, 도리어, 오히려
	대비(선택)	또는, 혹은, 아니면, 그러든지
인과	원인	왜냐하면
	결과	따라서, 그러므로, 결국, 요컨대, 결과적으로, 요는, 그렇다면, 이리하여
위상변화	수렴형	예컨대, 예를 들어, 가령, 특히, 이를테면
	발산형	더욱이, 뿐더러, 나아가서는, 더구나, 이와 같이
	등위(상술)형	다시 말하면, 말하자면, 곧, 즉

다음의 예제를 통해 살펴보자.

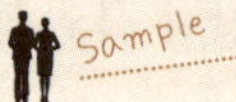

다음 글의 (   )에 들어갈 말로 가장 적절한 것은?

로마의 법률가들이나 중세 영국의 판사들은 단순히 합의가 있었다고 해서 당사자가 합의의 내용에 구속된다고 보지는 않았다. (   ) 합의가 지켜지지 않으면 곧 소송을 통해서 그 이행을 강제할 수 있어야 한다는 생각도 그들에게는 매우 낯선 것이었다. 왜냐하면 그들이 보기에 합의의 불이행으로 인한 손해를 구제하는 것과 합의의 이행을 강제하는 것은 확연히 구분되는 일이었으며, 소송은 기본적으로 전자를 위한 수단이었지 후자를 위한 수단은 아니었기 때문이다.

① 그러나　　② 그러므로　　③ 그뿐 아니라　　④ 또는

　전체적인 글의 내용은 "합의에 강제성이 없었다"는 것이다. 괄호 앞에
는 합의에 구속되지 않았다는 내용이고, 괄호 뒤에는 합의를 소송으로 강
제할 수 있다는 생각도 낯선 것이라는 내용이 나온다. 이 두 가지 내용은
"합의가 강제적이지 않다"는 맥락과 일치한다.

　밑줄 친 "생각도"라는 표현을 보면 앞의 내용과 연계된다는 것을 알 수
있으므로 보기 중에 앞의 내용과 연계되는 의미의 ③이 와야 한다. 따라서
정답은 ③이다.

Chapter 5

추론

1) 유형

추론은 주어진 정보를 종합해서 판단, 유추하는 능력을 말한다. 적성검사에 주로 나오는 추론 문제는 주어진 예문을 읽고 객관적이고 논리적인 판단을 할 수 있는지를 알아보기 위한 것으로, 주어진 정보를 활용해 자신만의 의미 있는 정보를 재창조해내는 능력을 시험하는 데도 유용하다. 현대사회는 인터넷 검색 등으로 정보가 누구에게나 공평하게 개방되어 있기 때문에 결국은 정보의 양이 아니라 정보를 활용하는 능력인 추론 능력에 따라 개개인의 실력 차이가 판가름 난다.

2) 측정 능력

추론력은 CEO부터 말단 신입사원에 이르기까지 모두에게 필요한 능력이다. 어떤 직무를 맡든 간에 기본적인 예측 능력이 있어야 직무를 제대로 해낼 수 있다. 추론은 내년도 경영 계획을 세우는 문제에도 활용되고, 하다못해 복사 같은 단순 업무에도 활용된다. 예컨대 상사가 복사를 시켰다고 그냥 아무 생각 없이 시키는 대로만 하는 것이 아니라 여러 정황상 양면으로 해오는 것이 더 낫겠다 싶으면 그렇게 하는 것이다. 이렇게 업무를 효율적으로 개선 및 수행하려고 하는 적극적인 자세들이 결국은 추론 능력에서 나오게 된다. 추론 능력을 통해 머릿속에서 시뮬레이션을 돌려보아 보다 더 나은 길을 찾게 되는데, 이런 능력을 활용하지 않으면 상사가 시키는 것은 정확히 하지만 발전은 없는 사람으로 낙인찍히게 된다. 이런 사람이 '인재'로서 각광받기는 힘든 것이 현실이다.

3) 핵심 스킬

추론력의 핵심은 '반드시' 추론과 '그럴듯' 추론의 구분 능력이다. 약간 어려운 말로 개연성과 필연성이라고 하는데, 반드시 참이 되는 추론과 현재 주어진 정보로는 참/거짓을 분간할 수 없는 추론, 그리고 반드시 거짓인 추론의 3단계로 구분할 수 있어야 한다.

4) 최근 경향

최근 추론 문제는 대부분 한 제시문에 출제되는 2~4문제 안에 섞여 나온다. '주어진 제시문을 읽고 추론할 수 있는 것은?' 하는 식의 유형이 일반적이다. 선택지를 읽고 판단하는 것이기 때문에 대입 수능에 출제되는 언어영역의 비문학 문제 정도를 생각하면 비슷할 것이다. 대부분의 적성검사가 이런 비문학적인 문제를 포함하고 있기 때문에 추론 문제는 반드시 하나 이상은 나오는 문제라고 보면 된다.

자주 출제되는 또 다른 유형으로는 제시문을 주고, 추론 문장을 준 다음에 그 추론을 반드시 참, 참/거짓 판단 불가, 반드시 거짓의 3단계로 파악하는 것이 있다. 이런 유형의 문제는 추론력에 취약하면 쉽게 풀 수 없는 문제이므로 적성검사를 통해 변별력을 알아보는 대표적인 문제 유형이라 할 수 있겠다.

「마시멜로 이야기」 중에서

햇살 뜨거운 어느 여름날 오후, 개구리 세 마리가 나뭇잎에 올라탄 채 유유히 강물에 떠내려가고 있었다. 나뭇잎이 강의 중간쯤에 이르렀을 때 그중 한 마리가 갑자기 벌떡 일어나 결심했다는 듯 단호하게 외쳤다.

"너무 더워. 난 물속으로 뛰어들 테야!"

다른 개구리들은 그저 묵묵히 고개를 끄덕였다.

자, 이제 나뭇잎에는 몇 마리의 개구리가 남았을까?

"두 마리요!"

질문을 받은 사람들은 대부분 자신 있는 목소리로 이렇게 대답할 것이다.

미안하지만, 틀렸다.

나뭇잎에는 여전히 개구리 세 마리가 남아 있다.

어째서 그럴까?

뛰어들겠다는 '결심'과 정말 뛰어드는 '실천'은 전혀 다른 차원이기 때문이다. 개구리는 뛰어들겠다는 결심만 했을 뿐이다. 녀석이 정말 물속에 뛰어들지 혹은 머리를 긁적이며 자리에 다시 앉을지는 아무도 모른다.

〈호아킴 데 포사다·엘렌 싱어, 「마시멜로 이야기」 중에서〉

「마시멜로 이야기」의 제일 첫머리에 나오는 이 우화는 결심과 실천은 다르다는 것을 강조하기 위한 것이지만 다른 관점으로 보면 추론의 특성과 함정에 대해서도 잘 보여주고 있다. 이제부터 이와 같은 추론의 성질들의 기원과 그 특징을 살펴보자.

우리가 추론 문제를 틀리는 이유

음주검사를 피하는 법을 아는가? 앞에 줄을 서서 음주검사를 하고 있는데, 마침 그날 거나하게 한잔하고 호기를 부려 대리도 부르지 않고 직접 운전대를 잡고 운전을 해 꼼짝없이 걸릴 지경이라면 어떻게 할 것인가? (물론 이것은 설명을 위한 가정으로 '절대로 음주운전을 해서는 안 될 것'이라는 공익적인 메시지를 다시 한 번 강조한다.) 이때는 차 문을 '살포시' 열고 나와서 앞만 보고 '옴팡지게' 뛰어 그 장소를 벗어나는 것이 가장 좋은 방법이라는 말이 있다. 성공적으로 그 자리를 벗어난다면 경찰이 줄 수 있는 최고의 벌은 '주차금지 위반 딱지'라는 것이다(확실한 것은 아니니 실행에 옮기는 일은 없기를 바란다).

경찰이 차 문을 열고 차 안에 가득한 술 냄새를 맡았다 해도 이런 상황은 변하지 않는다고 한다. 왜냐하면 경찰은 물적 증거가 아닌 정황적인 증거만을 가지게 되기 때문이다. 이 차의 차주는 음주운전을 했을 가능성이 아주 농후하지만 반드시 그랬느냐 하는 것은 대답하기 힘든 문제가 된다. 마침 술 많이 마신 사람을 태우고 있었기 때문에 술 냄새가 나는 것이고, 황급히 차를 세우고 떠난 것은 너무나 화장실에 가고 싶었기 때문이고, 한

참 있다가 차를 찾으러 나타난 것은 마침 급한 연락이 와서 지방에 내려갔다 오느라 그랬다고 하면 나름대로 변명이 되기 때문이다.

이런 경우 경찰은 심증은 가지만 물증이 없어 제대로 벌을 내리기 힘들게 될 것이다. 물론 우리의 경찰력이 이렇게 허술하지는 않겠지만, 정황적 증거만으로는 벌을 줄 수 없다는 것은 사실이다. 왜일까? 사실이 아닐 가능성이 조금이라도 있기 때문이다.

이것이 바로 우리가 추론 문제를 자주 틀리는 이유이다. 누가 봐도 저렇게 도망간 사람은 음주운전을 한 사람일 것이다. 따라서 상식적인 추론 수준에서는 '음주운전자'라는 결론이 나오지만, 적성시험 문제에서 '반드시 참'이라고 물어보는 논리적 추론 수준에서는 반드시 '음주운전자'라고 결론내릴 수는 없다. 그러니 만약 시험에 이런 것을 물어보는 문제가 나온다면 도망친 차주가 반드시 음주운전자라고는 말하지 못한다. 틀릴 가능성이 0.1%라도 있으니 말이다. 다만 음주운전을 했을 '개연성이 높다'라고 말할 수 있다. 선택지가 '모든' 경우를 전제하고 있다면 일말의 '아닐' 가능성이 있는 것은 답이 되기 힘들다.

그러니까 이러한 정황을 근거로 한 추론은 옳다고 할 수 없다. 따라서 논리적으로 명시되지 않은 채 맥락적으로 찾아내는 추론은 문제상에서는 성립되지 않으나, 연역적인 전제하에 '반드시' 이끌어지는 추론은 논리적 추론이기 때문에 성립한다고 볼 수 있다는 것이다.

가령 심야에 코엑스에서 영화를 보고 나왔더니 거리에 살짝 주차해놓은 차가 없어졌다. 그런데 강남에서 견인된 차는 무조건 잠실 견인 차량 보관소로 간다는 것을 알고 있고, 견인 딱지가 나무에 붙어 있다면 두말 할 것 없이 택시를 타고 잠실로 가야 한다. 늦게 가면 시간당 보관비가 계속 올라가기 때문이다. 이런 경우는 전제가 '강남에서 견인된 차는 무조건 잠실 견인 차량 보관소로 간다.'는 것이므로 견인당한 차는 잠실에 있을 것이라는 추론은 타당하다. 이런 추론이 바로 논리적, 연역적 추론이다.

정리하면 정황적인 추론은 아무리 그럴듯해도 가능성의 수준에서 성립하는 것이기 때문에 '반드시'라고 말할 수는 없고, 문제에서는 인정할 수 없는 추론이 된다는 것, 반대로 논리적 추론은 '반드시'라고 말할 수 있고, 그렇기 때문에 문제에서는 '참'이라고 인정받는 추론이 된다는 것이다.

정황적 추론의 문제점

내용 이해가 편하라고 '정황적 추론'이라는 용어를 썼지만, 실제적으로 더욱 많이 쓰이는 것은 '화용적 추론'이라는 용어다. 일반적으로 알 만한 말로 바꾸면 '맥락적 추론' 정도라고 이해하면 된다. 앞뒤의 맥락을 생각해서 하는 추론이라는 말이다.

바로 이 화용적 추론에 대해서 더 깊게 생각해보려고 한다. 다음의 진술들을 주의해서 보자. 친구가 나에게 다음과 같이 말했다. "그 영화 꼭 봐." 이 말에서 무엇을 추론할 수 있을까?

㉠ 그 친구는 그 영화를 만든 회사의 직원이다.

㉡ 그 친구는 영화를 보고나면 그 영화를 주위 사람들에게 추천하는 버릇이 있다.

㉢ 그 친구는 그 영화를 재미있게 보았다.

ⓔ 그 친구는 그 영화를 보았다.

ⓜ 그 친구는 그 영화가 재미있을 것이라고 생각한다.

처음 ㉠에서는 말도 안 된다고 손을 저었더라도, ㉤으로 점점 내려가면 그럴듯해진다. 하지만 결과적으로 보면 이 추론들이 적성검사 문제로 나오면 맞다고만은 할 수 없는 추론들이다. 먼저 '영화사에 다닐 것'이라는 진술은 너무나 특별한 경우로, 영화가 재미있다는 말 때문에 멀쩡한 사람을 영화사에 취직시키는 것은 상식적으로 생각하면 말도 안 되는 추론이다. 하지만 재미있는 것은 이런 성향이 인터넷에서는 빈번하게 일어나는데, 가령 어떤 음식점이 맛있다거나 어떤 제품이 좋다고 하면 그 밑에 달리는 댓글들의 많은 부분이 '너 알바지?', '얼마 받고 일하냐?' 같은 경우다. 따지고 보면 얼마나 논리적이지 않은 추론인가? 슬픈 것은 실제로 알바인 경우도 많다는 것이다.

인터넷이라는 특수한 공간이 상식적이지 않은 추론을 상식으로 만드는 경향이 있지만, 어찌되었든 일반적인 상황에서는 영화가 재미있다고 말했다고 영화사에 다닐 것이라는 추론은 상식적이지 않은 추론이라는 것은 분명하다.

이와 유사하게 영화를 보면 '추천하는 버릇이 있다'는 추론 역시 단 한 번의 예를 보고 확대해석한 것으로, 논리학에서는 이런 경우를 '성급한 일반화의 오류'라고 일컫는다. 이 오류는 '흑백논리의 오류'만큼이나 많이 들어본, 보통 사람들에게도 익숙한 오류다. 이 오류의 이름이 익숙하다는 것은 그만큼 이런 오류를 많이 범한다는 말이 되기도 한다.

지금까지는 확실하게 오류임이 분명하다. 일반적인 상황에서 영화를 재미있게 보고 추천한 친구가 이미 영화를 보았고, 무척 재미있게 여겼다는 추론은 어찌 보면 너무나 당연한 얘기다. 하지만 이것이 100% 논리적 추론은 아니라는 것이 문제다. 왜냐하면 '영화를 재미있게 본 것'은 아니지만 의미 있는 영화라 생각해서 추천할 수도 있을 것이기 때문이다. 그리고 '그 영화를 보았다'는 전제도 어쩌면 사실이 아닐 수도 있다. 그 영화를 본 것이 아니라 예고편을 보았는데 재미있을 것이라고 생각을 했다든지, 각 방송사에서 하는 영화정보 프로그램을 보고 소개된 영화가 재미있을 것이라고 생각해서 추천해줬을 수도 있기 때문이다.

그렇다면 ⓜ은 반드시 참이 될까? 반드시 그런 것은 아니다. ⓒ과 마찬가지로 작품성이 좋아서 그럴 수도 있고, 아니면 지루한 영화인데도 친구를 골탕 먹이기 위해 거짓말을 한 것일 수도 있다.

제시된 예가 모두 화용적 추론인데도 불구하고 ⓐ과 ⓑ은 비교적 간단하게 아니라고 말할 수 있는데, ⓒ과 ⓓ, ⓜ은 한 번 더 생각하게 된다. 그 이유는 ⓐ과 ⓑ은 아주 특수한 경우를 상정해야 추론이 가능한 것인 반면, 다른 것들은 보다 일반적인 경우에 통용되는 상식이기 때문에 그렇다. 보통은 자기가 보아서 재미있었던 영화를 추천하기 마련이고, 보지 못했더라도 재미있다고 생각하는 영화를 추천하게 되는 것이니까 말이다.

그러나 시험에서는 100%의 추론을 원하는 것이지, 화용적으로 끼워넣어야 되는 추론을 원하는 것이 아니다. 따라서 평소 일상생활에서라면 그대로 통용되었을 추론도 시험 문제에서 대하면 다시 한 번 고민해야 할 것이다. 추론은 주어진 정보 외에 자기가 평소 가졌던 생각과 경험들을 바탕으로 이루어지는데, 그것이 일반적이고 보편적일수록 더 강력한 추론이 된다. 하지만 이러한 화용적 추론은 안타깝게도 답이 아니라는 것을 잊지 말아야 할 것이다. 바로 이 간극이 추론 문제에서 많은 사람들이 오답을 고르게 되는 이유다. 고등학교 시절 비문학에서 좋은 점수를 받지 못했다면, 바로 이런 추론의 구분을 정확히 숙지하지 못했을 가능성이 많다. 앞으로 보게 될 적성검사에서는 추론을 확실히 구분해서 원하는 결과를 얻게 되길 바란다.

화용적 추론과 논리적 추론을 정확히 구분하는 것은 매우 중요한데, 문제에서 출제될 때 어차피 말도 안 되는 얘기들은 쉽게 '아니라는 것'을 알 수 있기 때문에, 핵심은 '맞긴 맞는데, 무조건 참'은 아닌 것이 된다. 이런 선택지 때문에 꼭 선택지 두 개 중에 고민하게 되는 것이다. 다음과 같은 유형의 문제도 적성검사에 상당히 자주 출제되는 유형으로 추론의 정확한 구분이 중요하다.

다음에 주어진 제시문은 고려시대의 변방 국가였던 여진에 대한 설명이다. 이 글을 읽고 제시되는 추론이 ① 반드시 참인지, ② 참일 수도 있고 아닐 수도 있는지, 아니면 ③ 반드시 거짓인지 정확히 구분하라.

거란이 만주를 지배하고 있을 때 거란에 복속되지 않은 여진족들이 있었다. 이들을 흔히 생(生)여진이라고 불렀다. 이들은 만주 동북부 변방 지역에 흩어져 살면서 두만강 이남에까지 출현하는 세력이 약한 민족이었다.
12세기 초까지만 해도 이들 여진족들은 고려를 부모의 나라로 섬기고 있었다. 이런 사실은 그들의 역사서인 『금사(金史)』에서 자신들의 시조인 함보를 고려인이었다고 한 데서도 잘 알 수 있다.
그러나 추장 오아속 시대에 오면, 거란의 세력이 약해진 틈을 타 완옌부를 중심으로 하는 여진족의 통합이 활발히 전개되어 고려에도 상당한 위협을 가해 왔다. 윤관의 여진 정벌과 동북 9성의 축조는 바로 이 시기의 일이었다(1106).
여진의 세력이 더욱 강성해진 것은 아구타(아골타) 때였다. 오아속의 뒤를 이은 아구타는 금을 건국하고(1115), 만주 일대를 정복해 들어갔다. 이때부터 금은 고려에 대하여 형제의 나라를 일컬으며 대등한 관계를 주장하더니, 급기야는 상국임을 자처하며 고려에 압력을 가하기 시작하였다. 이런 현상은 금이 송과 연합하여 거란을 멸망시킨 후에 더욱 심해지고 있었다.

고려는 이때가 바로 이자겸의 시대였다. 그러나 지방 출신 신진 세력과의 대립에 골몰한 나머지, 이자겸은 많은 관리들의 반대에도 불구하고 금의 사대 요구를 받아들이고 말았다.

1) 거란이 만주를 지배할 때 여진족은 변방에 흩어져 살던 약소민족이었다. ① ② ③

2) 여진족은 고려를 부모의 나라로 섬기며 혈연관계를 자처했으나, 세력이 강성해진 뒤에는 『금사(金史)』에서 자신들의 시조가 고려인이라는 사실을 지워버렸다.
① ② ③

3) 오아속은 아구타의 아들로 나라를 물려받은 후 금을 건국하고 만주일대를 정복해 들어가기 시작했다. ① ② ③

4) 금은 거란을 통합·복속한 후 고려의 상국임을 자처하며 압력을 행사하기 시작했다.
① ② ③

1)번은 첫 번째 단락에 나와 있으므로 ①번이 된다.

2)번은 두 번째 단락의 진술인데 나중에 지워버렸다는 이야기는 나오지 않았다. 그래서 실제로 지워버렸는지 어땠는지를 판단하기에는 주어진 정보가 불충분하다. 따라서 참과 거짓에 대한 판단은 유보할 수밖에 없다. 따라서 이 경우에는 ②가 답이 된다.

3)번은 오아속이 아구타의 아들인지 자료상으로는 알 수가 없다. 이런 추론이 제일 문제인데, 보통 왕의 계승은 아들이 하기 때문에 우리가 가진

상식으로는 당연한 추론이 되기 때문이다. 하지만 실제로 오아속은 아구타의 형제이다. 하지만 실제로 형제 상속이기 때문에 3)번의 답이 ③이 되는 것은 아니다. 그것은 제시문에 주어진 것이 아니라, 개인적으로 알고 있는 것이기 때문에 제시문을 바탕으로 추론하는 결과는 ②가 되어야 한다. 오아속이 아구타에게 왕위를 계승한 사실만 있지 이 둘의 관계가 부자인지 아닌지는 이 글에서는 주어지지 않았기 때문이다.

4)번의 답은 전, 후 관계의 문제에서 고려에 압력을 행사하기 시작한 이후에 거란을 멸망시켰기 때문에 틀린 얘기다. 또한 통합, 복속은 멸망과는 다른 이야기다. 어찌되었건 이 진술은 주어진 제시문의 정보에 반한다는 것을 알 수 있다. 따라서 답은 ③이 된다.

추론의 두 가지 유형

추론 문제가 어려운 이유는 이렇게 참과 거짓 사이에 참도 아니고 거짓도 아닌 것이 존재하기 때문이고, 제시문에 주어진 정보와 개인적으로 알고 있는 정보가 섞이는 과정에서 주어진 정보가 아닌데도 그런 정보를 읽은 것처럼 느끼는 착각 때문이라는 것을 알았다.

문제는 실전에서 문제를 대할 때, 늘 그런 것을 염두에 두고 하나하나 판단해야 하는가 하는 것이다. 이런 식의 추론을 정리해서 어떤 기준을 두고, 그 기준에 맞는지 아닌지 판단할 방법은 없을까? 당연히 있다. 그런데 그런 편리함을 획득하기 전에 먼저 해야 할 것은 추론의 두 가지 형식이라는, 보다 원론적인 이야기를 살펴보는 것이다. 아무래도 원리를 알아야 그에 대한 이유나 응용도 알게 되기 때문이다.

추론에는 크게 두 가지 형태가 있다. 나누는 사람에 따라 더 여러 가지 형태로 나눌 수 있겠지만 단순하게 보면 크게 두 가지다. 하나는 연역적 추론, 또 하나는 귀납적 추론이다.

연역적 추론의 대표는 누구나 알고 있는 다음과 같은 추론이다.

① 모든 사람은 죽는다.

② 소C는 사람이다.

③ 그러므로 소C는 죽는다.

이 추론의 특징은 ①과 ②가 참으로 주어진 전제라면, ③은 반드시 참이 된다는 것이다. 그러니까 ①번과 ②번이 맞는 얘기라면, '소C는 사람인데, 사람은 다 죽으니까, 결국 소C는 죽는다.'는 당연한 결론에 도달할 수 있다. 이런 추론을 연역적 추론이라고 한다. 논리실증주의자들은 간단한 이 얘기를 괜히 어렵게 "법칙들과 초기 조건들이 모두 만족된다면, 현상은 그 것들로부터 개연적으로가 아니라 필연적으로 유도되어야 한다."라고 표현한다. 같은 얘기다. 연역적 추론은 필연성을 가지게 된다.

우리가 적성검사에 이 연역적 추론의 방법을 적용해 생각하면, ①과 ②는 주어진 제시문이 되는 것이다. 이 제시문을 보고 ③번의 추론이 맞는지 아닌지를 판단하게 된다. ③번 추론은 맞는 추론이 되고, 만약 '김C는 죽는다.'는 추론이 있다면 그것은 틀린 게 된다. 왜냐하면 김C가 사람인지 아닌지는 주어진 제시문에 정보가 제시가 되지 않았기 때문이다. 이 경우 정확히 보자면 맞는지 틀린지 판단을 유보하는 경우가 되는데, 보통 추론 문제는 '다음 선택지 중 맞는 것은?' 하는 식으로 제시되기 때문에, 맞는지 틀린지 모르는 것은 이런 문제에서는 틀렸다고 취급하게 된다.

두 번째 유형은 귀납적 추론이다. 귀납적 추론은 역시 유명한 예가 하나 있다.

소C는 죽는다.

아C도 죽는다.

플C도 죽는다.

―――――――――――――――――――――

그러므로 모든 사람은 다 죽는다.

인간의 수명은 지금은 대략 70~80세 정도 되는 것 같다. 한국인의 평균 수명은 75~80세 사이다. 그런데 불과 200년 전만 해도 한국인의 평균 수명은 40세 정도였다. 그래서 그때는 60세만 살아도 마을에서 잔치를 열 정도로 희귀한 일이었다. 의학이 날로 진보하고 있고 그 속도 또한 놀랍다. 이러다가는 100세, 200세 수명은 물론이고 영생까지도 가능하지 않을까? 무슨 얘기를 하고 싶냐고? 모든 사람이 죽는다는 위의 추론이 반드시 참은 아니라는 말을 하고 싶은 것이다. 전제가 지금까지 살았던 사람을 봐서인데, 앞으로도 그러리라는 보장은 없으니까 말이다. 인간이 100m를 10초 안에 달릴 수 있다는 것은 실제로 10초 안에 달린 사람이 나타나기 전까지는 말도 안 되는 얘기였다는 것을 상기해보라.

귀납적 추론은 개별적인 사건, 현상, 관찰, 실험들이 합해져서 하나의 일반화에 이르게 되는 추론을 말하는데, 이때 제시되는 결론은 아무리 상식적인 사실이라 해도 필연은 아니기 때문에 '무조건 참'이라고 말할 수는 없다. 그래서 이런 경우 필연성이 없고 개연성을 가졌다고 말한다. 그렇게 될 개연성은 충분하지만, 반드시 그렇게 되리라는 보장은 없다는 의미다.

이런 경향을 종합해보면 연역법으로 다다른 추론은 논리적인 추론이고, 귀납법으로 이른 추론은 화용적인 추론이 된다는 것을 알 수 있다. 연역적인 방법인가 귀납적인 방법인가 살펴보는 것이 바로 화용적인 추론과 논리적인 추론을 구분하는 가장 좋은 방법이다.

연역적인 추론과 귀납적인 추론을 보다 자세히 살펴보자. "안경을 낀 사람은 공부를 잘한다."라는 진술이 있다고 가정해보자. 연역법은 이 진술을 참이 되는 전제라고 가정하는 데서 출발한다.

안경을 쓴 사람은 공부를 잘한다.

한나는 안경을 썼다.

따라서 한나는 공부를 잘한다.

'안경을 쓴 사람은 공부를 잘한다.'는 전제가 참이라고 가정하는 데서 이 추론 방법이 시작되기 때문에 이 명제 자체를 의심할 수는 없다. 따라서 안경을 쓴 은솔이도, 안경을 쓴 연재도 공부를 잘한다고 추론할 수 있다. 안경을 썼다는 조건을 만족시키면 누구든지 공부를 잘할 것이라고 추론할 수 있는 것이다.

여기서 제기되는 문제 하나! "내가 아는 ○○○은 안경을 썼는데도 공부는 지지리도 못하는데…… 어째서 이 진술이 무조건 참이 되는 걸까?"

연역추론의 제일 중요한 전제는 전제로 제시되는 것, 그러니까 적성검사 문제로 따지자면 제시문에서 주어지는 정보는 무조건 참이라고 가정하는 것이다. 안경을 썼는데도 공부를 못하는 사람이 있다면 그것은 그 사람의 문제가 아니라, 위의 추론에서 주어진 "안경을 쓴 사람은 공부를 잘한다"는 대원칙에 문제가 있는 것이다. 하지만 연역추론의 전제는 바로 이렇게 주어진 정보는 참이라는 가정이다. 따라서 이런 원칙이 참이라면 안경을 쓴 사람은 다 공부를 잘하게 된다. 그래서 추론 문제들을 보면 "다음 주어진 제시문의 내용을 바탕으로……"라든가, "주어진 제시문의 내용이 모두 참이라고 할 때……"라는 식으로 제시문에서 주어진 정보가 참이라는 대원칙을 주고 시작하는 것이다.

여기서 제기되는 두 번째 문제! 그러면 안경을 쓰지 않은 한이는 공부를 못할까? 앞의 이야기들을 충실히 읽은 사람들은 이제 다 알겠지만, 한이가 공부를 잘하는지 못하는지는 알 수가 없다. 안경을 쓰면 공부를 잘한다는 대원칙은 있지만, 안경을 안 썼다고 해서 못한다는 원칙은 없기 때문이다. 안경을 쓰지 않았을 경우에는 잘하는지 못하는지 알 수가 없다.

귀납법의 경우도 살펴보자.

은솔이는 안경을 썼는데 공부를 잘한다.
연재도 안경을 썼는데 공부를 잘한다.

따라서 안경을 쓴 사람은 공부를 잘한다.

그런데 여기서 "안경을 쓴 사람은 공부를 잘한다."는 결론은 결론이기보다는 가설에 가깝다. 관찰된 사실들을 엮어서 설명해줄 수 있는 가설인 셈이다. 이 가설을 확정짓기 위해서는 조금 더 많은 관찰이 필요하다. 그래서 백여 명을 대상으로 했더니 역시 똑같은 결론에 도달했다. 하지만 아직도 이 진술을 참이라고 하기에는 무언가 부족하다. 만 명을 대상으로 다시 조사했더니 하나같이 안경을 쓴 사람들이 공부를 잘했다. 그런데도 불구하고 만 명에 속하지 않은 "수정이라는 사람이 안경을 썼다. 아마 공부를 잘할 것이다."라는 진술을 참으로 확신하지는 못할 것이다.

이것은 개별적인 사실들을 관찰해서 일반적인 결론을 제출하는 귀납법의 특성 때문이다. 모든 것을 관찰해서 결론을 만들더라도 아직 관찰하지 못한 무엇인가가 반증으로 제출될 가능성이 늘 존재하게 된다. 이러한 특성 때문에 귀납법에서 나온 결론이 반드시 참이라고는 확신하지 못하게 된다. 그렇지 않을 가능성이 언제나 존재하기 때문이다. 가령 "지금까지 지구가 탄생한 이래 해는 항상 동쪽에서 떴다. 아마 내일도 해가 동쪽에서 뜰 것이다."라는 진술은 거의 99.999999%가 맞을 테지만 내일만은 해가 서쪽에서 뜰 가능성도 아주 극소하게 존재하는 것이다.

여기서 우리는 필연성과 개연성이라는 개념을 도출할 수가 있는데, 필연성은 '반드시 그렇게 되어야 하는 것'이고, 개연성은 '그렇게 될 가능성이 있는 것'이라고 할 수 있다. 연역법의 방법으로 결론은 언제나 필연적이다. 귀납법으로 내린 결론은 언제나 개연성이 있는 진술일 뿐이다. 백 명이었던 조사대상이 만 명으로 늘어났다고 해서 필연성이 생길 수는 없고, 다만 개연성이 높아질 뿐이다.

당연히 추론 문제에서는 개연성보다 필연성을 우선으로 두어야 한다. 그럴 가능성이 있다는 말은 그렇지 않을 가능성이 있다는 것으로 바로 치환이 가능하기 때문이다.

추론 문제의 기술적 풀이

추론 문제를 풀 때 기술적인 풀이 요령을 찾는다는 것은 사실 힘든 일이다. 앞에서 살펴본 대로 연역적 추론과 귀납적 추론의 차이를 주어진 제시문마다 달리 이해하고 풀어야 하기 때문이다. 하지만 문제를 내는 입장에서는 늘 그럴싸한 오답을 만들기도 힘들다. 딱 봐서 차이 나게 틀리면 너무 쉬운 문제고, 말이 안 되면 문제를 잘못 출제한 것이 되기 때문에 그럴 듯해 보이면서도, 사실은 약간 틀린 정답에 근접한 오답을 만들어내야 하기 때문이다.

그러다보니 학생들이 늘 틀리고 헷갈리는 문제의 진술들에 주목하게 되는데, 다음과 같은 것들은 이른바 '추론 문제의 오답 유도 기법'으로 출제자의 오답 만들기 노하우라고 보면 된다. 이것을 거꾸로 보면 이런 유의 진술을 늘 주의하면서 문제에 접근해야겠다.

개연성이 높지만 필연성은 없는 진술

앞에서도 계속 나온 말인데, 개연성이 높다는 것은 그만큼 사실로 일어날 수 있는 확률이 높다는 뜻이지만, 다른 관점에서 보면 필연성이 아니기 때문에 반드시 사실이 되는 것은 아닌 진술이다. 개연성이 높다고 해서 반드시 필연적인 사실이 되는 것은 아니지만 개연성이 높을수록 진술이 사실 같아 보여서 헷갈리기 쉽다.

이것을 먼저 배운 용어를 가지고 다시 한 번 말하면 '화용적 추론'과 '논리적 추론'의 구분이다. 논리적 추론은 그래야 하는 필연성을 바탕으로 하는 반면, 화용적 추론은 그럴지도 모르는 개연성을 바탕으로 한다. 때문에 화용적 추론은 틀릴 가능성이 상존하고 있고, 논리적 타당성을 가지는 답으로서의 자격이 부족하다.

다음 제시문을 읽고 〈보기〉에서 추론할 수 있는 것끼리 짝지은 것은?

최근 시각장애인을 위한 첨단과학의 움직임이 활발하다. 우주공간에서는 시각장애인의 눈에 이식해서 시력을 어느 정도 회복시킬 수 있는 바이오닉 눈동자를 개발해냈다. 이 바이오닉 눈동자는 빛에 아주 민감한 극히 얇은 세라믹 필름으로 만들어져 있다. 여기에 약 10만 개의 감지기가 박혀 있어서 마치 디지털 카메라의 액정화면(LED)과 같은 상을 만든다.

건강한 사람의 눈은 빛을 전기적 신호로 바꿔주는 수백만 개의 세포(간상세포와 원추세포)로 구성되어 있고, 전기신호가 시각신경을 타고 뇌로 가면, 뇌가 그 신호를 다시 해석하게 되는 것이다. 점차적으로 시력을 잃는 사람은 바로 이 세포들의 기능 부전이나 파괴로 인한 것이다. 세라믹 필름의 감지기가 바로 이러한 눈 세포의 기능을 대신한다.

이 기술은 인공위성 안에서 개발된 기술로, 원자와 원자 그리고 층과 층을 성장시켜서 필름을 만드는 아주 복잡한 기술이다. 특히 이 기술은 기존의 실리콘으로 만든 감지기가 가진 2가지의 단점을 극복할 수 있다는 장점이 있다. 먼저 기존에 사용되던 실리콘은 사람의 몸에 독성이 있는 데 반해 새롭게 사용되는 세라믹은 그렇지 않다. 그리고 크기가 큰 실리콘 블록은 눈에서 영양의 흐름을 방해하지만, 세라믹 감각에는 필름 층 사이에 5마이크로미터 넓이의 공간이 있어 영양의 흐름을 가능케 한다.

미 항공우주국의 과학자들은 올해 안에 사람을 대상으로 한 임상실험이 시작될 것이라고 말했다. 하지만 아직 세라믹 배열이 만들어내는 색다른 형태의 전기신호를 뇌가 과연 해석해낼 수 있을지는 미지수라고 한다.

이 기술을 이용하면, 많은 사람이 앓고 있는 노인성 시각장애(AMD)에서 만약 눈 안(뒤)쪽에 있는 이들 감각 세포가 퇴화되었더라도 뇌와의 연결만 건제할 경우, 인공 감각(눈)을 이식해서 시력을 회복할 수 있게 된다.

① ㄱ, ㄴ　　　② ㄴ, ㄷ　　　③ ㄴ, ㄹ　　　④ ㄷ, ㄹ

이 문제의 보기들을 각각 살펴보면 다음과 같다.

(ㄱ) 가능하지 않다. "미 항공우주국의 과학자들은 올해 안에 사람을 대상으로 한 임상실험이 시작될 것이라고 말했다. 하지만 아직 세라믹 배열이 만들어내는 색다른 형태의 전기신호를 뇌가 과연 해석해낼 수 있을지는 미지수라고 한다."

(ㄴ) 가능하다. "건강한 사람의 눈은 빛을 전기적 신호로 바꿔주는 수백만 개의 세포(간상세포와 원추세포)로 구성되어 있고, 전기신호가 시각신경을 타고 뇌로 가면, 뇌가 그 신호를 다시 해석하게 되는 것이다. 점차적으로 시력을 잃는 사람은 바로 이 세포들의 기능 부전이나 파괴로 인한 것이다."

(ㄷ) 가능하다. "세라믹 필름의 감지기가 바로 이러한 눈 세포의 기능을 대신한다."

(ㄹ) 가능하지 않다. "조금 비싸다."는 진술은 그럴듯하기는 하나 본문에서는 찾을 수 없는 진술이다. 신기술이기 때문에 가격이 비쌀 가능성은 충분하지만, 그에 대한 정보가 없기 때문에 확신할 수 없다.

종합하면 정답은 ②번이다.

선입견이나 배경지식에 의존하는 진술

원래 알고 있는 배경지식이나 사실에 의해 문제를 풀 때 걸림돌이 될 수 있다. 바로 그 점을 노리고 배경지식을 알고 있으면 잘못 쓰기 쉬운 문제를 내는 경우도 있고, 드문 경우이긴 하지만 배경지식과 텍스트상의 내용이 다른 경우가 나오기도 한다.

만약 텍스트의 내용과 자신이 알고 있는 지식의 내용이 다르다면 텍스트가 먼저다. 추론은 텍스트의 내용을 근거로 해서 순수하게 언어적으로 전개되어야 하기 때문이다.

하지만 대부분 자신의 상식에 맞는 텍스트가 나오기 때문에 상식과 읽은 정보가 어긋난다면 무언가 잘못 읽은 것은 아닌가 다시 한 번 확인해보는 습관이 필요하다.

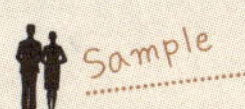

다음 제시문을 읽고 〈보기〉에서 추론할 수 없는 것은?

이기론은 성리학에서 이(理)와 기(氣)의 원리로서 모든 우주 현상과 사물의 생성 및 관계를 설명하는 이론이다. 이(理)는 모든 사물의 생성과 변화를 가능하게 하는 필연적 이치이며, 기(氣)는 이(理)를 원리로서 생성되는 사물의 현상적 요인이다.

성리학을 확립한 주자(朱子)는 이와 기가 서로 떨어져 있을 수 없으면서도[不相離] 서로 섞일 수도 없는 것[不相雜]이라고 하였다. 모든 만물은 이를 토대로 기의 모임과 흩어짐에 따라 생성 소멸하고 각각의 차별성을 가지며, 기의 운동 법칙에 따라 변화 발전하는 것이다. 이는 기에 의존하여 구체적 존재로 나타나고, 기는 이를 근거로 존재하고 운동한다.

이러한 논리는 인간 본연의 성(性)은 선한 천리(天理)를 지니고 있으나 기에 의해 형성되는 욕망과 악의 본능을 가지게 되므로, 수행을 통해 인간을 도덕적 실천으로 이끌어 본래의 성을 되찾도록 하는 것이 정치의 기본이라는 도덕 정치론으로 이어졌으며, 유교적 윤리 의식과 신분제, 가부장제의 사회 질서의 근간을 이루었다.

① 이기론은 바람이 불거나 비가 오는 이유를 설명하는 데도 적용이 된다.

② 이(理)가 사물의 본질에 관계된 이치라면 기(氣)는 현상적 요인이다.

③ 이는 기에 의존하여 구체적 존재로 나타나고, 기는 이를 근거로 존재하고 운동하는 상보적 관계이기 때문에 이 두 요소가 조화롭게 섞여 하나의 형체를 이루었을 때, 만물의 질서가 잡힌다.

④ 이기론은 도덕 정치론으로 이어져, 현실에 적용될 때 신분제나 가부장제 등 사회질서의 근간을 이루는 원리로 기능했다.

이 문제의 정답은 ③이다. ③은 얼핏 보기에는 전혀 무리가 없는 진술이다. 이와 기가 조화롭게 섞여 만물을 이룬다는 얘기들은 상식적으로 보면 맞는 얘기이기 때문에, 제시문을 자세히 보지 않으면 얼핏 함정에 걸리기 쉽다. 그런데 제시문에서는 "서로 섞일 수도 없는 것"이기에 이런 진술은 맞지 않다. 이기론처럼 이와 기 같은 것이 대립하게 될 때 대부분 글의 결론은 둘 사이의 조화를 강조하고 있는데 이 글에서는 그런 진술은 없다. 선입견에 휘둘리지 않도록 조심해야 한다.

다른 보기들은 다음과 같기 때문에 추론할 수 있다.

① "모든 우주 현상과 사물의 생성 및 관계를 설명"하기 때문에 비가 오거나 바람이 부는 것도 이 이론으로 설명할 수 있다.

② "이(理)는 모든 사물의 생성과 변화를 가능하게 하는 필연적 이치이며, 기(氣)는 이(理)를 원리로서 생성되는 사물의 현상적 요인"

④ "도덕 정치론으로 이어졌으며, 유교적 윤리 의식과 신분제, 가부장제의 사회 질서의 근간을 이루었다."

가치판단이 들어간 비교 진술

내용에는 가치판단의 근거가 될 수 있는 진술이 숨어 있으나 그것을 근거로 해서 가치판단을 해버리면 화용적 추론이 되고 만다. 따라서 텍스트를 보고 알 수 있는 것은 가치판단이 내려지기 직전까지라고 생각하면 될 것이다. 가치판단의 근거가 될 만한 내용은 충분하기 때문에 자칫 가치판단을 해버리고 마는데 그것이 바로 함정이다.

일반적으로 선택지에 "~보다", "가장 ~한" 같은 비교 진술이 나오거나, 가치판단의 내용이 나오면 주의해서 제시문을 살펴야 한다. 가령 A라는 제도의 장점에 대해서 다섯 가지를 언급하고 B라는 제도의 장점에 대해서는 한 가지만을 언급했다고 해서, 그 글을 쓴 필자가 B보다는 A를 선호한다고 말할 수는 없다. 사소한 다섯 가지 장점보다, 중요한 한 가지 장점을 더 크게 여길 수도 있기 때문이다.

하지만 제시문을 보는 입장에서 다섯 가지 장점과 한 가지 장점의 비교를 보면, 그 글을 쓴 필자가 A를 더 중요하게 여긴다고 잘못 판단하기 십상이므로 주의해야 한다.

위 글의 내용으로 미루어 알 수 없는 것은?

인간은 직립 보행을 했을 때부터 요통에 시달렸을 것이다. 고대 그리스나 이집트 문헌에도 요통 치료 처방이 남아 있다. 현재에도 요통은 매우 흔한 질환으로 성인의 80%가 일생 동안 한 번 이상은 겪게 된다고 한다. 한창 일할 나이의 젊은이들이 병가(病暇)를 내는 경우, 상당 부분은 상기도 감염(上氣道感染)에 의한 질환, 흔히 감기라고 부르는 증세 때문인데, 요통 역시 그에 못지않은 병가의 원인이 되고 있다. 통계에 따르면 1년간 요통으로 인한 일상생활의 제약 일수는 평균 23.5일이고 노동 공백 일수는 약 8일이라고 한다.

요통은 증상이면서 병명이다. 일시적인 통증으로부터 현대 의학으로도 어쩔 수 없는 질환에 이르기까지 요통의 유형은 헤아릴 수 없을 정도로 많다. 따라서 요통이 발생하는 원인 또한 여러 가지이다. 잘 알려져 있다시피 연령은 요통과 깊은 관계가 있다. 요통은 30대에서 50대에 주로 발생하지만, 나이가 들수록 그 증세가 심해지고 그로 인한 생활의 제약도 커진다. 무거운 물건을 많이 나르거나 반복적인 일을 하는 작업 요건은 요통과 관련이 깊다. 우울증과 같은 정신 질환 역시 요통의 중요한 요인으로 알려져 있으며, 만성 요통으로 이행된 환자들은 정신 장애를 겪게 되는 경우도 많다. 그런가 하면 통증을 호소함으로써 관심을 촉구하고자 하는 보상 심리에 의해 실제로 요통을 느끼는 경우도 있으므로 환자가 처한 사회·문화적 환경도 중요한 발생 원인으로 고려되어야 한다.

요통에 대한 치료 방법 역시 다양하다. 대체로 단순 요통 환자는 특별한 치료 없이도 4주 이내에 증상이 호전된다. 따라서 이런 환자들을 위해서는 증상이 호전되기를 기다리는 동안 통증을 완화시키기 위한 여러 가지 보존 치료를 시행한다. 침상에 누워 안정을 취하는 것, 찜질이나 핫팩을 이용하여 열 치료를 하는 것, 통증을 줄이기 위해 비스테로이드성 소염진통제를 투여하는 것 등은 보존 치료의 일종이다. 그러나 보다 근본적인 방법은 강한 허리를 갖기 위한 꾸준한 노력이라고 하겠다. 그 대표적인 방법이 운동이다. 그런데 흔히 "다른 사람의 요통은 몰라도 내 요통은 그런 단순한 문제가 아니다."라고 하여 운동을 권하는 의사의 처방에 따르지 않는 환자들도 있지만, 운동 처방은 6개월 이상 꾸준히 해야 효과를 볼 수 있다. 이렇게 충분한 보존 치료에도 불구하고 통증이 완화되지 않을 경우 수술을 고려해볼 수 있다.

① 수술 치료는 보존 치료보다 효과가 크다.
② 직업에 따라 요통 발생 빈도에 차이가 있다.
③ 사람은 신체 구조상 누구나 요통에 걸릴 수 있다.
④ 요통은 환자에 따라 정신과적 치료를 병행해야 하는 경우도 있다.

이 문제의 정답은 ①이다. "이렇게 충분한 보존 치료에도 불구하고 통증이 완화되지 않을 경우 수술을 고려해볼 수 있다."라는 문장 때문에 ①이 맞다고 생각하는 사람도 많은데, 제시문에서 제시한 것은 단순한 선후관계의 문제일 뿐 실제로 가치판단이 들어간 것은 아니다. 보존 치료보다 수술 치료의 효과가 커서가 아니라 보존 치료를 통해서 치료할 수 없는 경우에 행해지는 최후의 선택으로 수술 치료가 있다는 것이다. 따라서 이 둘을 같은 선상에서 비교하는 문장은 분명히 아니다. 하지만 얼핏 A가 안 되면 B라는 진술에서는 B가 더 효과적인 방법처럼 보이니까 ①이 맞다고 생각하는 사람이 많은데 이런 식의 가치판단 유도에 주의해야 한다.

인과관계가 잘못 연결된 진술

인과적인 주장을 하는 진술이 오류를 범했을 때 발생되는 오류를 '인과적 오류'라고 한다. 이러한 오류는 보통 인과관계의 어떤 중요한 면을 간과했을 때 발생한다.

문제를 출제하는 입장에서 보자면 인과적인 진술들은 문제 내기에 상당히 편하다. 많은 학생들이 제시문을 읽고 추론 문제를 풀 때, 이해하기보다는 눈으로 비슷한 어휘를 비교·대조해서 유사성만 판단하는 나쁜 습관을 가지고 있다. 고등학교 때 언어를 잘못 배워서 그렇다. 대부분의 국어 선생님들은 문학 위주의 수업을 진행해서, 이른바 비문학 영역에 포함되는 실용문들을 읽는 방법이나 기술들에 취약하다. 이름 자체가 문학이 아니라는 의미의 비문학이니, 어느 것이 학교 교육과정에서의 주류인지는 자명하다. 문제는 사회의 주류는 비문학이 아니라는 사실. 사회에서는 물론이고 인터넷을 통해서도 현대인들이 훨씬 자주 접하고 필요시하는 읽을거리는 비문학이다. 학교 교육도 비문학을 읽는 방법에 대해서 훈련하는 프로그램들이 하루 빨리 도입되어야 할 것이다.

어찌되었든 실용문을 어떤 식으로 읽는 것이 효과적으로 이해하는 길인지 가르쳐줄 순 없고, 제시되는 비문학 문제는 풀어야 되다보니 이해에 대한 연습보다는 스캔하는 훈련만 되어 있는 것이 우리나라 고등학생의 현실이었다. 고등학교를 졸업한 지 한참 지난 지금도 이런 버릇이 남아 있어서 제시문을 이해하기보다는 무조건 비슷한 어휘를 바탕으로 풀려 한다. 그래서 비문학 문제를 내는 입장에서는 비슷한 어휘들을 나열했는데 사실은 의미가 다를 경우, 많은 이들을 오답의 나락으로 떨어뜨릴 수 있는 것이다. 이런 문제로 인과문제만큼 좋은 것이 없다.

"A니까 B다."라는 진술을 "A는 B의 결과다."라는 식으로 바꿔놓으면, 어휘하나 바뀌지 않고 순식간에 의미가 역전되고 만다. 이렇게 간단하게 보면 뭐가 헷갈리나 싶을 것 같아, 실제 문제에 나왔던 예를 하나 들겠다.

1) 여기서 자기 부정과 타자로의 이행은 타자 속에서 자신을 상실하면서 무한 진행에 빠지는 것이 아니라, 자기 관계적 부정성으로부터 생겨나는 타자들의 계열은 이 타자들이 자기 관계적 부정성에 의해 산출된 것이기 때문에 모두 자기 관계적 부정성에 귀속됨으로써 하나의 통일성을 형성한다.

2) 자기 관계적 부정성으로부터 생겨나는 타자들의 계열은 자기 관계적 부정성에 귀속됨으로써 하나의 통일성을 형성하기 때문에 자기 관계적 부정성에 의해 산출될 수 있다.

1)은 제시문에 주어진 해당 구절이고, 2)는 이를 바탕으로 추론을 한 것인데 이것이 같은 말인지, 다른 말인지 판단하는 문제다. 그러니까 1)을 보고 2)를 추론할 수 있는지 없는지를 판단하는 문제라는 것이다. 자세히 보면 알겠지만, 인과관계가 바뀌어 있다. 하지만 얼핏 어휘만 가지고 대조하는 사람에게는 이 내용상의 차이가 보이지 않는다. 이런 수험생들은 그대로 오답의 나락 속으로 떨어지는 것이다. 이것이 바로 문제 출제자의 오답 유도 기법이다.

그러니 선택지에 "~ 때문에", "~이므로" 같이 인과관계를 나타내는 어휘가 등장을 하면 특히 주의를 기울여야 한다. 유사한 어휘만으로도 전혀 반대의 뜻을 나타낼 수 있기 때문에 인과의 화살표가 어디로 향해 있는지, 그러니까 어떤 것이 원인이고, 어떤 것이 결론인지 정확히 구분하는 연습을 늘 하도록 하자.

추리능력
검사

PART 3

논리 퀴즈

1) 유형

논리 퀴즈는 아이큐 문제와 비슷하다. 예를 들어 "바람이 분다면 비가 온다. 현재 비가 온다. 그러므로 비가 오는 것임에 틀림없다는 추리가 맞는가, 아닌가?" 같은 문제들이다. "A는 거짓말을 하고, B는 참말을 하는데……" 하면서 참과 거짓말이 섞인 여러 사람들의 말을 종합하여 진실을 밝히는 것도 이런 문제의 한 형태다. '언어 추리', '논리 게임'이라는 말도 많이 쓴다.

흔히 말하는 퀴즈 문제는 두 유형으로 분류할 수 있는데 생활 속에서 응용하는 형태가 많은 매칭하기는 '상황 퀴즈'라고 해서 다음 장에서 살펴보고, 이 장에서는 논리의 가장 기본적인 형태를 응용하는 문제들을 살펴보자. 연역법칙의 연쇄라든가, 참/거짓 문제 같은 논리 퀴즈의 가장 기본이 되는 두 가지 유형을 논리 퀴즈라는 항목으로 담아냈다.

2) 측정 능력

논리 추리력은 논리적인 방법으로 연역적인 추리를 해내는 능력을 측정하기 위한 영역이다. 정보들을 모아 반드시 참이 되는 유용한 정보를 이끌어내는 능력이 있는가를 보려는 것으로, 최소한의 논리력이 있어야 합리적인 사고가 가능하기 때문에 이런 부분을 측정하고자 하는 것이다. 예측 능력과 설득 능력을 알아볼 수 있기 때문에 기획이나 영업직무, 분석적인 관리 직무에 있는 사람들에게는 반드시 필요한 능력이라고 할 수 있다.

3) 핵심 스킬

핵심 스킬은 유형 파악이다. 사실 논리 추리에 해당하는 형태의 문제들이 그렇게 많지는 않기 때문에 되도록 많은 문제들을 다뤄서 유형을 파악해야 실제 출제되었을 때 문제 푸는 시간을 단축할 수 있다. 유형을 안다는 것은 그에 대한 해결 방법 또한 아는 것이기 때문에, 해결 솔루션대로 풀면 생각외로 답이 쉽게 나올 것이다.

4) 최근 경향

적성검사를 치르며 자신감을 가장 많이 상실하게 되는 것이 이 유형의 문제들을 풀면서다. 어디서 본 적도 없는 아이큐 시험 같은 문제들이 열거되는데, 대부분의 기업에서 적어도 10문제 이상을 이런 유형의 문제로 출제하고 있기 때문에 구직자들이 좌절을 겪게 된다. 아예 한 파트(30문제 정도)가 통째로 이런 유형의 논리 퀴즈 유형으로 구성된 적성검사도 흔하게 찾아볼 수 있을 정도로 중요하게 여겨지는 영역이다.

처음에는 어려워 보이지만 공부하거나 유형을 익히면 가장 단시간 내에 성적이 올라가는 부분이므로, 구직자들은 오히려 이런 문제들이 나오는 것을 다행으로 여기며 성적 향상의 와플로 여기고 맛나게 먹어야 할 것이다. 적성검사 공부를 안 하는 사람들에게는 가장 성적이 안 나오는 부분이기도 하다. 그러나 단 며칠 공부하는 것으로도 확실한 격차를 보일 수 있으니 염려말자.

도둑은 어디로 도망쳤을까

어릴적 필자의 삼촌이 필자에게 어느 잡지에서 오린 이상한 퀴즈를 낸 적이 있었다. 지금 기억을 되살려 그 문제를 떠올려보면 다음과 같다.

"A와 B 두 사람이 있었다. 한 사람은 거짓으로만 대답하고 한 사람은 참으로만 대답한다. 그런데 이때 경찰에 쫓기던 도둑이 이 둘 앞을 지나간다. 이때 경찰이 뒤늦게 와서 A와 B 중 한 사람에게만 도둑이 왼쪽으로 갔는지, 오른쪽으로 갔는지 물을 수 있는데, 문제는 질문을 받은 사람이 항상 거짓말만 하는 사람인지 참말만 하는 사람인지 모른다는 것이다. 이때 경찰은 임의로 선택한 한 명에게 어떤 질문을 해야 도둑이 간 방향을 알아낼 수 있을까?"

지금도 이렇게 문제까지 기억하는 것은, 당시 초등학교 4학년이었던 필자가 이 문제를 가지고 하루 종일 끙끙댔기 때문이다. 왠지 모를 오기 같은 것이 생겨 반드시 혼자 알아내겠다며, 계속 이 문제를 생각했다. 결국, 정답은 한 사람에게 다음과 같이 묻는 것이었다. "당신 옆에 있는 사람에게 도둑이 어디로 갔는지 물어보면 무엇이라 대답할 것 같습니까?"

만약 질문을 받은 사람이 거짓말만 하는 사람이라면, 옆 사람은 참말만 하는 사람일 것이다. 만약에 도둑이 왼쪽으로 갔다면 이 경우 옆 사람은 참말을 해야 하므로 도둑이 왼쪽으로 갔다고 할 것인데, 질문을 당한 사람은 거짓을 말해야 하므로 옆 사람의 이야기를 그대로 말하지 않고 '오른쪽'이라고 말할 것이다.

만약 질문을 받은 사람이 참말만 하는 사람이라면, 옆 사람은 거짓말만 할 것이고, 도둑이 왼쪽으로 갔다면 옆 사람은 오른쪽이라 할 것이다. 그런데 질문을 받은 사람은 옆 사람이 할 얘기를 그대로 얘기하므로 '오른쪽'이라 말할 것이다.

그러니까 질문을 "당신 옆에 있는 사람에게 도둑이 어디로 갔는지 물어보면 무엇이라 대답할 것 같습니까?"로 하고 그에 대한 대답과 반대 방향으로 가면 도둑을 잡을 수 있다.

이것이 내가 처음 접한 논리 퀴즈 문제였다. 이런 생각 자체가 귀찮은 사람들은 'A, B 두 사람 다 업무방해죄로 잡아버린다'처럼 문제의 의도와 상관없는 답을 내놓겠지만, 어떤 사람에게는 이리저리 머리 쓰는 게 상당히 재미를 자극하는 문제였던 것이다. 미국에서는 〈Logics〉라고 해서 매달 이런 유형의 문제들을 모아서 발행하는 잡지가 있을 정도로, 논리 퀴즈를 푸는 것은 나름 전통 있는 놀이 문화라고 할 수 있겠다.

그러나 한국에서는 잡지에서도 이런 식의 퀴즈 문제를 찾아보기가 쉽지 않다. 그렇기 때문에 적성검사에 이런 문제가 나오면 대부분의 취업준비생들은 '당황'을 금치 못한다. 그전에 풀어본 적도 없고, 앞으로도 딱히 풀 일이 없을 것 같은 문제들이기에 그렇고, 막상 공부하자니 어디서부터 무슨 공부를 해야 하는지도 깜깜한 부류의 문제이기 때문이다.

하지만 우리나라에서도 생각보다 이런 논리 퀴즈 문제가 여러 가지 시험에 침투해 있다. 로스쿨 입시인 LEET 시험에서도 나오고 있고, 행정고시 1차 시험이면서 외교 아카데미에 들어가기 위해서 필요한 PSAT 시험에서도 이런 논리 퀴즈가 나오고 있다. 사실 이런 시험들이야 해당자가 많지는 않겠지만, 진짜 문제는 기업의 적성검사에서 이런 퀴즈 문제가 빠지지 않고 출제된다는 사실이다. 이제 대기업 사원을 포함해서 남들이 들으면 좋은 직업을 가지기 위해서는 퀴즈 문제들을 풀지 못하면 안 되는 것이다.

논리 퀴즈에 관한 오해

이 문제들을 보면서 처음 드는 생각은 '도대체 왜 이따위 문제들이 나의 회사 입사를 방해하는가?' 정도일 것이다. 출제 의도가 무엇인지 알 수 없어서이기도 한데 사실 이 문제들의 핵심은 '연역적 사고'에 있다. 연역적 사고라는 것을 아주 간단하게 풀어보면 '주어진 조건(전제)들을 만족시키는 결론을 찾는 사고'라고 할 수 있다. 퀴즈 문제 역시 주어진 조건을 파악하고, 그것들을 바탕으로 결론이 될 만한 여러 가지 결과치들을 산출해본 후에 조건과 부합하는지를 따져 정답을 찾아내는 것이다.

말이 좀 어렵게 들려서 그렇지 사실 논리 퀴즈는 상당히 쉬운 영역이다. 그렇다고 아무 준비없이 그냥 보면 된다는 것은 아니다. 문제를 풀면 헷갈리는 부분은 없다는 점에서 쉽다고 말하는 것이다. 문제의 난이도가 만만하다는 얘기가 아니라 문제가 명확하다는 의미로 보면 되는데, 마치 수학처럼 공식을 대입해 정확하게 계산을 하기만 하면 보기에 답이 틀림없이 있는 것과도 같다. 언어 같은 경우는 내용을 대충 이해하겠는데도 ①번인지 ③번인지 아리송할 때가 많다는 것과 비교해서 생각하면 명확하다는 것이 무슨 뜻인지 더욱 쉽게 이해가 갈 것이다.

퀴즈 문제는 마치 아이큐 문제 같아서 머리 좋은 사람들이나 풀지 도저히 무슨 소리인지도 모르겠다고 생각하는 사람들이 있다. 이 부분에 대한 오해는 좀 확실히 풀고 넘어가야겠다. 이왕 아는 김에 퀴즈 문제에 대한 몇 가지 오해와 편견들을 짚고 넘어가 보자.

❶ 논리 퀴즈는 아이큐 문제다?

퀴즈 문제는 머리가 좋아야 풀 수 있을까? 결론부터 말하면 '절대' 아니다. 아이큐 문제는 다양한 관점의 적용으로 가능한 창의적인 해결을 하게 구성된다. 논리 퀴즈의 문제는 다양한 관점으로 접근하는 문제가 아니라 단 하나의 올바른 접근을 찾는 문제라는 점에서 아이큐 문제와는 근본적으로 다르다. 그리고 무엇보다 몇 번 이런 문제를 접해보면, 패턴이 유사하기 때문에 아이큐 문제보다 훨씬 쉽다.

❷ 머리가 좋은 사람만 풀 수 있다?

논리 퀴즈 문제는 머리가 반짝반짝 돌아가는 사람들이나 잘 풀 것이라는 오해가 있는데, 이러한 문제를 몇 번 풀어보면 머리에서 빛이 나야 된다기보다는 머리에서 땀이 나야 된다는 것을 알 수 있다. 한마디로 논리 퀴즈 문제는 일종의 '막노동' 문제다. 주어진 조건대로 여러 가지 경우를 만들고, 그중에서 원하는 답 하나를 찾아내면 되는 것이기 때문에 오히려 단순한 반복 작업이라고도 말할 수 있다. 이런 문제의 스킬이라면 이 막노동 작업을 얼마나 빠르게 수행하느냐에 달려 있다고 해도 과언이 아니다.

❹ 지식이 많아야 한다?

이런 문제를 풀기 위해서는 논리나 수학에 관련해서 많은 지식을 가지고 있어야 한다는 생각은 잘못된 것이다. 물론 이러한 지식이 있어서 나쁠 것은 없다. 다만 이런 문제들을 풀 때 가장 필요한 것은 경험이라는 것이다. 기존에 이런 문제들을 풀어본 경험이 있으면 문제들을 대하는 것이 한결 쉬워진다. 수학적인 지식보다는 이런 유형의 문제들을 많이 풀어본 경험이 실전에서 훨씬 유용하다.

❺ 풀이하는 과정이 제일 중요하다?

사실은 풀이 전 과정이 제일 중요하다. 이런 부류의 문제를 풀 때 '도대체 이 문제가 원하는 것이 무엇인가'하는 의도를 알면, 반 이상은 푼 것같이 느껴지는 경험을 할 때가 있을 것이다. 우선 문제의 의도를 아는 것이 가장 중요하고, 그 다음으로는 문제에서 주어진 조건들을 정확히 파악하는 것이 중요하다. 자칫 조건을 이해하지 못하면 무척 어려운 문제가 되기 십상이다.

총체적으로 정리해 보자. 논리 퀴즈 문제는 반복적이고 기계적인 문제들로, a. 문제의 의도를 파악하고, b. 문제에서 주어진 조건들을 숙지하며, c. 다양한 경우를 상정하고 조건에 맞지 않는 것들을 제거하며 풀어나가는 형식을 가진다. 그러다보니 성실성과 끈질김을 요구하게 된다. 문제를 많이 접해볼수록 유형화된 풀이 방법을 구축하기 좋다. 무엇보다 노력한 만큼 점수가 나오는 것이 바로 논리 퀴즈다.

퀴즈 문제의 대표적 유형

퀴즈 문제는 고전적인 퀴즈인 논리 퀴즈 형태와 그 밖의 응용 퀴즈 형태로 갈린다고 생각할 수 있다. 고전적인 퀴즈는 바로 퀴즈의 문법인, 조건문이나 '그리고', '또는' 구문처럼 논리적인 연쇄만 가지고도 얼마든지 정답에 도달할 수 있게 하는 퀴즈류를 말한다. 거기에다가 퀴즈의 고전인 참/거짓 문제를 고전적인 퀴즈라고 할 수 있다.

응용 퀴즈는 논리 퀴즈의 주재료인 조건문이나 참/거짓의 문장으로 이루어져 있지만, 그것이 다가 아니고 다른 조건들이 덧붙어서 또 다른 조건을 형성하는 유의 퀴즈다.

순서 배열 문제라든가, 배치 문제, 조건 맞춰 연결하는 문제, 상황 판단 문제 등 기본적인 조건의 연쇄에서 한 단계 더 나아간 형태의 문제들이 바로 응용 퀴즈 문제다. 당연히 응용 퀴즈 문제가 조금 더 어렵다.

이 장에서 다룰 것은 퀴즈의 기본적인 문법인 연쇄와 참/거짓말 문제이고, 응용 퀴즈는 상황 추리라는 이름으로 다음 장에서 다루게 된다.

논리 퀴즈 문제를 크게 두 유형으로 나눠서 접근해보고자 한다. 하나는 논리를 연쇄하는 형으로, 논리적인 언어의 가장 기본적인 규칙을 살펴본 다음에 그것들을 적용하는 것이고, 또 하나는 참/거짓말을 가정해서 어떤 사람이 참을 말할 때와 거짓말을 할 때의 경우들을 따져보는 문제다.

1) 연쇄추리형 : 주어진 진술들을 연쇄하여 반드시 참이 되는 결론을 찾
   아내는 문제로, 논리적인 추론의 가장 기본적인 문법이 된다.
2) 참/거짓형 : 항상 참을 말하는 사람과 항상 거짓을 말하는 사람이 있
   을 때, 이들의 엇갈린 진술을 보고 누가 참을 말하는 사람인지 거짓을
   말하는 사람인지 가정한 후에 주어진 조건을 참/거짓의 경우에 맞춰
   성립이 되는 조건을 찾아내는 퀴즈다.

이런 퀴즈 유형들은 사실 다른 퀴즈의 기본이 되고 근간이 되는 형태로
위치라든가 배열 같은 퀴즈 문제를 풀려면 이런 조건문 연쇄라든가, 참/거
짓에 대한 판단 등이 같이 쓰일 수밖에 없지만, 그냥 이 조건연쇄 같은 류
만으로도 얼마든지 퀴즈 형태가 만들어진다. 그러니까 이런 고전적인 퀴즈
를 못 풀면 절대로 다른 퀴즈 문제를 풀 수가 없다. 인수분해를 모르면서
미분을 풀 수는 없으니까 말이다.

우선 조건문과 그것을 연쇄해서 결론에 도달해가는 연역적인 과정을 철
저하게 연습해야 그다음 단계로 넘어갈 수 있다. 또 다른 측면에서 참과 거
짓말에 대한 경우의 수를 가르는 연습도 필요하다. 이러한 조건문에 참/거
짓말이 섞여 나올 수도 있기 때문이다.

이 두 단계의 연습이 철저하게 되면 사실 응용 문제들은 실제로 그러한
문제들을 풀어서 조금만 익숙해져도 쉽게 풀 수 있는 문제가 된다.

이 두 가지 유형의 고전적 논리 퀴즈는 이론이랄 것도 없어서 기본적인
부분을 익히고 나면 바로 몇 문제에 적용하여 푸는 연습을 해보면 생각보
다는 간단하게 정답에 접근할 수 있다.

형식적 논리 퀴즈

먼저 가장 기본적인 논리의 연쇄를 통한 퀴즈에 접근해보자. 추리라는 것은 알려진 정보들을 조합하여 새로운 정보를 만들어내는 능력이다. 그중에서도 연역추리라는 것은 앞의 정보들이 사실이라면 결론은 반드시 참이 되는 형식의 추론이다. 이 연역추리들을 조합해 결론을 이끌어내는 문제가 바로 연쇄 추리형 문제이다. 이를테면 "모든 사람은 죽는다"는 정보와 "소C는 사람이다"는 정보가 합쳐지면 "소C는 반드시 죽을 것이다"는 결론이 나온다.

기본적으로 "A이면 B고, B이면 C다. 그렇다면 A이면 C가 된다." 이러한 유형의 문제가 바로 논리 연쇄형 문제라고 할 수 있는데, 보는 그대로 문장들이 연쇄적으로 연결되어 구성되기 때문이다.

사실 "모든 사람은 포유류고, 포유류들은 다 동물이라면, 사람은 다 동물이다." 같은 경우는 그냥 상식적으로 생각해도 맞는 결론이지만, 형식적으로도 완벽하게 참이다. 형식적으로 보면 "A는 B이고, B는 C라면 A는 C"가 된다.

주어진 명제들을 내용적으로 하나하나 다 생각하기보다는 몇몇 형식들은 내용을 보지 않더라도 다만 그 형식을 취하는 것만으로도 참이 될 수밖에 없는 것들이 있으므로, 그런 형식들은 아예 처음부터 참이라고 정해놓는 것이 원활한 풀이를 위해 더 도움이 되는 방법일 수 있다.

이렇게 참이 되는 형식들을 연역규칙이라고 부르기도 한다. 연역규칙에 따른다는 것은 반드시 참이 되는 맞는 형식에 따라 글이 서술되어 있다는 것이다.

하지만 반드시 참이 되는 몇몇 연역규칙들이 많은 것은 아니고, 그중에서도 시험에 나올 만한 것은 더더욱 많지 않다. 그러니 이런 규칙들을 한번 정리해서 보아두는 것이 문제를 푸는 데 큰 도움이 될 것이다.

가언적 삼단논법

'가언', '삼단논법' 따위의 어려운 말에 속지말자. 이 부분은 웬만한 사람들이라면 고등학교 때 〈수학의 정석〉에서 이미 본 것이다. 그때는 역, 이, 대우 같은 말을 써서 이것들을 이해했었다.

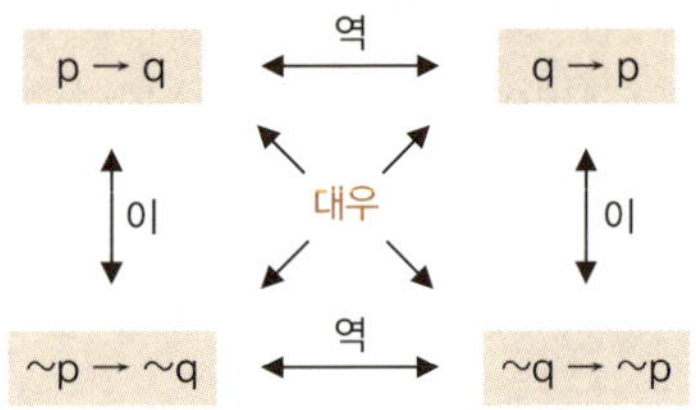

'P이면 Q다'라는 전제하에서, 나오는 다양한 추리들이 참인가 거짓인가를 판단하는 것이 바로 위의 그림이다. 이 그림을 표로 한 번 정리해보자.

전체조건		결론 추리	참/거짓
전체전제	판단의 조건(주어진 조건)		
P이면 Q다	그런데 p이다	따라서 q이다	T
	그런데 q이다	따라서 p이다	F
	그런데 p가 아니다	따라서 q가 아니다	F
	그런데 q가 아니다	따라서 p가 아니다	T

　이런 기호는 사실 내용을 단순하게 하기 위해서 만든 것인데, 사실은 이런 기호가 더 어려워 보인다. 그래서 위의 조건들을 생활적인 언어로 예를 들어 다시 한 번 기술해보도록 하자.

전체조건		결론 추리	참/거짓
전체전제	판단의 조건(주어진 조건)		
나를 좋아한다면, 3시간은 기다려줄 수 있어야 해.	그런데 그는 나를 좋아한다.	따라서 3시간은 기다릴 것이다.	T
	그런데 그는 나를 3시간이나 기다렸다.	따라서 나를 좋아하는 것 같다.	F
	그는 나를 좋아하지 않는다.	따라서 3시간을 기다려줄 것 같지는 않다.	F
	그런데 그는 3시간이나 나를 기다리지는 않는다.	따라서 나를 좋아하지 않는 것 같다.	T

　이것을 그림으로 나타내면 다음과 같이 된다.

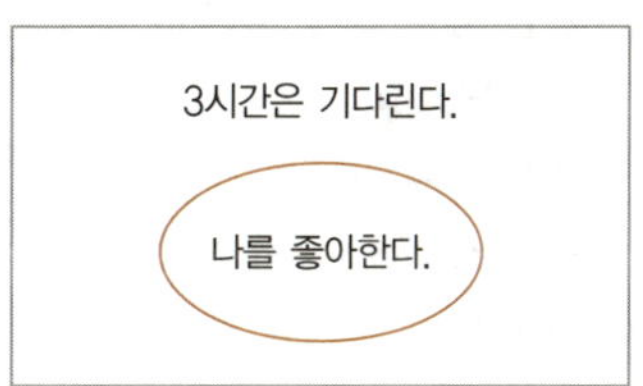

　그림으로 판단하면 더 간단하다. 좋아한다면 반드시 3시간은 기다리게 되어 있는데, 3시간을 기다렸다고 해서 꼭 좋아하는 것은 아니다. 비즈니스적인 이해관계라든가, 그냥 할 일이 없어서 기다린 것일 수도 있다. 이것들을 정리한 것이 바로 우리가 흔히 아는 역, 이, 대우에 대한 이야기들이다.

중요한 것은 'P이니까 Q다.'는 당연한 것이지만, 'Q이니까 P다.'라거나 'P가 아니니까 Q가 아니다.' 같은 것은 모두 거짓이라는 점이다. 틀렸다는 의미가 아니라 반드시 그런 추리에 도달하는 것은 아니라는 의미다.

앞장에서 나왔듯이 맞을 수도 있고 틀릴 수도 있으므로 현재로서는 판단불가라는 의미가 강하다. 그리고 더 중요한 것은 'Q가 아니니까 P가 아니다.'는 반드시 참이라는 것이다. 적성검사 문제를 풀 때도 대우는 반드시 참이 된다는 것이 매우 중요하다.

다음과 같은 유형의 문제는 이런 가언과 연쇄를 이용한 전형적인 문제다. 이런 형태의 문제가 모든 퀴즈형 문제의 가장 기본이 되는 문제라 할 수 있다.

Sample 다음 사실을 토대로 확실하게 알 수 있는 것은?

A. 나무를 좋아하는 사람은 새를 좋아한다.
B. 자연을 좋아하는 사람은 꽃을 좋아하며 숲을 좋아한다.
C. 숲을 좋아하는 사람은 나무를 좋아한다.
① 숲을 좋아하는 사람은 꽃을 좋아한다.
② 꽃을 좋아하는 사람은 자연을 좋아한다.
③ 새를 좋아하는 사람은 자연을 좋아한다.
④ 자연을 좋아하는 사람은 새를 좋아한다.

A를 정리하면 '나무 → 새'

B를 정리하면 '자연 → 꽃 그리고 숲'

C를 정리하면 '숲 → 나무'

B, C, A 순으로 연결한다.

'자연 → 숲 → 나무 → 새'가 된다. 그러므로 ④의 자연을 좋아하는 사람은 새를 좋아한다는 진술이 자연스럽게 도출된다. 정답은 ④이다.

A 또는 B

그런데 A가 아니다.

따라서 B다.

'A거나 B다.'라는 말에는 A일 경우, B일 경우, 그리고 A와 B 둘 다 성립할 경우를 포함한다. 그래서 'A 또는 B인데 A가 아니다.'라고 하면 반드시 B라는 말이 된다. 그래서 이 경우에는 반드시 나오기 때문에 논리적으로 타당하다.

가령, 소개팅이 들어왔다고 쳐보자. 소개팅에 나갈지 말지를 결정하기에 앞서 상대방의 얼굴부터 확인하고 싶다면, 어떻게 해야 할까? 주선자가 알려준 정보는 이름과 나이 정도다. 너무 궁금한 나머지 인터넷 커뮤니티 사이트에서 '사람 찾기 기능'을 동원해서 상대방이라고 의심되는 사람을 두 명으로 압축했다. 한 명은 긴 생머리의 미인이고, 다른 한 명은 짧은 단발머리의 수수한 인상이다. 친구를 협박해 정보를 더 알아낸 바로는 머리 길이가 짧다고 한다. 그렇다면 상대방이라고 추정되는 사람은 한 명이 남는다. 이제 그 사진을 보고 소개팅 수락 여부를 결정할 일만 남았다.

자, 다음에서는 문제를 통해 살펴보도록 하자.

꿈에 그리는 입사통지서를 받아든 A양. 본격적으로 출근하기 전에 남은 시간을 이용해 A양은 평생의 숙원이던 유럽 여행을 계획하고 있다. 다음의 일정에 따라 나라들을 여행하려고 한다. 이 일정들이 모두 참이라고 할 때, A양이 여행하게 될 나라들은?

〈일정〉
(ㄱ) A양이 제일 처음 여행할 나라는 영국이다.
(ㄴ) A양이 프랑스에 간다면 영국에는 가지 않는다.
(ㄷ) A양은 프랑스에 가거나 독일에 간다.
(ㄹ) A양이 스위스에 가지 않는다면 독일에도 가지 않는다.
(ㅁ) A양은 독일에 가고 이탈리아에 간다.

① 영국, 프랑스
② 영국, 독일, 이탈리아
③ 영국, 프랑스, 스위스, 이탈리아
④ 영국, 독일, 스위스, 이탈리아
⑤ 영국, 프랑스, 독일, 스위스, 이탈리아

각각의 조건들을 우선 간단한 기호로 치환한다. 이때 'P이면 Q다.'는 '~Q이면 ~P다.'와 같은 말이기 때문에 이 부분까지도 같이 표시해놓자.

(ㄱ) A양이 제일 처음 여행할 나라는 영국이다.

　　: 영국

(ㄴ) A양이 프랑스에 간다면 영국에는 가지 않는다.

: 프랑스 ○ → 영국 × ＝ 영국 ○ → 프랑스 ×

(ㄷ)A양은 프랑스에 가거나 독일에 간다.

: 프랑스 or 독일

(ㄹ)A양이 스위스에 가지 않는다면 독일에도 가지 않는다.

: 스위스 × → 독일 × ＝ 독일 ○ → 스위스 ○

(ㅁ)A양은 독일에 가고 이탈리아에 간다.

: 독일 and 이탈리아

이제 이 문제를 풀기 위해서 우선 A양이 제일 먼저 여행할 나라는 영국이라는 것을 숙지하고 시작한다. 그렇다면 (ㄴ)은 대우로 이해하면 된다. '영국에 간다면 프랑스에는 가지 않는다.' 중요한 것은 (ㄷ)인데, 이 진술을 보면 'A양은 프랑스에 가거나 독일에 간다.'고 했다.

그런데 (ㄴ)에서 프랑스에 가지 않는다고 했다. 그러면 'A or B인데 A가 아니다.'라는 선언 조건과 똑같아지는 것이다. 그래서 프랑스에 가지는 않기 때문에 독일에는 반드시 가야 한다.

(ㄹ)은 다시 대우를 써서 이해한다. '독일에 간다면 스위스에 간다.' 그러면 (ㅁ)에서 '독일에 가고 이탈리아에 간다.'고 했으므로 둘 다 성립해야 참이 되기 때문에 이탈리아도 가게 된다.

결국 가게 되는 나라는 "영국, 독일, 스위스, 이탈리아"다. 따라서 정답은 ④이 된다.

A라면 B다.

B라면 C다.

따라서 A라면 C다.

연쇄논법은 두 개 이상의 명제들이 연결되면서 연결 고리들이 사라지고, 제일 앞의 조건과 제일 뒤의 결론만 남게 되는 상황을 말한다. 가언적 삼단논법과 이 연쇄논법을 쓰면 웬만한 논리 퀴즈 문제들이 거의 해결된다. 실제로 위에서 이미 예를 든 문제들도 사실은 이러한 연쇄논법이 이미 적용되어 있다. 그만큼 논리 퀴즈 형태의 문제에서는 반드시 쓰이는 것이 연쇄논법이라는 말이다.

'밥을 먹으면 졸리다. 졸리면 커피를 먹는다. 커피를 먹으면 잠이 깬다. 따라서 밥을 먹으면 잠이 깬다.'처럼 조건이 연결되면 중간을 빼고, 그 앞과 뒤만 연결해도 참이 된다는 논리다.

의료보험 가입이 의무화될 때 〈보기〉의 조건에 맞는 선택은?

〈보기〉

(ㄱ) 정기적금에 가입하면 변액보험에 가입한다.

(ㄴ) 주식형 펀드와 해외 펀드 중 하나만 가입한다.

(ㄷ) 의료보험에 가입하면 변액보험에 가입하지 않는다.

(ㄹ) 해외펀드에 가입하면 주택마련저축에 가입하지 않는다.

(ㅁ) 연금저축, 주택마련저축, 정기적금 중에 최소한 두 가지는 반드시 가입한다.

① 변액보험에 가입한다.　　　② 정기적금에 가입한다.

③ 주식형 펀드에 가입한다.　　④ 연금저축에 가입하지 않는다.

⑤ 주택마련저축에 가입하지 않는다.

위의 지문에서 등장한 선택 가능한 의료보험은 정기적금, 변액보험, 주식형 펀드, 해외 펀드, 의료보험, 주택마련저축, 연금저축, 정기적금이다. 이중에 의료보험 가입이 의무화된다고 가정해보자.

(ㄱ) 의료보험에 가입하면 변액보험에 가입하지 않는다.

(ㄴ) 정기적금에 가입하면 변액보험에 가입한다(대우: 변액보험에 가입하지 않으면 정기적금에 가입하지 않는다).

(ㄷ) 연금저축, 주택마련저축, 정기적금 중에 최소한 두 가지는 반드시 가입한다(그런데 정기적금에 가입하지 않으니까 이중에 연금저축과 주택마련저축은 가입해야 한다).

(ㄹ) 해외펀드에 가입하면 주택마련저축에 가입하지 않는다(대우 : 주택마련저축에 가입하면 해외펀드에 가입하지 않는다).

(ㅁ) 주식형 펀드와 해외 펀드 중 하나만 가입한다(그러므로 주식형 펀드에는 가입해야 한다).

정리하면 다음과 같다.

• 가입하는 것 : 의료보험, 연금저축, 주택마련저축, 주식형 펀드

• 가입하지 않는 것 : 변액보험, 정기적금, 해외펀드

따라서 정답은 ③이다.

함정에 빠지지 않는 법

논리 추리 문제를 풀 때 주의할 점을 정리해보자.

❶ 'P → Q이다'와 '~Q → ~P이다'는 같은 말이다.

'총무부의 예산을 감축하면 인사부의 예산을 감축하지 않는다.'는 진술과 '인사부의 예산을 감축하면 총무부의 예산을 감축하지 않는다.'는 같은 진술이라는 것이다. 퀴즈를 풀 때 이런 변화 양상을 항상 염두에 두고 풀어야 한다.

❷ and와 or로 결합된 문장을 주의하자.

and와 or로 결합된 문장의 처리도 신경 써야 하는 부분이다. '~'이 붙으면 and는 or로, or는 and로 바뀐다. 예를 들어 '커피를 먹거나 차를 마시면 잠이 깬다.'라는 문장의 대우는 '잠이 깨지 않으면 커피를 먹은 것도 아니고 차를 마신 것도 아니다.'가 된다.

❸ 한 문장이 주어졌다면 실제 주어진 문장은 두 개다.

대우 역시 마치 쓰여 있는 것과 동일하게 대우하고 생각해야 한다. A라

는 결론을 이끌어내기 위해서는 'B이면 A다.'라는 진술도 중요하지만 'A 가 아니면 C가 아니다.'라는 진술도 중요하다는 것이다. 결국 이 문장은 'C이면 A다.'라는 문장과 같은 말이 된다.

❹ 모순된 결과에 주목하자.

단순히 조건을 따랐을 때 다른 진술들 중에 모순이 발생하는 부분이 있 다면, 그것은 그 조건에 따르는 것이 잘못되었다는 증거다. 때문에 그 부분 을 탈락시키고 그다음 조건을 비교해보는 식으로 하나하나 따져보는 문제 도 자주 등장한다. 이러한 문제는 간단한 표로 정리해 푸는 것이 헷갈리지 않는다.

참말과 거짓말 퀴즈

세계사에 남아 있는 3대 패러독스 중에 하나로 '크레타인의 역설'이 라는 것이 있다.

한 크레타인이 다음과 같이 말했다. "모든 크레타인은 거짓말쟁이다." 이것이 가능할까? 먼저 이 말을 한 크레타인의 말이 사실이라고 하면, 모 든 크레타인은 거짓말쟁이여야 한다. 그러나 지금 이 말을 한 사람은 참말 을 하고 있기 때문에 모순된 진술이 된다. 반대로 이 말을 한 크레타인의 말이 거짓이라고 하면 크레타인은 거짓말쟁이여서는 안 되고 참말을 해야 하는데, 그렇다면 이 말을 한 사람은 거짓말을 하게 되는 셈이다. 그러므로 이 말도 성립하지 않는다. 그러므로 패러독스가 되는 것이다.

여기서 주목할 것은 항상 거짓말만 하는 사람과 항상 참말만 하는 사람들만 사는 나라라는 가정이다. 원래 세상은 거짓말은 한 80%, 참말은 20% 정도 하는 사람이 제일 많이 살고, 거짓말과 참말을 반반씩 섞어가며 사는 사람 조금, 그리고 거짓말 20%, 참말 80% 정도를 하고 사는 소수의 사람들이 산다. 온전히 거짓말만 하고, 온전히 참말만 하는 사람은 살지 않는다. 따라서 이런 가정은 전혀 실제적이지 않은 글 속에서만 존재하는 나라일 텐데, 안타깝게도 적성검사에서는 이런 나라를 아주 자주 만날 수 있다. 참/거짓말 문제는 논리 게임의 중요한 영역 중 하나다. 그리고 풀다보면 상당히 재미있는 영역이기도 하다.

참말과 거짓말을 따지는 문제는 제시된 진술이 참일 때와 거짓일 때를 나눠서 경우의 수를 따지는 문제다. 구체적으로 보면 참과 거짓을 따지는 문제에서는 기준이 되는 사람을 하나 잡고 그의 말이 참일 때와 거짓일 때로 놓고 주어진 조건을 실행해본 후 다른 사람과의 말에서 모순이 발생하는지 혹은 주어진 조건과 모순이 발생하는지를 따지는 것이 가장 기본적인 풀이법이다. 예를 들어 A가 말하고 B가 말했다면 A의 말이 참일 때와 거짓일 때, 그리고 그 각각의 경우에 B의 말이 참일 때와 거짓일 때를 가려서 조건을 맞춰보는 식이다. A와 B 두 명이 문제에 등장하면 다음과 같이 4가지 경우가 나오게 된다.

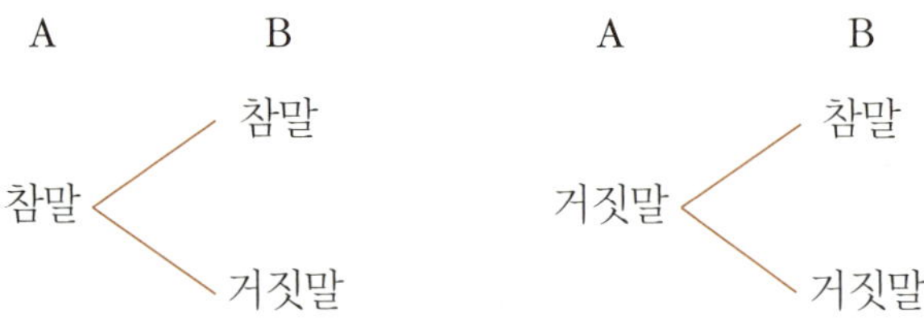

만약 등장인물이 A, B, C 세 명이라고 하면 8가지 경우의 수로 나뉘게 된다. 위의 4가지 경우에 C가 참말과 거짓말을 하는 경우가 덧붙기 때문에 총 8가지 경우가 나오게 되는 것이다.

예를 들어보자.

풀이의 흐름은 우선 둘 중 하나를 참말과 거짓말을 했을 때의 경우로 나누는 것이다. B의 말이 참이 될 때와 거짓이 될 때를 나눠보면,

B   A

(참말)(B가 참일 때, 돈을 훔친 것은 B라는 말이 동시에 참이 될 수 없다. 이런 경우는 성립할 수 없다.)

(참말)(돈을 훔친 사람은 없다.)

(거짓말)(돈을 훔친 것은 B라는 말이 거짓말이 되니까 이 경우에는 성립한다.)

→ B는 참말, A는 거짓말을 하면 이 경우가 성립하고 범인은 A와 B 둘 다 아니게 된다.

B

A

참말(훔친 사람이 있는데, B가 훔쳤다고 하면 되니까 이 경우에는 B가 범인이 된다.)

참말(돈을 훔친 사람이 있다.)

거짓말(돈을 훔친 사람이 있는데, A의 말이 거짓말이 되니까 범인은 A 자신이 된다.)

→ B는 거짓말, A는 참말을 할 때는 B와 A 다 범인일 가능성이 생긴다.

이 같은 풀이의 흐름이 일반적인 참/거짓말 문제 풀이의 흐름이다. 여기까지 해서 문제가 풀릴 수도 있고 아닐 수도 있다. 위의 경우는 이것 외에도 다른 조건들이 필요하다. 처음 조건이 둘 중 하나는 참말, 하나는 거짓말이므로 사실 A와 B가 모두 거짓말을 한 경우는 제외해야 한다. 사실 처음부터 참/참, 거짓/거짓인 경우는 생각할 필요가 없었다.

이제 남은 것은 B가 참말, A가 거짓말을 할 때 아무도 범인이 없는 경우와 B가 거짓말, A가 참말을 할 때 B가 범인이 되는 경우가 있다. 그런데 조건 가운데 범인이 반드시 둘 중에 한 명이라고 하니까, 범인이 없는 경우는 성립하지 않고 B가 거짓말, A가 참말을 할 때 B가 범인인 단 하나의 경우만 성립한다. 따라서 범인은 B다.

이것이 바로 표준적인 참/거짓말 문제의 솔루션 과정이다. 이런 문제에서도 보듯이 문제상에서는 4가지 경우를 헤아려야 하는 듯이 보이지만, 조건에서 참/참, 거짓/거짓의 경우는 배제하게 하므로 실전에서 문제를 풀 때는 두 가지 경우만 생각해도 된다. 그러니까 만약 3명이 등장한다 해도 반드시 8가지 경우를 다 헤아려야 하는 것이 아니라, 다른 부대 조건들을 참고해서 최소한의 경우의 수를 따지면 된다. 이게 바로 문제를 많이 풀어 경험을 쌓아야 하는 이유다. 누구를 기준으로 잡고, 어떤 조건으로 어떤 경우를 없애느냐에 따라 문제를 푸는 데 걸리는 시간이 달라진다.

그런데 이런 유의 참/거짓말 문제는 문제가 어렵다기보다는 시간이 많이 걸리는 문제이기 때문에, 시간을 어떻게 줄이느냐가 관건이다. 다음과 같은 조건들이 대표적으로 참/거짓말 문제에 많이 붙어 나오는 조건이라 할 수 있다.

a. 참말과 거짓말의 개수가 정해져 있을 경우
b. 참/거짓 여부 외에 다른 조건이 붙어 있는 경우
c. 서로의 참/거짓을 지적하는 경우

그 각각의 경우를 간단한 예제와 함께 살펴보면서 참/거짓말 문제의 표준적인 풀이 방법을 익혀보자.

참말과 거짓말의 개수가 정해져 있을 경우

참/거짓말을 한 사람들의 진술이 나오고, 이중에 몇 명이 참을 말했고,

거짓을 말했는지 정해준다. 그러니까 참을 말한 사람은 1명이라든가, 적어도 2명 이상이 거짓을 말했다든가 하는 식으로 말이다.

가령 3명 중에 '참을 말한 사람이 1명'이라는 조건이 붙는다면, 각각 A~C까지 참을 말했을 때의 경우를 살펴보면 될 것이다. 3명 중에 '2명 이상이 거짓을 말했다'는 조건이 붙는다면 이번에는 1명은 참을 말했을 가능성과 모두 다 거짓을 말했을 가능성이 있는 것이므로, A~C까지 각각 1명이서 참을 말할 경우(다른 두 사람은 자연스럽게 거짓을 말하는 경우)와 모두 거짓을 말했을 경우를 같이 살펴보면 된다.

3개의 방에 아래와 같은 안내문이 붙어 있다. 그중 2개의 방에는 보물과 괴물이 각각 들어 있고, 나머지 방은 비어 있다. 괴물이 들어 있는 방의 안내문은 거짓이며 3개의 안내문 중 단 하나만 참이라고 할 때, 가장 올바른 결론은 어느 것인가?

- 방 A의 안내문: 방 B에는 괴물이 들어 있다.
- 방 B의 안내문: 이 방은 비어 있다.
- 방 C의 안내문: 이 방에는 보물이 들어 있다.

① 방 A에는 반드시 보물이 들어 있다.
② 방 B에 보물이 들어 있을 수 있다.
③ 괴물을 피하려면 방 B를 택하면 된다.
④ 방 C에는 반드시 괴물이 들어 있다.
⑤ 방 C에는 보물이 들어 있을 수 있다.

참인 안내문은 단 하나라는 조건이다. A, B, C 각 방의 안내문이 하나만 참이라는 가정하에서 나머지 2개의 안내문이 반드시 거짓이 되어야 한다는 조건을 만족시키는 문제다.

방 A의 안내문이 참인 경우, 방 B에는 괴물이 있다. 나머지 방은 비어 있거나 보물이 들어 있어야 한다. 방 B와 방 C의 안내문은 거짓이므로 방 C에는 보물이 들어 있지 않고 비어 있다. 따라서 방 A에 보물이 들어 있다.

방 B의 안내문이 참인 경우, 방 B는 비어 있다. 따라서 나머지 방은 보물이 들어 있거나 괴물이 들어 있어야 한다. 방 A와 방 C의 안내문은 거짓이므로 방 C에는 보물이 아닌 괴물이 들어 있어야 하고 방 A에 보물이 들어 있다.

방 C의 안내문이 참인 경우, 방 C에는 보물이 들어 있다. 나머지 방은 괴물이 들어 있거나 비어 있어야 한다. 방 A와 방 B의 안내문은 거짓이므로 방 B는 비어 있지 않고 괴물이 들어 있어야 한다. 그러나 그렇게 되면 방 A의 안내문이 참이 되므로 참인 가정이 두 개가 되기 때문에 이 가정은 성립하지 않는다.

참인 가정인 방 A와 방 B가 참인 경우에서 항상 성립하는 결론은 '방 A에는 보물이 들어 있다.'라는 것이다. 따라서 정답은 ①이다.

참/거짓 여부 외에 다른 조건이 붙어 있는 경우

참/거짓 문제는 특정 조건을 가진 사람을 가려내는 문제가 대부분이다. 범인을 가려내고, 제일 잘하는 사람을 가려내고 하는 식으로 말이다. 따라서 그 사람에 대한 힌트나 해당되는 사람은 거짓말을 한다는 식의 부대 조건들이 또 하나의 중요한 조건이 되기도 한다.

이런 조건들을 적극 반영해서 문제를 풀어야 하는데, 한꺼번에 조건들을 전부 적용하려고 하지 말고 차근차근 하나씩 적용하는 것이 방법이다. 다른 방법은 경우의 수를 나열하고, 그것을 한꺼번에 체크하는 방식이다. 가령 다음과 같은 문제를 두 가지 방식으로 풀어보겠다.

갑돌, 을숙, 병기 세 사람은 같이 취업을 위한 스터디를 하기로 했다. 이들은 각각 자기소개서, 적성검사, 면접에 강점이 있어서 그 부분을 맡아서 스터디를 진행하고 있다. (순서가 이 같지는 않다) 이들은 서로에 대해 진술을 했는데, 이중에 면접을 맡은 사람은 거짓말을 했으며, 자기소개서를 맡은 사람은 참말을 했다고 한다. 누가 무엇을 맡았는지 연결한 것으로 가장 적절한 것은?

- 갑돌 : 병기가 자기소개서를 맡았다.
- 을숙 : 그렇지 않다. 병기는 적성검사를 맡았다.
- 병기 : 둘 다 거짓이다. 나는 자기소개서도 적성검사도 맡지 않았다.

	갑돌	을숙	병기
①	자기소개서	적성검사	면접
②	적성검사	면접	자기소개서
③	면접	자기소개서	적성검사
④	적성검사	자기소개서	면접
⑤	면접	적성검사	자기소개서

이것을 각각의 조건들을 고려하여 하나씩 따져보는 첫 번째 풀이 방법으로 풀어보자.

병기가 면접을 맡았다면, 병기의 진술은 참이 된다. 하지만 그렇게 되면 면접을 맡은 사람이 거짓을 말했다는 조건에 위배된다. 따라서 병기가 면접을 맡지는 않았다.

병기가 자기소개서를 맡았다면 자기소개서를 맡지 않았다는 그의 진술은 거짓이 되어서, 자기소개서를 맡은 사람은 참을 말했다는 진술에 위배된다. 따라서 병기는 적성검사를 맡았다. 그렇다면 을숙의 말은 참이 되고 갑돌의 말은 거짓이 된다. 을숙은 자기소개서, 갑돌은 적성검사를 맡았다.

그러므로 정답은 ③이다.

두 번째 풀이 방법은 이런 가정들을 하나의 표로 재빠르게 그리는 것이다. 복잡하게 보이지만 실제로는 다음의 6가지 경우밖에 안 된다.

갑돌	을숙	병기	경우
자기소개서	적성검사	면접	1
자기소개서	면접	적성검사	2
적성검사	면접	자기소개서	3
적성검사	자기소개서	적성검사	4
면접	자기소개서	면접	5
면접	적성검사	자기소개서	6

그리고 이렇게 6가지의 경우가 한꺼번에 표시된 표에 각각 갑돌의 진술, 을숙의 진술, 병기의 진술의 참/거짓 여부를 판별하게 된다.

- 갑돌 : 병기가 자기소개서를 맡았다.
- 을숙 : 그렇지 않다. 병기는 적성검사를 맡았다.

• 병기 : 둘 다 거짓이다. 나는 자기소개서도 적성검사도 맡지 않았다.

이 표에 같이 적어보면 다음과 같다. 이때 '면접을 맡은 사람은 거짓말을 했으며, 자기소개서를 맡은 사람은 참말'을 했다는 조건이 결정적인 정답의 판별 조건이 된다.

갑돌	진술	을숙	진술	병기	진술	판별
자기소개서	F	적성검사	F	면접	T	×
자기소개서	F	면접	T	적성검사	F	×
적성검사	T	면접	F	자기소개서	F	×
적성검사	F	자기소개서	F	적성검사	T	×
면접	F	자기소개서	T	면접	F	○
면접	T	적성검사	F	자기소개서	F	×

역시 정답은 ③이다. 이렇게 표로 정리하니 복잡해 보이기는 하지만, 훨씬 기계적인 풀이가 되기 때문에, 조금만 익히면 두 번째 방법이 더 빠르고 정확한 방법이라는 것을 알 수 있다.

서로의 참/거짓을 지적하는 경우

서로의 참/거짓을 지적하는 경우는 의외로 쉬울 수 있는데, 가장 큰 이유는 바로 그 사람의 진술부터 참/거짓 여부의 경우의 수를 따지면 다른 사람까지도 참/거짓 여부를 어느 정도 정할 수 있기 때문에 경우의 수가 복잡하게 갈리는 것을 미리 막을 수 있다. 가령 A가 'B는 거짓말을 하고 있다'라고 말했을 때 A의 말이 참이라면 B는 거짓말을 하는 것이고, A의 말이 거짓이라면 B는 참말을 하는 것이다.

또 '우리 중에 몇 명이 거짓말을 한다' 같은 진술도 그것이 참일 때와 거짓일 때로 나누면, 각각 참말을 한 사람과 거짓말을 한 사람의 숫자가 나오기 때문에 좋은 판별 조건이 된다. 다음과 같은 문제를 보자.

K의원, J의원, W의원이 있다. 믿을 만한 정보에 의하면 이중에 한 명만 얼마 전 청와대로부터 입각을 제의받았다고 한다. 이것을 안 언론이 이들과 인터뷰를 통해서 누가 입각을 제의받았는지 알려 했다. 의원들은 흔쾌히 대답해주었지만 이들이 한 말이 거짓인지 진실인지는 알 수가 없다. 아래의 〈발언〉을 참고로 하여 입각받은 사람이 누구인지 밝혀내고, 그가 과연 참말을 했는지 거짓말을 했는지 맞히시오.

〈발언〉
• K의원 – 나는 입각을 제의받았다.
• J의원 – 나도 입각을 제의받았다.
• W의원 – 우리 가운데 많아야 한 명만이 참말을 했다.

① K의원 – 참말　　　② J의원 – 참말　　　③ J의원 – 거짓말
④ W의원 – 참말　　　⑤ W의원 – 거짓말

먼저 참/거짓의 경우의 수를 따질 기준을 정해야 하는데, K와 J는 발언이 비슷하기 때문에 W를 기준으로 놓는 것이 좋겠다. 그 외에도 W는 자기 자신을 포함한 참/거짓 여부를 진술하고 있기 때문에 첫 번째 경우의 수를 따질 대상이기도 하다.

먼저 K의원이나 J의원, W의원의 세 명 중 기준을 정해 거짓말을 한 경우를 상정하자. W의원이 거짓을 말했다면 W의원의 진술은 거짓이 된다. 그렇다면 K의원과 J의원 둘 다 참말을 한 게 되어서 두 사람 모두 입각을 제의받은 것이 된다. 하지만 처음 전제조건인 "한 명만 입각을 제의받았다."에 의해서 성립하지 않는다. 따라서 W의원은 참말을 했다.

참이 되는 경우를 찾아 상황에 적용하자. W의원이 참말을 했다면 W의원의 발언에 의해 그것은 자기 자신이고, 두 사람은 거짓을 말하게 된다. 그러므로 입각을 제의받은 사람은 W의원이고 W의원은 참말을 했다.

그러므로 정답은 ④번이다.

Chapter 7

상황 추리

1) 유형

논리 추리력이 기본적인 문법에 대한 이야기였다면 상황 추리력은 그 문법들을 이용해 실제적으로 문제에 적용하는 문제들이다. 여러 가지 퀴즈 같은 문제들이 본격적으로 전개되는데, 너무 많은 퀴즈 문제들을 풀면 오히려 더 헷갈릴 수 있으니 가장 많이 나오는 '매칭하기'와 '순서 정하기' 정도로 유형을 한정해서 다뤄보도록 하겠다. 다른 유형의 문제도 이런 유형의 일반적인 풀이 솔루션과 다르지 않다. 기본적인 솔루션을 익혀 다른 문제에도 적용해보는 것이 좋겠다.

2) 측정 능력

상황 추리력은 추론이나 조건 파악 능력을 실제적인 상황에서 적용할 수 있는지 보려는 문제다. 그러므로 이런 유형의 문제에 강점을 가진 사람은 지금까지 추리력이 필요한 모든 영역에서 강점을 가질 수 있다. 다만 굳이 따지자면 창의적이기보다는 분석적이고 논리적인 스킬이 강한 편이므로 경영지원, 마케팅 분석같이 분석적인 업무를 할 때 더욱 요구되는 능력이라고 볼 수 있다.

3) 핵심 스킬

기본적으로 퀴즈 문제는 유형으로 풀어야 한다. 유형을 보고 바로 솔루션을 떠올린 뒤 풀지 않으면 문제 파악하는 데 시간이 다 가버린다. 가장 많이 나오는 매칭하기 같은 유형 위주로, 연습을 통해 유형에 익숙해져야 할 것이다.

4) 최근 경향

추리 퀴즈의 응용 형태라고 할 수 있는 상황 퀴즈는 갈수록 적성검사의 중요한 영역이 되어가고 있다. 적성검사 문제도 늘 같은 것이 아니라 갑자기 바꾸기도 한다. 그런데 바뀌는 문제의 경향들을 보면 단순한 것에서 복잡한 것으로, 분석력에서 추리력으로 가는 경향이 있다. 그렇게 볼 때 상황 추리 문제는 앞으로 늘면 늘었지 줄 것 같지는 않다. 그리고 공부 여부에 따라 공부를 안 한 사람들과 가장 많은 차이를 낼 수 있는 영역이므로 적성검사를 공부하는 사람 입장에서는 욕심내볼 만한 영역이라고 할 수 있다.

아인슈타인 문제

수수께끼를 조금이라도 좋아하는 사람이라면 한번쯤은 들어봤을

'아인슈타인 문제'라는 것이 있다. 일설에 의하면 이 수수께끼는 알베르트 아인슈타인이 어렸을 적에 궁리해낸 것이라고 하는데, 고작 인구의 2%만이 정답을 맞힌다는 말이 떠돌아 많은 이들이 도전해보는 문제이기도 하다. 이 책이 수수께끼 도전집도 아니고, 적성검사에 대한 기본적인 안내서이기 때문에 이에 대한 소개를 자세히 할 필요는 없지만 막상 '2%'라는 도전적인 수치를 내놓고 아예 보여주지도 않는다면, 그에 대해 궁금증이 많이 일어날 것이기 때문에 문제와 답만 소개하도록 하겠다(시간이 없는 사람은 이 문제를 건너뛰도록 하자. 괜히 시간만 많이 걸린다. 이 문제는 유형을 알려주기 위해서 소개하는 것이지, 적성검사에서 나오는 난이도는 이것보다 훨씬 쉽기 때문에 이런 문제를 풀다가 질릴 필요는 없다. 다만 아인슈타인에 도전해보고 싶은 사람들만 풀어보도록 하자).

　이른바 아이슈타인 문제는 다음과 같다.

・색깔이 다른 5채의 집이 일렬로 있다.
・각 집에는 서로 다른 국적을 가진 사람이 살고 있다.
・다섯 사람은 어떤 종류의 음료를 마시고, 담배를 피며, 동물을 기르고 있다.
・어떤 두 사람도 음료나 담배, 또는 키우는 동물이 일치하지 않는다.
문제 : 아래와 같은 15개의 정보가 주어졌을 때, 금붕어를 키우는 사람은 어느 나라 사람일까?

① 영국인은 빨간 집에 산다.
② 스웨덴인은 개를 기른다.
③ 덴마크인은 차를 마신다.
④ 초록 집은 하얀 집의 왼쪽 집이다.
⑤ 초록 집에 사는 사람은 커피를 마신다.

⑥ 펠멜(Pall Mall) 담배를 피우는 사람은 새를 기른다.

⑦ 노란 집 사람은 던힐(Dunhill) 담배를 피운다.

⑧ 한 가운데 집에 사는 사람은 우유를 마신다.

⑨ 노르웨이인은 첫 번째 집에 산다.

⑩ 블렌드(Blend) 담배를 피우는 사람은 고양이를 기르는 사람 옆집에 산다.

⑪ 말을 기르는 사람은 던힐(Dunhill) 담배를 피우는 사람 옆집에 산다.

⑫ 블루 매스터(Blue Master) 담배를 피우는 사람은 맥주를 마신다.

⑬ 독일인은 프린스(Prince) 담배를 피운다.

⑭ 노르웨이인은 파란 집 옆집에 산다.

⑮ 블렌드(Blend) 담배를 피우는 사람은 생수를 마시는 사람과 이웃이다.

주어진 15개의 조건을 잘 짜 맞춰서 정답을 찾아내는 것이다. 정답은 다음과 같은 표다. 이를 자신의 답과 비교해보라.

	집 1	집 2	집 3	집 4	집 5
국적	노르웨이	덴마크	영국	독일	스웨덴
음료	생수	차	우유	커피	맥주
색	노랑	파랑	빨강	초록	하양
담배	던힐	블렌드	펠멜	프린스	블루매스터
애완동물	고양이	말	새	금붕어	개

그런데 사실 이 아인슈타인 문제는 아인슈타인과는 관계가 없다고 한다. 아인슈타인이 어렸을 때 고안한 퀴즈 문제라고 알려져 있지만, 실제로 그러한 증거가 전혀 없으며 이 문제에 언급된 펠멜 담배는 아인슈타인 생전에는 만들어지지도 않은 담배였다고 한다. 그러니까 이 책에서 하듯이

아인슈타인을 팔아서 문제에 대한 도전감을 더욱 상승시키는 그런 문제라는 말이다.

우리에게 중요한 것은 바로 이런 유형의 문제가 바로 적성검사의 상황 추리 영역에서 가장 많이 나오는 유형의 문제라는 것이다. 조건을 주고, 그 조건에 맞는 사람들을 매칭해서 단편적인 정보를 종합적인 정보로 완성시키는 문제들이다.

물론 위의 아인슈타인 문제처럼 어렵거나 복잡하지는 않다. 도저히 짧은 시간 안에 풀 수 있는 문제는 아니니까 말이다. 하지만 유형 면에서는 똑같다고 보면 되고, 난이도는 훨씬 쉽게 나온다고 이해하면 된다.

매칭하기 문제

매칭하기는 주어진 조건을 연결하여 조건에 맞는 짝을 연결하는 유형의 문제다. 이때 조건들은 그냥 나오는 조건들도 있고, 다른 조건들과 연동해서 정보를 찾는 조건도 있다. 사실 주어진 조건에 따라 차례차례 풀어가면 어려울 것이 없는 문제다. 하지만 이러한 문제를 머릿속에서만 이해하려고 하면 어디선가 반드시 문제가 발생한다. 따라서 적절한 도표를 그려서 주어진 조건이나 진술을 배치하는 것이 효과적이다. 말로만 설명한 것을 도식으로 그려 눈앞에 풀어놓자는 것이다. 생각보다 훨씬 명료하게 문제의 조건과 풀이가 보일 것이다.

매칭하기의 관건은 일목요연한 도표 활용에 달려 있다는 것을 명심하자. 실제적으로 주어진 조건을 따라 매칭하는 것 자체는 조금만 연습하면 금방 늘 일이지만, 전반적으로 매칭의 내용을 잘못 파악하거나 방향 자체를 잘못 파악하면 굉장히 어려워질 가능성이 있다. 다음의 순서를 기억하자.

1. 문제를 정확히 숙지한다.
2. 문제에서 주어진 조건들을 두 축으로 하는 도표를 그린다. 도표를 그리는 방법은 두 가지가 있는데, 하나는 네모 칸에 조건들을 채워 넣는 표고, 하나는 네모 칸에 O, ×를 채워 넣는 표다(이것이 어떻게 다른지는 곧 이어지는 문제에서 구체적으로 설명하니 그것을 보고 참조하자).
3. 조건에 그냥 제시된 정보들부터 도표에 채워 넣는다(해당하는 정보와 매칭시키는 것이기 때문에 매칭하기라고 말하는데, 반대로 해당하는 정보가 아닌 것도 표시해두어야 한다).
4. 조건들을 합해서, 즉 두 정보를 합한 추리를 통해서 나오는 정보들을 채워 넣는다.
5. 한 가지 경우로 수렴하지 않고 경우가 갈라진다면, 찾은 정보와 모순이 되는 경우를 지운다.
6. 한 가지 경우에 도달하거나 여러 가지 경우가 나온다면, 그 경우들의 공통점을 정리해 답을 찾아낸다.

매칭하기 문제의 전형적인 예를 하나 살펴보자.

서로 성이 다른 3명의 야구선수(김씨, 박씨, 서씨)의 이름은 정덕, 선호, 대은이고, 이들이 맡은 야구팀의 포지션은 1루수, 2루수, 3루수이다. 그리고 이들의 나이는 18세, 21세, 24세이고 다음과 같은 사실이 알려져 있다. 다음 중 성씨-이름-포지션–나이가 제대로 짝지어진 것은?

㉠ 2루수는 대은보다 타율이 높고 대은은 김씨 성의 선수보다 타율이 높다.
㉡ 1루수는 박씨 성의 선수보다 어리나 대은보다는 나이가 많다.
㉢ 선호와 김씨 성의 선수는 어제 경기가 끝나고 같이 영화를 보러 갔다.

① 김 – 정덕 – 1루수 – 18세　　② 박 – 선호 – 3루수 – 24세
③ 서 – 대은 – 3루수 – 18세　　④ 박 – 정덕 – 2루수 – 24세
⑤ 서 – 선호 – 1루수 – 21세

표를 두 가지로 그릴 수 있다고 했는데, 우선 다음과 같은 표를 그릴 수 있다.

	정덕	선호	대은
성씨			
포지션			
나이			

이 경우에는 아인슈타인 문제처럼 '선호는 김씨다'같이 단정적인 정보가 등장하면 조금 유리할 수 있는데, 주어진 문제에서는 그런 정보가 많지 않다. 그래서 이 경우에는 O, ×로 표시할 수 있는 다음과 같은 매칭 표가 오히려 더 유리하다.

	정덕	선호	대은	1루수	2루수	3루수	18	21	24
김									
서									
박									

이제 이 표에 ㉠의 조건을 적용하면, 대은은 2루수도 아니고 김씨도 아니다. 그리고 ㉡ 조건에서 대은은 박씨도 아니라는 것을 알 수 있다. 따라서 대은은 서씨가 된다. 그런데 대은은 1루수도 아니니까 대은은 3루수다.

	정덕	선호	대은	1루수	2루수	3루수	18	21	24
김			×			×			
서	×	×	○	×	×	○			
박			×			×			

㉢을 보니 선호는 김씨가 아니다. 따라서 김씨는 정덕, 선호는 박씨다. 그런데 ㉡ 조건에서 박씨가 1루수는 아니라는 것을 알 수 있으므로 박선호는 1루수는 아니다.

	정덕	선호	대은	1루수	2루수	3루수	18	21	24
김	○	×	×	○	×	×			
서	×	×	○	×	×	○			
박	×	○	×	×	○	×			

ⓒ에서 또 알 수 있는 것은 나이 관계다. '박씨>1루수>대은'

	정덕	선호	대은	1루수	2루수	3루수	18	21	24
김	○	×	×	○	×	×	×	○	×
서	×	×	○	×	×	○	○	×	×
박	×	○	×	×	○	×	×	×	○

따라서 정답은 ③이다.

또 다른 형태의 조건 제시

조건 제시 방법에 대해서 알아둘 것이 하나 있다. 대놓고 A는 이렇고 저렇고 하는 방식이 위에 소개한 매칭하기 유형의 방식이라면, 그런 조건을 돌려서 얘기하는 형식이 있다. 이런 조건 제시는 사실 알고 보면 굉장히 쉬운데, 알기 전에는 도대체 왜 이런 조건이 나오는지 의아한 제시 방법이라 할 수 있다.

가령 A와 B는 아이폰과 아이패드를 가진 사람들인데, 누가 어느 것을 가졌는지는 모른다고 하자. 이때 'A는 아이폰을 가졌다.'고 진술하면 자연스레 B가 아이패드를 가진 것으로 연결이 될 것이다. 이것이 앞에서 소개한 매칭하기의 조건제시 방법이다. 그런데 조건을 'A는 아이패드를 가진 사람과 식사를 한 적이 있다.'는 식으로 줄 수도 있다. 이때 잘못하면 식사한 것에 의미를 두게 되는데, 사실 이 조건에서 식사한 것은 아무런 의미가 없다. 중요한 부분은 A가 아이패드를 가진 사람이 아니라는 것이다. 그래야 아이패드를 가진 사람과 식사할 수가 있기 때문이다. 그렇다면 A는 아이폰을 가진 것이고 다른 사람이 B가 아이패드를 가지게 된다.

이것이 바로 매칭하기에서 돌려서 조건을 제시하는 방법이다. 부수적인 동사나 조건들에 속지 말자.

다음의 문제들을 보자.

S씨는 자신의 재산을 운용하기 위해 자산에 대한 설계를 받고 싶어 한다. S씨는 자산 설계사 A~E를 만나 조언을 들었다. 그런데 이들 자산 설계사들은 주 투자처에 대해서 모두 조금씩 다르게 추천을 해주었다. '해외펀드, 해외부동산, 펀드, 채권, 부동산'이 그것들이다(사람과 추천은 이 순서와 같지 않다). 다음 조건을 따를 때, A와 E가 추천한 항목은?

〈조건〉

(ㄱ) S씨는 A와 D와 펀드를 추천한 사람과 같이 식사를 한 적이 있다.

(ㄴ) 부동산을 추천한 사람은 A와 C를 개인적으로 알고 있다.

(ㄷ) 채권을 추천한 사람은 B와 C를 싫어한다.

(ㄹ) A와 E는 해외부동산을 추천한 사람과 같은 대학에 다녔었다.

(ㅁ) 해외펀드를 추천한 사람과 부동산을 추천한 사람은 B와 같이 한 회사에서 근무한 적이 있다.

(ㅂ) C와 D는 해외부동산을 추천한 사람과 펀드를 추천한 사람을 비난한 적이 있다.

① 펀드, 해외펀드　　② 채권, 펀드　　③ 부동산, 펀드

④ 채권, 부동산　　⑤ 펀드, 부동산

여기서 제시한 조건이 불일치를 뜻하는 ×라는 것만 알면 전혀 어렵지 않은 문제다. 가령 첫 번째 조건인 S씨는 A와 D와 펀드를 추천한 사람과

식사를 같이 했다는 조건에서 뽑아야 할 정보는 A와 D가 펀드를 추천한 사람이 아니라는 것이지, 식사를 한 것이나 S씨와의 관계 같은 정보가 아니다. 그것을 표로 표현할 때는 ×가 된다. 이 문제에서 처음 제시된 조건들을 지워나가면 아래와 같다.

	해외펀드	해외부동산	펀드	채권	부동산
A		×	×		×
B	×			×	×
C		×	×	×	×
D		×	×		
E		×			

이 표를 보면 C 같은 경우는 해외부동산도 아니고, 펀드도, 채권도 부동산도 아니다. 이 경우 C가 들어갈 것은 해외펀드밖에 없다. 해외부동산을 기준으로 보면 A, C, D, E가 다 아니다. 해외부동산은 B밖에 없다. 이렇게 하나씩 채워나가면 정리가 된다.

	해외펀드	해외부동산	펀드	채권	부동산
A	×	×	×	○	×
B	×	○	×	×	×
C	○	×	×	×	×
D	×	×	×	×	○
E	×	×	○	×	×

이 표에 근거해서 매칭해보면 정답은 ②이다.

순서 맞히기 문제

예전에 교회학교에 다니던 때 일이다. 선물을 준다는 말에 홀려 6학년 여름 방학 때 성경학교에 따라갔다가 덜컥 조장까지 맡게 되었다. 저녁 때는 천로역정이라는 프로그램이 준비되어 있었다. 프로그램 참가 요령은 조별로 가는 것이었는데, 두 가지 선택의 여지에서 다른 사람의 유혹에 흔들리지 않고 조금 더 좁고 험한 길을 선택하는 것이었다.

길을 나서자마자 선생님 한 분이 앞길이 위험하다며 길을 안내해줬다. 아무 생각 없이 그 선생님을 따라 갔는데 그 선생님이 바로 유혹이었던 것이다. 위험한 길을 가야 하는데, 편한 길을 가버리게 된 우리 조는 제대로 참가하기도 전에 도전이 끝나버렸었다.

아주 오래된 기억이지만 지금도 생생한 것은 그런 식의 잘못된 선택이라는 것이 생각도 제대로 하기 전에 이루어진다는 교훈을 배워서다. 그리고 유혹은 가장 평범한 모습으로 다가온다는 것도 그때 알았다. 그 자체로 아름답고 멋져 보이기 때문에 누가 봐도 위험하다면 그건 유혹이 아니다.

어쨌든 그때 느낀 것이지만, 당장에 오른쪽이냐 왼쪽이냐의 선택에서 시험받을 때 결정을 용이하게 하는 것은 전체적인 그림이다. 일을 할 때 제일 답답한 경우는 전체적인 그림이 보이지 않을 때다. 왼쪽으로 갈 것인가 오른쪽으로 갈 것인가를 결정해야 하는데, 지금 당장에는 오른쪽이 넓어 보여 편하더라도, 전체적으로 보면 왼쪽으로 가는 것이 훨씬 빠르고 편할 수도 있다. 그런데도 단편적인 정보만 가지고 판단해야 할 때가 많아 일이 실패하게 된다.

순서 맞히기 문제는 순서에 대한 단편적인 정보를 준다. 그래서 A 앞에

B라는 정도의 정보는 받는데, 전체적으로는 어떤 순서로 움직이는지에 대해서 알려주지 않는다. 그래서 필요한 것은 단편적인 정보를 합해서 전체적인 큰 순서의 틀을 정하는 것이다. 이것이 바로 순서 맞히기 문제다. 순서에 대한 단편적인 정보를 합해서 전체적인 순서를 조망하는 문제다.

순서를 판단하는 문제는 전·후의 일들을 정확히 하는 것이 제일 중요하다. A 전에 B라고 하면 A와 B가 반드시 붙어 있지는 않더라도 A>B의 순서는 반드시 지켜져야 한다는 것이다. A와 B 사이에 다른 여러 가지 사건이 들어갈 수는 있지만 B가 A 앞으로 나가지는 못한다. 이러한 조건들이 여러 가지 중첩되다보면 순서가 어느 정도 밝혀지게 된다.

블록 만들기

순서 맞히기 문제는 여러 가지 변형이 있을 수 있지만, 크게 두 가지 유형으로 나눌 수 있다. 그냥 주어진 정보를 합해서 하나의 순서를 형성하면 아무런 문제가 없다. 그냥 순서대로 처리하면 되는데, 경우가 갈린다거나 결론이 정확히 안 나올 때가 문제된다.

먼저 생각해야 할 것은 순서가 일종의 블록을 형성해서, 정확하게 정해지지 않는 경우다. 이 경우에는 블록을 통째로 생각해서 순서를 결정해야 한다. 가령 A 앞에 B가 온다는 진술이 있는데, B는 C와 반드시 붙어 다닌다는 조건도 있다고 해보자. 그러면 나올 수 있는 경우는 B-C-A 혹은 C-B-A라는 두 가지 경우로 좁혀지게 된다. 이 경우 B/C 블록이라고 해서, B와 C는 일종의 세트가 되는 것이다. 실제로 문제를 해결할 때 이 정도의 블록은 B/C로 처리하면서 다른 경우로 치지 않고 하나의 경우로 처리한다. 아래의 문제를 예로 들어보자.

6명의 죄수 A, B, C, D, E, F가 월요일에서 토요일까지 6일 동안 가석방 심리에 출석해야 한다. 하루에 한 명씩 가석방 심리에 출석하며 출석 순서는 다음 조건을 따른다. 다음 중 반드시 거짓인 것은?

〈조건〉

㉠ A에 대한 심리는 B보다 먼저 열려야 한다.

㉡ C는 A에 대한 심리가 열린 바로 전날 또는 바로 다음날 열린다.

㉢ D는 화요일에 출석한다.

㉣ F에 대한 심리는 수요일 또는 토요일에만 열릴 수 있다.

① A는 금요일에 출석한다.　　　　② B는 금요일에 출석한다.

③ C는 수요일에 출석한다.　　　　④ C는 F보다 나중에 출석한다.

⑤ E는 수요일에 출석한다.

문제의 조건에 대해 표를 그리면 아래와 같은데 우선 ㉢와 같은 정보는 바로 표시할 수 있다.

월	화	수	목	금	토
	D				

그런데 가만 보면 ㉠과 ㉡는 합해서 블록을 형성한다는 것을 알 수 있다. C/A가 같이 붙어 다녀야 하는 블록이고 이 블록은 A 앞에 있어야 한다. 그러니까 'C/A＞B'라는 순서가 정해지는 것이다.

화요일에는 D가 들어가기 때문에 C/A가 들어갈 수 있는 곳은 수/목, 목/금, 금/토다. 그런데 이 블록 뒤에 B가 들어가야 하기 때문에 금/토는 안 된다. 그렇게 되면 B가 들어갈 곳이 없다.

월	화	수	목	금	토
	D	C/A			
			C/A		B

말하자면 이처럼 두 가지 경우로 나뉠 수 있다는 얘기다.

마지막 조건을 반영하면 F는 수요일 아니면 토요일이다. 이 각각의 경우를 나누어 생각해볼 수 있다. 윗줄은 F가 수요일인 경우, 아랫줄은 F가 토요일인 경우다.

	월	화	수	목	금	토
F가 수요일인 경우		D	F	C/A		B
F가 토요일인 경우		D	C/A		B	F

나머지 월요일에 E가 들어가면 된다. 사실 C/A라고 해서 표시해서 간단해 보이지만, C-A와 A-C의 두 가지 경우이기 때문에 이 표를 더 정확하게 그리면 다음과 같다.

	월	화	수	목	금	토
F가 수요일인 경우		D	F	C	A	B
				A	C	
F가 토요일인 경우		D	C	A	B	F
			A	C		

이렇게 총 4가지 경우가 있는 것이나 마찬가지다. 문제에서 주어진 조건을 따르게 되면 이 4가지 경우가 다 가능해지는데, 절대로 안 되는 것은 바로 ⑤일 경우다. 어떤 경우에도 해당되지 않는다.

거미줄 완성하기

단편적인 순서에 대한 정보가 주어지고, 이 정보들을 합하면 전체 순서에 대한 큰 그림이 보이는 순서 문제다. 이 경우에는 각 정보를 정확하게 파악하고, 그것을 조각으로 생각하고 하나의 그림으로 완성하는 연습이 필요하다. 그러니까 A-B-C라는 조건이 주어지고, 또 D-A-E라는 조건이 주어졌다면 이것을 하나의 그림으로 그리면 아래와 같다.

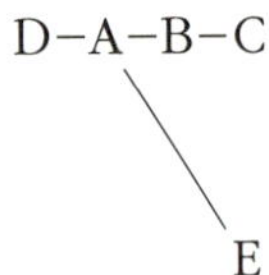

이런 식으로 서로 파편적인 정보를 전체적인 그림 안에서 완성시켜야 하는 문제인데, 첫 번째 유형은 어느 요일에는 누구라는 식으로 한두 개의 순서는 정해지는 편이지만, 두 번째 유형 같은 문제는 누구 앞에 누구, 누구 뒤에 누구라는 식으로 상대적인 순서만 제시되는 경우가 많다.

다음의 문제에서 살펴보자.

국가대표 축구 대항전을 맞이하여 한국 대표팀은 모든 해외파와 국내 파를 다 동원해서 시합을 치르려고 한다. 대표팀원들은 지금 파주 트레이닝 센터로 속속들이 모여들고 있다. 신문기자인 A씨는 파주 트레이닝 센터에 입소하는 기사를 쓰려고 자료를 요청했는데 자료 전달 과정에서 한 정보가 누락되어 완벽한 순서를 복원해내지 못했다. 어떤 정보가 있어야 완벽한 순서가 복원될까?

(ㄱ) 주영은 동원보다는 먼저 입소했지만 성용보다는 나중에 왔다.
(ㄴ) 자철은 청용보다 나중에 입소했지만 흥민보다는 먼저 왔다.
(ㄷ) 청용은 주영보다는 나중에 입소했지만 동원보다는 먼저 왔다.
(ㄹ) 태휘는 주영보다는 먼저 입소했지만 빛가람보다는 나중에 입소했다.
(ㅁ) 성용이 가장 먼저 오지는 않았으며, 흥민이 제일 꼴찌로 온 것은 아니다.

① 빛가람과 태휘가 인접하여 입소하지는 않았다.
② 자철과 흥민이 인접하여 입소하지는 않았다.
③ 빛가람은 동원보다 먼저 입소하였다.
④ 주영과 자철이 인접하여 입소한 것은 아니다.
⑤ 흥민은 동원보다 먼저 입소하였다.

각 정보들을 기호처럼 나타내보자.

성용 – 주영 – 동원
청용 – 자철 – 흥민
주영 – 청용 – 동원
빛가람 – 태휘 – 주영

이런 순서를 거미줄 형태로 복원해본다. 주영이 3번이나 나오므로 주영

을 위주로 정리한다. 우선 정리되는 4가지 정보를 정리하면 다음과 같은
형태의 거미줄이 나온다.

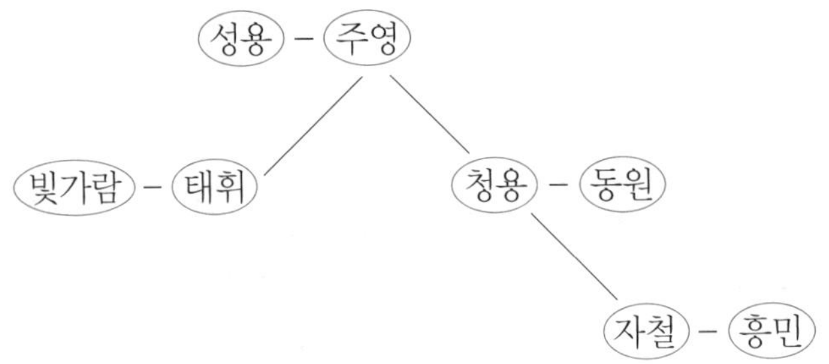

　　여기에 아직 적용하지 않은 '성용이 가장 먼저 오지는 않았으며, 흥민이
제일 꼴찌로 온 것은 아니다.'를 적용하면 뒷부분의 순서가 정리된다. 흥민
이 제일 꼴찌는 아니기 때문에 지금 상태에서 제일 꼴찌가 될 수 있는 것은
동원밖에 없다. 그리고 '성용이 제일 먼저는 아니다.' 때문에 성용은 빛가
람과 태휘 사이, 아니면 태휘와 주영 사이에 들어갈 수 있다. 하지만 정확
하게 정해지지는 않는다.

　　이 순서를 확실히 하는 것은 성용의 순서를 잡아주는 것인데, ①의 조건
이 되면 성용이 빛가람과 태휘 사이에 들어가서 순서가 확정된다.

빛가람 - 성용 - 태휘 - 주영 - 청용 - 자철 - 흥민 - 동원

이것이 확정되는 순서고 정답은 ①이다.

수리능력
검사

PART 4

수리 계산

1) 유형

수리 계산 능력은 한마디로 간단한 방정식을 세우고 푸는 능력이라고 보면 된다. 소금물 문제, 속도 계산 문제, 확률 문제 등 어려서부터 많이 본 문제 들로, 중2 수준의 방정식 문제에서 어려워봐야 고1 수준의 문제들이 출제 된다. 특별한 함정이나 복잡한 수식도 존재하지 않기 때문에 어려서 배웠 던 방정식 문제들을 차분히 풀어내면 된다.

2) 측정 능력

사실 직장인으로서 간단한 계산은 매일 해야 하는 것들이다. 기업은 이윤 추구를 목적으로 하기 때문에 태생적으로 수치에 민감할 수밖에 없다. 이 일을 통해서 얼마를 벌 것이고, 효율은 어떻게 되고 하는 식으로 말이다. 그래서 회사의 언어는 수치와 같이 말해져야 한다. 수리 계산 영역은 그런 기본적인 수치 능력을 확인하는 것으로, 웬만한 직무에 다 필요하다. 그중에서도 영업이나 마케팅에서 가장 많이 필요한 능력이 될 것이다. 경영지원이나 전략기획 같은 경우도 수리 계산 능력이 필수다.

3) 핵심 스킬

수리 계산 문제에는 핵심스킬이랄 것이 따로 존재하지 않는다. 문제 수준이 중학교 수준밖에 되지 않기 때문이다. 따라서 어떻게 하면 남보다 빠른 시간 안에 문제를 풀 것인가가 승패를 가르는 관건이다. 무엇보다 적성검사를 치르기 전에 방정식 문제를 일별해서 한 번 쭉 풀어볼 필요가 있다. 소금물 농도 구하기 문제처럼 많이 봐서 눈에는 익숙한데 막상 풀려면 기억을 더듬느라고 시간을 다 허비해야 하는 문제들이 많기 때문이다. 특히 문과 계열 전공자들은 아주 간단한 수리 문제들도 계산기에 의존한 지 오래기 때문에 이런 방정식 문제가 더욱 낯설 수 있다. 그러니 더욱 열심히 연습해둬야 한다.

4) 최근 경향

최근 수리 관련 문제는 주로 자료 해석적인 문제가 나오는 편이지만, 수리 계산 문제도 SSAT같이 포스트가 되는 적성검사에서 계속 나오고 있으므로 결코 소홀히 할 수는 없다. 특히 미분, 로그 따위의 어려운 계산은 거의 나오지 않고 조금만 공부하고 기억을 되살리면 쉽게 할 수 있는 영역이라 대다수 구직자들이 집중적으로 공부하는 영역이기도 하다. 잘 나오는 방정식이나 문제의 유형들은 외우다시피 준비해놓자. 빠른 풀이를 위해서도 필수적이다.

투자한 시간과 노력을 배신하지 않는 영역

해커스 어학원은 영어로 유명한 곳이다. 그런데 이 영어 학원에서 정기적으로 이루어지는 강의 중에서 영어가 아닌 것이 하나 있다. 거의 유일하다시피 한 이 한국어 강의는 바로 필자가 진행하는 적성검사 대비 강의다. 적성검사 시즌이 되면 오프라인상에서 대기업 적성검사라는 큰 틀의 강의에서부터 삼성 SSAT나 SK, 두산 DCAT처럼 개별 기업의 강의까지 다양하게 이루어지고 있다. 인터넷 강의와 달리 학생들을 직접 접하게 되므로 그들의 다양한 요구를 실시간으로 강의에 반영할 수 있어 좋다.

그런데 내가 깜짝 놀랐던 반응들 중 하나는 학생들이 생각보다 방정식 문제를 어려워한다는 것이다. 정말 쉬운 소금물 농도 구하기 문제도 몇 번이고 칠판을 보며 풀이 과정을 옮겨 적는 학생들도 상당수 있다. 굉장히 쉬운 속도 구하기 문제도 몇 번이고 물어보거나 아주 기초적인 수식에 대해서 확인하는 학생들도 많다. 자주 출제되는 유형의 방정식 문제들을 소개함으로써 적성검사에 실제로 출제되었을 때 빨리 풀 수 있도록 연습하자는 차원에서 언급하는 것인데, 학생들은 마치 난생처음 보는 문제 대하듯 풀이 위주로 접근하는 것이다. 그것도 수학 강의가 아니라 적성검사 강의에서 말이다!

생각보다 방정식 문제에 약한 사람들이 많아서 놀랐다. 이틀 후 적성검사를 볼 학생들까지 그럴 때는 할 말이 없다. 오프라인에서 강의를 들으며 열심히 준비하는 학생들이 이 정도라면 아무런 준비 없이 적성검사를 보는 학생들은 오죽할까 싶기도 했다. 그러니 반 정도밖에 못 풀었는데도 합격했다는 합격수기가 올라오는 것도 과장이 아니라는 생각이 든다. 실제로 적성검사에 임하는 학생들의 점수가 그 정도밖에 안 된다는 얘기다. 바로 여기에 기회가 있다. '100점만 기억하는 더러운 시험'이 아니라는 것이 적성검사의 다행스러운 점이다. 다른 사람보다 상대적으로 잘 보기만 하면 되는데, 크게 노력할 필요없이 적은 노력만 들여도 되다는 거다.

수리 계산 문제로 제시되는 방정식 문제의 경우는, 시간을 투자하면 할수록 점수가 오를 확률이 높은 문제들이므로 충분한 시간을 투자해야 한다. 어려운 공식을 외우거나 처음 보는 문제를 새로 익혀야 하는 것이 아니라, 예전에 풀어본 적이 있는 문제들을 상기하여 최대한 빠른 시간 안에 많이 푸는 연습을 하면 충분히 승산 있기 때문이다.

사실 수리 계산 영역에 주로 나오는 문제들은 주로 사칙연산에 충실한 유형이라고 할 수 있다. 주어진 조건만 정확하게 파악하면 간단한 사칙연산을 통해 결론에 이르게 되는 가장 기초적인 유형의 문제들이다. 문제는 스스로 공식을 세워 답을 끄집어내야 한다는 것이다. 그러니까 무엇을 무엇과 더하고, 어떤 것과 나눌지를 정확히 판단해 방정식을 세워야 하는 것이다.

방정식을 빠르고 정확하게 세우기 위해서 기본적으로는 자주 나오는 형식의 방정식을 정리하고 유형화할 필요가 있다. 자주 출제되는 방정식 유형을 정리해보자.

가장 대표적 유형으로는 일반적인 대수식 세우기, 확률, 소금물 농도 구하기, 속도·시간·거리 구하기 문제가 있다. 물론 이 외에도 더 많은 방정식 유형이 있겠지만 적성검사에 가장 자주 등장하는 유형을 꼽자면 우선적으로 이 4가지 정도다. 이 정도만 정리해놓아도 적성검사를 준비할 때 여러 모로 편리할 것이다.

대수식 문제

가장 일반적인 방정식 문제라고 할 수 있다. 사칙연산을 어느 부분에서 할 것인지 정확히 판단을 해야 하는 문제로, 미지수로 놓을 것이 무엇인지 정하는 것이 문제의 반이라고 보면 된다. 어떤 것이 x이고 y인지에 따라 문제를 쉽게 푸느냐 어렵게 푸느냐가 달라진다.

일반적인 방정식 문제

가장 많이 나오는 문제는 이익을 계산하는 유형의 문제다. 3할의 이익을 거둔다는 표현이나, 이익이 30% 신장되었다는 표현을 방정식상에 어떻게 표현할 것인가를 생각해야 한다.

이렇게 가장 기본적으로 이익이나 %를 계산할 수 있으면 비즈니스 언어를 안다고 할 수 있다. 일반적으로 수리 계산 영역의 1~3번 문항에 자주 출제되는 유형이다. 한마디로 쉬운 문제다. 이 밖에도 전형적인 대수 방정식 문제도 나오기 때문에 어느 정도 방정식 세우기를 연습하도록 하자.

다음의 문제를 보자.

Sample

원가 1,000원의 물건에 2할의 이익을 계산하여 정가를 붙여 팔려고 했는데, 도통 팔리지 않아 정가의 20%를 할인하여 판매하였다. 이 물건의 지금 가격은 얼마인가?

① 800원　　② 960원　　③ 1,000원　　④ 1,120원

1,000원에 2할의 이익을 붙인 가격이라는 것은 결국 20% 정도의 이윤이 붙는 것이므로 곱하기 1.2를 하면 정가가 1,200원이 된다. 여기에 20%를 할인한다고 해보자. 자칫 다시 1,000원이라고 생각할 수 있는데, 200원은 1,000원일 때의 20%로 이 경우는 1,200원에서 20%가 빠져야 하므로 정가에 곱하기 0.8을 해야 한다. 그러므로 $1000 \times 1.2 \times 0.8 = 960$원으로, 정답은 ②이다.

연립방정식 문제

두 가지 이상의 방정식이 합쳐져서 문제를 풀 때 기능하게 된다. 사실 그냥 방정식 문제는 너무 쉽기 때문에 웬만하면 연립방정식 형태로 문제가 나오게 마련이다. 미지수로 x 하나가 아니라 y까지 놓게 되는데, 어느 것을 x, y로 놓느냐에 따라 계산의 난이도나 형태가 결정될 수 있기 때문에 가능한 음수와 분수를 배제하는 방향으로 미지수를 정한다.

닭장에 고양이 떼가 난입했다. 닭장 안이 난리가 난 가운데, 하릴없는 철수는 닭과 고양이의 마릿수와 발의 수를 세었다. 닭과 고양이를 합친 수는 30마리였고, 닭과 고양이의 발의 수를 합친 수는 76이었다. 닭의 수에서 고양이를 뺀 수는 몇 마리인가?

① 2마리　　② 8마리　　③ 14마리　　④ 22마리

x를 닭이라 놓고, y를 고양이라 놓으면 다음과 같은 두 가지 식이 성립한다.

$$\begin{cases} x+y=30 \\ 2x+4y=76 \end{cases}$$

이 두 식을 계산하면 $2y=16$, $y=8$마리가 나온다. 그렇다면 닭은 22마리이고, 22마리에서 8마리를 빼면 14마리가 된다. 정답은 ②가 된다.

확률 문제

확률 문제는 경우의 수를 찾는 문제가 기본이다. 다양한 경우를 먼저 상정하고 그것을 분모로 놓고, 문제에서 지정한 사건이 일어날 경우를 생각해서 분자로 놓은 뒤 곱하기 100을 하면 그것이 바로 그 사건이 일어날 확률이 된다. 일단 크게 세 가지를 기억하자.

a. 사건과 여사건: 어떤 사건 A가 일어날 확률을 a라고 하면, 그 사건이 일어나지 않을 확률은 $1-a$이다.

b. 합의 법칙: 동시에 일어날 수 없는 두 사건의 경우, 그 두 사건들 중 하나가 발생할 확률은 그것들이 각각 발생할 확률들의 합이다.

c. 곱의 법칙: 동시에 일어날 수 있는 두 사건의 경우, 실제로 그 두 사건이 동시에 일어날 확률은 각각의 사건이 일어날 확률들의 곱이다.

Sample 초록색 공 6개와 빨간색 공 4개가 든 자루가 있다. 임의로 한 개의 공을 꺼낸다고 할 때 그것이 초록색 공일 확률은?

① 20%　　② 40%　　③ 60%　　④ 80%

총 10개의 공이 나올 수 있다. 이게 분모가 된다. 그중에서 초록색 공은 6개이므로 $\frac{6}{10}$이라는 식이 성립한다. 따라서 60%의 확률이다. 정답은 ③이다.

이 문제에 다른 조건을 붙여 문제를 조금 어렵게 변형시켜보자. 공을 되돌려놓고, 2개의 공을 연속으로 뽑았는데, 뽑은 공이 모두 초록색 공일 경우는 얼마나 될까?

처음 초록 공을 뽑을 확률은 $\frac{6}{10}$이다. 여기에 두 번째 공도 초록색일 경우는 총 공의 수가 9개가 되고, 초록색 공은 5개가 되었으므로 $\frac{5}{9}$가 된다. 연속으로 2개의 공이 초록색이 되어야 하므로 이 두 가지 수치는 동시에 일어나야 한다. 그러므로 곱의 법칙을 적용해서 나오는 수치가 확률이 된다. 계산하면 0.33, 따라서 33%가 된다.

순열, 조합을 구분하여 푸는 문제

순열은 서로 다른 n개에서 중복됨이 없이 r개를 택하여 배열하는 것을 말한다. 반면 조합은 서로 다른 n개에서 순서를 생각하지 않고 r개를 뽑는 것을 말한다. 이 둘의 차이는 순서를 생각하는가 아닌가이다.

예를 들어 조합장과 부조합장을 뽑을 때는 순열이다. A와 B가 조합장과 부조합장 후보로 올랐는데, 먼저 선출된 사람이 조합장을 하기로 했다고 하면 이 경우 A가 조합장일 때와 B가 조합장일 때는 분명 다르다. 그런데 이렇게 순서가 중요한 것이 아니라, 그냥 대의원 2명을 뽑을 때는 A와 B의 순서가 바뀌어도 전혀 상관이 없다. 이럴 때는 조합을 사용하게 된다.

$$\begin{array}{l} \text{순열}: nPr = n \times (n-1) \times (n-2) \cdots \times (n-r+1) = \dfrac{n!}{(n-r)} \\[2ex] \text{조합}: nCr = \dfrac{nPr}{r!} = \dfrac{n!}{r!(n-r)} \end{array}$$

계산하는 방법을 구체적으로 보면 다음과 같다.

!은 '팩토리얼'이라고 읽는데 3!은 3부터 그 밑의 숫자를 순서대로 나열하여 곱한다는 의미다. $3! = 3 \times 2 \times 1$이고, 6!은 $6 \times 5 \times 4 \times 3 \times 2 \times 1$이 된다.

순열은 nPr로 표시하는데 이는 n개 중 r개를 뽑는다는 의미로 다음과 같은 경우다.

a. 서로 다른 종류의 5개 과일을 서로 다른 3명에게 1개씩 나누어주는 경우.

b. 5명의 학생 중에서 반장, 부반장, 서기 3명을 임명하는 경우.

이럴 때는 $_5P_3$이 된다. 계산은 $\dfrac{5!}{(5-3)}$로 $5 \times 4 \times 3$이 된다. 60가지 경우가 나온다는 의미다.

조합은 nCr 로 표시하는데, n개 중 r개를 뽑는(순서에 상관없이) 경우의 수를 말한다.

a. 서로 다른 종류의 5개 과일 중 3개를 뽑아 1명에게 주는 경우(포도, 사과, 귤 순서로 집어서 주는 것이나 귤, 포도, 사과 순서로 집어 주는 것이나 같은 경우로, 순서 구분 없음).

b. 5명의 학생 중에서 오늘 청소당번 3명을 뽑는 경우(몇 번째 뽑히든 청소당번인 것은 같으므로 순서 구분 없음).

이럴 때 계산은 $_5C_3$이 된다. $\dfrac{5 \times 4 \times 3}{3!}$ 로 계산한다. 10가지 경우가 나온다. 문제 하나만 예제로 풀어보자.

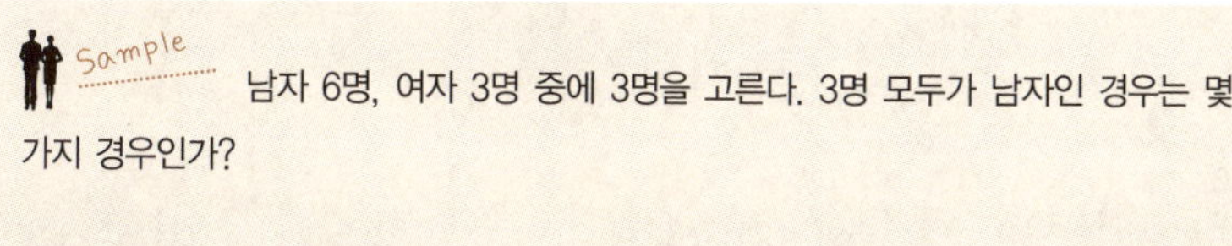

먼저 순열과 조합을 생각해야 하는데, 이 경우에는 순서는 불필요하다. 그러므로 조합이다. 그러고 보면 남자 6명 중에 3명을 뽑는 경우다. 생각 외로 식은 간단하다. $_6C_3$이다. 계산은 $\dfrac{6 \times 4 \times 3}{3 \times 2}$ 가 된다. 경우의 수는 20개이다. 정답은 ③이다.

소금물 농도 구하기 문제

소금물의 농도 구하기 문제는 방정식 문제의 가장 대표적인 유형이다. 문제를 꼬아서 내면 한없이 복잡하고 어려워지는 유형이기도 하다. 하지만 적성검사에서는 비교적 쉬운 난이도로 출제되기 때문에 가장 일반적인 형태만 알아두면 해결하는 데 무리가 없을 것이다.

소금물 문제에서 가장 중요한 것은 역시 소금물의 농도를 구하는 식일 것이다. 다음의 식이 가장 기본이 된다.

$$\text{소금물의 농도}(\%) = \frac{\text{소금의 질량}}{\text{소금물 전체의 질량}} \times 100$$

$$\text{소금의 양} = \frac{\text{농도}(\%)}{100} \times \text{소금물의 양}$$

문제에서 주어진 조건에 따라 이 식에 넣고 미지수로 주어지는 것을 구해야 한다. 가령 소금물의 질량이 주어지고 소금의 질량이 주어진다면 당연히 농도를 구할 수 있다. 두 개의 소금물을 합한 경우도 구할 수 있다. 각각의 소금의 질량과 소금물 전체의 질량만 주어진다면 말이다.

굳이 따지자면 다음과 같은 유형으로 나눌 수 있다.

물을 넣어서 소금물의 농도를 낮추는 유형

소금의 양은 그대로인 채 물만 더 넣어서 농도를 낮추는 유형이다. 중요한 것은 소금의 양은 그대로라는 점이므로, 이를 기준으로 문제를 풀면 된다. 예를 들어보자.

5% 소금물 500g이 있다. 여기에 몇 g의 물을 더 넣었더니 2%의 소금물이 되었다. 더 넣은 물의 양은?

① 250g   ② 500g   ③ 750g   ④ 900g

기본적으로 '5% 소금물에 들어 있는 소금의 양＝2% 소금물에 들어 있는 소금의 양'이라는 것을 명심해야 된다.

$$\frac{5\%}{500}\times500=\frac{2\%}{100}\times(500+x)$$

x는 750g이 되어야 한다. 정답은 ③이다.

물을 증발시켜서 소금물의 농도를 높이는 유형

사실 앞의 유형과 같은 문제라고 볼 수 있다. 물을 증발시켜도 소금은 증발되는 것이 아니기 때문에 소금의 양이 같다는 것을 이용해 푸는 문제이기 때문이다. 예를 들어보자.

3%의 소금물이나 5%의 소금물에서 소금의 양은 같다는 것을 생각해야 한다.

3% 소금물 500g이 있다. 이 소금물을 증발시켜서 5%의 소금물로 만들려고 한다. 얼마나 증발시켜야 하는가?

① 50g   ② 100g   ③ 150g   ④ 200g

(3% 소금물에 들어 있는 소금의 양)＝(5% 소금물에 들어 있는 소금의 양)

$$\frac{3\%}{100} \times 500 = \frac{5\%}{100} \times (500 - x)$$

x는 200g이 된다. 200g을 증발시키면 5%의 소금물을 만들 수 있다. 정답은 ④이다.

소금을 넣어서 소금물의 농도를 높이는 유형

소금을 넣기 때문에 앞에서처럼 소금의 양을 같은 것으로 놓을 수 없다. 하지만 여전히 소금의 양을 기준으로 생각하는 것이 효과적이다. 대신 이번에는 소금의 양이 변하지 않는 것은 아니기 때문에, 더한 소금의 양을 생각해서 방정식을 구성한다.

5% 소금물 500g이 있다. 여기에 소금을 넣어서 7% 소금물로 만들려고 한다. 소금을 얼마나 넣어야 하는가?

① 약 5g   ② 약 11g   ③ 약 16g   ④ 약 18g

(5% 소금물에 들어 있는 소금의 양)＋(더 넣은 소금의 양)＝(7% 소금물에 들어 있는 소금의 양)

$$\frac{5\%}{500} \times 500 + x = \frac{7\%}{100} \times (500 + x)$$

주의할 것은 7%의 소금물을 계산할 때 소금물의 양은 새로 첨가된 소금의 양까지 생각해야 하기 때문에 (500＋x)가 되어야 한다는 점이다. 계산하면 x는 약 10.75g 정도가 나온다. 약으로 잡아 ②에 제일 근접하다.

농도가 다른 두 소금물을 합해서 중간 농도로 섞는 유형

역시 소금의 양을 기준으로 생각해서 방정식을 만든다. 그런데 이때 미지수 x는 소금의 양이 아니라 소금물의 양이다.

3% 소금물과 6% 소금물을 합하여 5% 소금물 500g으로 만들려고 한다. 이때 6% 소금물은 얼마나 필요한가?

① 167g　　② 215g　　③ 250g　　④ 333g

(3% 소금물에 들어 있는 소금의 양)＋(6% 소금물에 들어 있는 소금의 양)＝(5% 소금물에 들어 있는 소금의 양)

이때 주의할 것은 3% 소금물의 양을 x로 놓으면, 6% 소금물의 양은

500-x로 놓아야 한다는 것이다. 합해서 500g이 나와야 하기 때문이다. 다음과 같은 식이 성립한다.

$$\frac{3\%}{500}\times x+\frac{6\%}{100}(500-x)=\frac{5\%}{100}\times 500$$

계산하면 $x=\frac{500}{3}$이 된다. 약 166.67g이 된다. x는 3% 소금물의 양이기 때문에, 6%의 소금물은 여기서 500을 빼서 구할 수 있다. 333.33g 정도가 된다. 정답은 ④이다.

속도, 시간, 거리 구하기 문제

속도와 시간, 거리는 그대로 하나의 식으로 표현되는 밀접한 요소들이다. 속도(v), 시간(t), 거리(S) 사이의 관계는 다음과 같이 주어진다.

$$S(거리)=v(속력)\cdot t(시간)$$

$$v(속력)=\frac{S(거리)}{t(시간)}$$

속도 문제는 시간이나 거리 같은 것들을 등호 양쪽으로 배치해 방정식을 놓고 푸는 경우가 많다. 일정한 거리를 가거나, 걸린 시간이 얼마라는 식으로 제시되는 경우가 많기 때문이다. 따라서 문제를 많이 접해 어떤 변수들이 기준이 되는지 잘 알아놓을 필요가 있다.

한 사람이 x km의 거리에 있는 A지점까지 y km/h의 속도로 갔다가, 다시 원래의 출발지점으로 z km/h의 속도로 돌아왔다고 한다. 이때 이 사람이 A지점까지 갔다가 돌아오는 데 걸린 시간은?

A지점까지 갈 때 걸린 시간은 $\dfrac{x}{y}$가 된다. 원래의 출발지점으로 돌아오는데 걸린 시간은 거리는 그대로이므로 속도만 바뀌면 되기 때문에, $\dfrac{x}{z}$가 된다. 그러니까 총 걸린 시간은 이 두 시간을 합하면 된다. $\dfrac{x(y+z)}{yz}$가 된다.

한 사람이 변속을 하는 유형(두 속력을 합하는 유형) : 거리의 합이 같음

한 사람이 하나의 거리를 두 개의 속력으로 가는 유형으로 첫 번째 속력과 두 번째 속력이 합해져서 하나의 거리를 주파하는 것이므로, 이 가운데 여러 가지 변형이 나올 수 있다. 기본적으로 하나의 속력으로 간 거리를 x km라 놓으면, 또 하나의 속력으로 간 거리를 (전체 거리−x)km라 놓는 것이 포인트가 된다.

A는 술을 마시고 30km 떨어진 집으로 귀가 중이다. 평균 시속 30km인 버스를 타고 가다가 술 취해 착각해서 중간에 잘못 내렸다. 막차도 끊긴 상황이라 거기서부터 시속 5km의 속력으로 걸어서, 결국 출발한 지 1시간 30분 만에 집에 도착했다. A가 버스를 탄 시간을 구하면?

① 12분　　② 24분　　③ 36분　　④ 47분　　⑤ 54분

버스를 타고 간 거리를 x km라 하면, 걸어간 거리는 (30−x)다. 버스를 탄 시간은 $\frac{x}{30}$이 된다. 걸어간 시간은 $\frac{(30-x)}{5}$가 된다. 이 두 시간을 합한 것이 1.5가 되어야 한다. 식을 세우면 다음과 같다.

$$1.5 = \frac{x}{30} + \frac{30-x}{5}$$

x=27km. 그러므로 버스를 타고 27km를 간 후, 3km를 걸어간 것이 된다. 버스를 탄 시간은 총 27/30이 되기 때문에, 0.9시간, 그러니까 분으로 치면 54분이 된다. 정답은 ⑤이다.

하나의 거리를 두 개의 속력으로 통과하는 유형 : 시간의 합이 같음

거리는 하나지만, 두 개의 속력으로 그 거리를 가른다. 결국 두 개의 시간이 생기면서 그 시간차를 이용해 결과에 다다르는 유형이다.

A와 B는 두 대의 차로 여행을 떠났다. 출발지점은 같다. A의 차는 시속 100km로 주행하고, B의 차는 시속 90km로 주행했는데, 결과적으로는 A가 20분 먼저 목적지에 도착했다. 출발지점에서 목적지까지의 거리는?

① 100km   ② 120km   ③ 200km   ④ 300km   ⑤ 360km

어떻게 생각하면 'A가 걸린 시간＋먼저 도착해서 기다리는 시간＝B가

도착하는 시간'이라는 아주 단순한 풀이가 된다. 그러므로 다음과 같은 식
이 된다.

$$\frac{x}{100} + \frac{1}{3} = \frac{x}{90}$$

계산하면 x=300km가 된다. 정답은 ④이다.

하나의 길을 다른 속도로 걸어 총 시간이 제기되는 유형

등산할 때의 예가 많이 제시되는 유형이다. 거리는 일정한데 왕복하는
속도가 다르고, 결과적으로 제시되는 시간을 참고해 구체적인 거리를 구하
는 유형이다.

Sample

효리가 등산을 하는데 똑같은 길을 올라갈 때는 시속 2km로, 내려올
때는 시속 5km로 걸어 총 2시간 30분이 걸렸다. 등산로의 거리를 구하면?

① 약 20km　　② 약 30km　　③ 약 35km　　④ 약 40km　　⑤ 약 42 km

거리를 x라고 하면 올라갈 때 걸리는 시간은 $\frac{x}{2}$가 되고, 내려올 때 걸리
는 시간은 $\frac{x}{5}$가 된다. 이 둘을 합한 것이 전체 시간이 된다.

$$\frac{x}{2} + \frac{x}{5} = 1.5$$

이 식을 계산하면 x는 약 35.71km 정도가 된다. 정답은 ③이다.

강을 거슬러 올라가거나 내려오는 유형

강을 거슬러 올라가거나 내려오는 것에는 하나의 조건이 숨어 있는데 바로 유속이다. 가령 모터보트가 강을 따라 내려오면 원래 보트의 속도에 유속이 더해져서 V+유속이 되고, 강을 거슬러 올라가면 유속 때문에 전진에 방해를 받아 전체적으로는 V-유속이 된다. 이 경우 이런 부분을 대놓고 말하는 것이 아니라, 강의 유속이 얼마다 하는 식으로 제시되기 때문에 강에서의 속력을 계산할 때는 이런 부분을 미리 유념해두어야 한다.

브라질에 간 A씨는 겁도 없이 아마존 강을 보트를 타고 가보겠다고 보트를 빌렸다. A씨는 6km/h로 흐르는 강물에 보트를 띄우고 하류 쪽으로 8km쯤 갔다가 생각보다 힘이 들어, 다시 출발점으로 돌아왔다. 이때 걸린 시간은 1시간이다. A씨가 하류로 가는 속력과 상류로 올라오는 속력의 비를 구하면?

① 5 : 1　　　　② 4 : 1　　　　③ 3 : 1　　　　④ 2 : 1

고요한 물에서 보트의 속력을 v라고 하면, 내려가는 데 걸리는 시간은 $\dfrac{8}{(v+6)}$, 올라오는 데 걸리는 시간은 $\dfrac{8}{(v-6)}$이다.

따라서 이 두 시간을 합하면 $\dfrac{8}{(v+6)} + \dfrac{8}{(v-6)} = 1$

$\therefore v=18$

(내려가는 속도) : (올라오는 속도)$=(18+6) : (18-6)=2 : 1$

정답은 ④가 된다.

수 추리

1) 유형

수 추리 유형은 한마디로 수열 문제다. 수들이 제시되고 그 수들의 공통 원리들을 찾는 문제라고 할 수 있다. 문제는 제시되는 원리들이 등차수열, 등비수열 수준이 아니라는 데 있다. 정당한 수학적 기법을 이용한 수열이라기보다는 그냥 아무렇게나 원리들을 부여하는 식인데, 그 원리라는 것이 상당히 난해하기 때문에 쉽게 답을 찾아내기가 어려운 경우들이 많다.

2) 측정 능력

이 영역에서 가장 핵심적으로 평가하는 능력은 바로 원리를 추출하고 그것을 적용하는 능력이다. 아무렇게나 나열된 듯한 수열에서 나름 그것들을 관통하는 하나의 원리를 찾아내는 것이기 때문에 보통 이상의 분석력을 요구한다. 마케팅이나 홍보 직무에서 상당히 필요한 능력이고, 성공적인 영업을 위해서도 필요한 능력이다.

3) 핵심 스킬

수 추리의 스킬은 다양한 방식의 수열을 몸에 익혀놓는 것이라 할 수 있다. 기본적으로 제시될 수 있는 등차, 등비, 계차, 조화수열 외에 다른 수열의 종류까지 꿰고 있다면 기대보다 좋은 점수를 받을 수도 있는 것이 이 영역의 문제들이다.

실제 수 추리에서 가장 중요한 스킬은 넘길 문제와 풀 문제를 빨리 구별해내는 것이다. 워낙에 이상한 유형의 수열들도 많아서 실제 시간을 쓰기 시작하면 한정하기 힘든 것이 수 추리 문제다보니 빠른 시간 안에 풀 수 있는 문제들부터 일별하고, 오래 생각해봐야 할 문제들은 나중에 푸는 것이 좋다. 그러니까 풀어야 할 문제와 넘어가야 할 문제를 빨리 파악하는 것이 중요한 스킬이 된다. 물론 이런 스킬은 다양한 형태의 수열 문제들을 접해서 아는 것과 그렇지 않은 것을 구분하는 데에서 시작된다.

4) 최근 경향

수 추리 영역은 거의 모든 적성검사에 다 출제되고 있다. 게다가 비중도 많아서 적어도 10문항에서 30문항까지 출제되는 경우도 왕왕 있을 정도다. 한 파트가 전부 수열 문제로만 이루어진 경우도 많다. 그만큼 중요하기도 하고, 또 잘만 익혀놓으면 여러 기업의 적성검사에 써먹을 수 있어서 편하기도 하다. 중요한 것은 이런저런 식의 수열 원리를 접해 경험을 넓히는 것이다. 실제 문제를 풀 때는 빠르게 머릿속에 있는 수열의 원리들을 끄집어내 현실에서 제시된 숫자들과 대조하는 능력이 요구된다.

학교 번호와 키순서의 상관관계

학교 때 번호는 대개 키순서다. 그래서 어려서부터 또래보다 작은 친구들은 대개 단자리 번호를 벗어날 수가 없었다. 내 키는 대부분 중간 정도였기 때문에 15~30번대의 번호를 배정받는 경우가 많았다.

그러다가 대학교 때 지방에서 올라온 친구를 만났는데, 꽤 큰 키에도 불구하고 번호가 단자리였다고 하기에 "너희 동네에는 키 큰 애들이 굉장히 많은가보다." 하고 말했다가 의아한 대답을 들은 적이 있다. "번호랑 키가 무슨 상관인데?"

나로서는 초등학교는 물론이고 고등학교 때까지 번호가 곧 키고 키가 곧 번호인 시스템하에서 계속 살아왔기 때문에 이 친구의 이런 질문은 대단히 부적절하게 느껴질 수밖에 없었다. 하지만 또 이 친구는 자신이 다닌 학교에서는 이름 가나다 순으로 번호를 매겼기 때문에, 키와 번호가 상관이 있다는 나의 생각이 상당히 부적절하게 느껴진 것 같았다. 이런 이질감 때문에 사실 대학교에서는 상당히 문화 충격을 겪었다.

그런데 생각해보면 번호를 부여하는 원리가 키 하나일 수는 없다. 이름 가나다 순도 하나의 번호 부여 원리이고, 생년월일도 원리가 될 것이다. 아니면 그냥 단순히 선착순도 있고, 앉은 순서순, 영어로 표기할 때 알파벳 순 등…… 그다지 시도하지 않아서 그렇지 굉장히 다양한 원리로 번호를 배정할 수 있을 것이다.

수 추리 문제가 그렇다. 수가 나열되어 있으면 그 규칙이 단순히 더하고 빼고 곱하고 나누는 사칙 연산 외에도 다양한 규칙들이 있을 수 있다. 다양한 가능성을 상정해보고 대입해보는 것이 바로 수 추리 문제의 본질이다.

수 추리 문제를 풀기 위해 가장 필요한 능력

수 추리는 기본적으로 수열 문제다. 수열은 (일정한 규칙을 가지고) 숫자를 나열한 것을 말한다. 하지만 수 추리 문제가 수열 문제라고 해서 기본적인 수열만 하면 된다고 생각하면 큰 오산이다. 수 추리에서 일반적으로 제시되는 문제들은 사실 수열의 형식만 빌렸지, 일반적인 수열 문제라고 볼 수는 없다. 그래서 수열이라는 말을 쓰지 않고 수 추리라는 말을 쓰는지도 모르겠다. 일정한 규칙이라는 것이 수학적이라기보다는 자의적인 구석이 많기 때문이다.

사실 수열 문제는 모 아니면 도다. 조금 쉽게 출제되면 우선 일정한 규칙이라는 것이 아주 예상 가능하게 일정해서 쉽게 정답에 도달할 수 있게 나온다. 또한 이렇게 쉽게 규칙을 공식으로 도출할 수 없다 하더라도 한눈에 파악되게 문제가 나올 수도 있기 때문에, 전체적인 그림을 그릴 수 있으면 쉽게 결론에 도달할 수 있는 문제들도 있다. 가령 이번에 LG전자 적성검사에서 출제된 수열 문제의 경우 다음과 같은 수열이 있었다.

1, 1, 2, 1, 2, 3, 1, 2, 3, 4

이 경우 1부터 시작해서 차례대로 하나씩 덧붙는 것이 군으로 무리지어 있다는 것을 한 눈에 알 수 있다. 공식으로 표현하라고 하면 시간이 좀 걸릴 테지만 일단 이렇게 쉬운 수열의 경우 비교적 한눈에 파악될 가능성이 있다.

반면 LG전자 적성검사에서 나온 또 다른 수열은 다음과 같다. 사실 이런 경우는 언뜻 봐서 도통 어떤 규칙이 숨어 있는지 알 수 없다.

　30, 15, 10, (　), 6

　이 수열의 경우 많은 수험생들이 어려움을 겪은 문제다. 사실 찍으려면, 9, 8, 7 중에 찍으면 되기 때문에 확률적으로 보면 찍고 넘어가면 오히려 간단할 수도 있는 문제다. 이 문제는 앞항의 숫자에서 다음 항의 숫자를 빼면 15, 5, x, y가 나오는 것이 된다. 그런데 30으로 시작해서 1로 끝나기 때문에 이 수열은 완결이 된다.

　그렇게 보자면 숫자가 한정적인 수열이고, 이 수열은 15의 약수들의 집합이 된다. 그렇다면 15, 5, 3, 1이 되는 것이다. 그렇다면 (　)안에 들어갈 숫자는 7이 된다. 그래야 3과 1이라는 차가 나오기 때문이다.

　이런 식으로 짐작하기 힘든 수의 배열 원리들이 나오기 때문에, 수열 문제에서 중요한 것은 쉬운 문제들을 빨리 가려내서 그것부터 풀고 남은 시간을 어려운 문제들에 배정하는 시간 배분 능력이다. 한마디로 찍을 문제와 풀 문제를 정확히 가려내는 '문제 전투력 스카우터'를 눈 속에 장착해야 한다는 말이다.

일반적인 수열

　일반적으로 생각할 수 있는 유형의 수열을 먼저 정리할 필요가 있다.

등차수열

2, 5, 8, 11, …과 같이 일정한 숫자를 더하거나 또는 빼는 수열을 등차수열이라고 한다. 여기서 '등차'란 두 항의 차가 같다는 의미다. 뒤의 항에서 앞항의 숫자를 빼면 공차라고 해서 일정한 숫자가 나온다. 가장 기본적인 수열이다.

등비수열

1, 2, 4, 8, …, 2^{n-1}, …과 같이 일정한 숫자를 곱하거나 나누는 수열. 앞항과 뒤의 항이 일정한 비를 이룬다고 해서 등비수열이다. 뒤의 항을 앞의 항으로 나누면 나오는 숫자를 공비라고 하는데, 이 숫자가 일정한 수열이다. 역시 기본적인 수열이다.

계차수열

주어진 수열 자체로 규칙이 있는 것이 아니라, 각 항의 차를 가지고 다시 두 번째로 수열을 형성했을 때 그 두 번째 수열이 일정한 규칙을 가지게 되는 수열을 계차수열이라 한다. 가령 수열 1, 2, 4, 7, 11, 16, …인 경우 이 자체로 어떤 수열을 형성하지는 못한다. 그런데 각 항의 차를 배열해서 새로운 수열을 만들면 1, 2, 3, 4, 5,…와 같은 등차수열이 형성된다. 이렇게 한 번의 작업을 더 거쳐야 나오는 수열을 계차수열이라고 한다.

피보나치수열

　피보나치 수는 『다빈치 코드』 같은 소설에도 소개된 바 있는 자연의 수다. 자연에서는 이런 식의 수열이 자주 발견된다고 하는데, 첫 번째 항의 값이 0이고 두 번째 항의 값이 1일 때, 이후의 항들은 이전의 두 항을 더한 값으로 이루어지는 수열을 피보나치 수열이라 한다.

　이를테면, 제3항은 제1항과 제2항의 합, 제4항은 제2항과 제3항의 합이 되는 것과 같이, 인접한 두 수의 합이 그 다음 수가 되는 수열이다. 즉, 0, 1, 1, 2, 3, 5, 8, 13, 21, 34, 55, …인 수열이며, 보통 $a1 = a2 = 1$, $an + an + 1 = an + 2$ $(n = 1, 2, 3 \cdots)$로 나타낸다. 이것은 L. 피보나치가 1202년 『산술(算術)의 서(書)』에서 처음으로 제기하였다. 이렇게 단순한 수열이 중요해진 것은 이 수열이 자연계의 일반법칙을 나타내는 것으로 보이기 때문이다.

조화수열

　수열에 분수가 등장하는 일은 흔치 않은데, 만약 분수가 등장한다면 조화수열을 생각하는 것이 정석이다. 조화수열은 주어진 수의 역수가 일정한 수열을 형성하는 수열을 말한다. 그러니까 1, $\frac{1}{2}$, $\frac{1}{3}$, $\frac{1}{4}$, …이나 1, $\frac{1}{3}$, $\frac{1}{5}$,

$\frac{1}{7}$, $\frac{1}{9}$, … 같은 수열이 조화수열이 된다. 한마디로 각 항(>0)의 역수(逆數)가 등차수열을 이루는 수열이다.

군수열

적절히 그룹을 지어 규칙을 찾아낼 수 있는 수열을 말한다. 군을 짓는 것은 매우 자의적이기 때문에 공식으로 표시하기는 곤란한 면이 있지만, 꽤 자주 나오는 유형이다. 1, 1, 3, 1, 3, 5, 1, 3, 5, 7, 9 … 같은 경우도 일종의 변형된 군수열이라고 할 수 있다.

조금 특이한 수 추리의 원리들

지금까지 살펴본 수열의 원리들은 조금 어려운 것이 있다 하더라도, 기본적인 원리 안에 있는 것들이기 때문에 사실 어렵다고 말할 수는 없다. 오히려 이렇게만 나온다면 쉽다는 평가를 들을 만한 수 추리 문제들이다. 문제는 다음과 같은 유형들이다.

물론 실전 문제에서는 이것 외에도 더 많은 형태의 규칙들이 있을 수 있는데, 다음의 규칙들은 변칙적이긴 하지만 그래도 많이 쓰이는 규칙들이라 이 정도만 알아놓아도 큰 도움이 될 것이다.

공차나 공비의 숫자들이 증가하는 경우

공차나 공비들은 일정하기 때문에 공차, 공비라는 말을 쓰는 것인데, 이 공차와 공비들 자체가 움직이는 형태로 주어진다. 이게 계차수열 아니냐고 반문할 사람들도 있을 텐데, 단순히 이런 형태가 아니라 밑에 주어지는 두 번째, 세 번째 형태와 결합되어 이상하게 진화한 형태를 말하는 것이다.

덧셈과 뺄셈이 반복된 경우

+2와 −2를 반복하면 숫자는 계속 동일하게 나온다. 그러니까 +와 −의 반복이라는 요소에는 위의 첫 번째 유형이 합쳐져야 비로소 문제다워진다는 암묵적 전제가 있는 셈이다. 가령 다음과 같은 수열에는 어떤 원리가 있을까?

각 항의 관계들은 각각 다음과 같다. +와 −가 반복되고, 또한 숫자도 일정하게 증가한다.

$$4 \quad 5 \quad 3 \quad 6 \quad 2 \quad 7 \quad 1 \quad 8$$
$$+1 \quad -2 \quad +3 \quad -4 \quad +5 \quad -6 \quad +7$$

더하기와 곱셈이 반복된 경우

조금 더 재미있는 형태로 자주 주어지는 것인 더하기와 곱셈의 반복이다. 이 경우 숫자가 드문드문 커지게 된다.

> **Sample**
>
> 1 2 4 7 28 ( ) 192 199

이런 수열의 특징은 등비수열만큼 급격하게 커지지는 않더라도 꽤 큰 단위로 숫자가 커지는 것을 알 수 있다. 그 폭이 갑자기 뛰는 부분과 적게 뛰는 부분이 번갈아 있다면 +와 ×의 조합으로 이루어진 수열이라는 것을 짐작해야 한다.

$$1 \quad 2 \quad 4 \quad 7 \quad 28 \quad 32 \quad 192 \quad 199$$

$$+1 \quad \times 2 \quad +3 \quad \times 4 \quad +5 \quad \times 6 \quad +7$$

계차로 주어지는 숫자들이 일정한 규칙이 있는 경우

계차로 주어지는 숫자들이 공차나 공비 외에 일정한 동질성을 가지는 경우들을 말한다. 가령 동질성이라는 것이 어떤 수의 역수들의 집합일 수도 있고, 소수일 수도 있다. 1, 2, 3, 5, 7, 11, 13… 하는 식으로 더해질 수도 있다는 말이다. 이 규칙이라는 것이 얼핏 무제한처럼 보일 수도 있지만, 숫자를 가지고 나오는 것이기 때문에 생각보다 제한적이다. 나오는 대로 정리해서 자기 것으로 익혀두자.

바로 이 수열이 소수라는 공통점을 가진 수열이다. 아래와 같은 규칙이다.

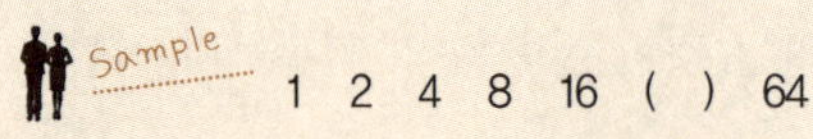

제곱승으로 이루어진 경우

제곱으로 이루어질 수도 있다. 1, 4, 9, 16, 25, ( ) 라고 하면, 36이 들어갈 것이다. 기본적으로 제곱수들로 이루어진 수열들은 어떤 식으로든 자승과 관계가 있기 때문에 비교적 눈에 잘 띄는 편이다. 그러니까 이것 외에도 다음과 같은 수열도 염두에 두어야 한다.

이 수열은 제곱수의 나열이다. 이래저래 눈에 익은 제곱수들이 등장하면 자승의 가능성을 염두에 두고 수열을 살펴야 한다.

방정식 형태의 풀이

$2x+3$ 하는 식으로 형태가 있는 경우도 있고, $2x$까지 한 다음에 $+1$, $+2$, $+3$ 하는 식으로 더하는 숫자가 올라가는 형태도 있다. 이쯤 되면 웬만해서는 짐작하기 힘든 수열이 된다.

이 수열은 전항에 ×3을 한 뒤에 거기다가 1씩 덧붙여 더해지는 수열이다. 사실 이 정도 되는 복잡한 문제는 시간상 찍고 넘어가는 게 나을 수도 있다.

$$1 \quad 7 \quad 23 \quad 72 \quad 220 \quad 665$$
$$3x+1 \quad 3x+2 \quad 3x+3 \quad 3x+4 \quad 3x+5$$

하나 건너 하나씩 두 개의 수열이 주어질 때

특이한 형태의 문제 중 하나는 수열이 두 개가 섞여서 번갈아 나오는 형태다. 그러니까 짝수항과 홀수항은 서로 다른 수열로 구성되어 번갈아가며 나오게 되는 특성을 가진 수열이다.

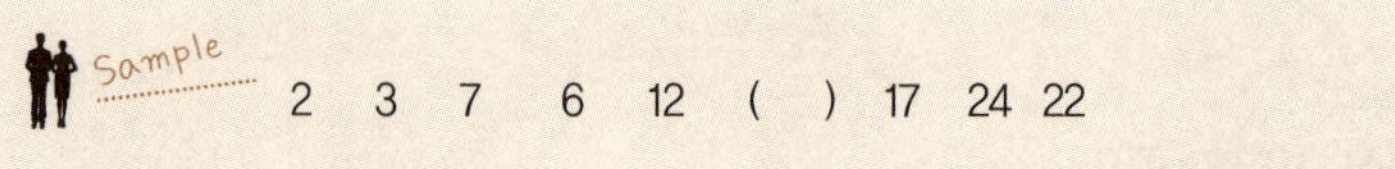

이 수열은 두 수열이 교차로 제시된 수열이다. 아래와 같은 규칙을 지닌다.

$$┌\ ×2\ ┐\ ┌\ ×2\ ┐\ ┌\ ×2\ ┐$$

2   3   7   6   12   12   17   24   22

$$└\ +5\ ┘\ └\ +5\ ┘\ └\ +5\ ┘\ └\ +5\ ┘$$

다양한 수 추리의 유형들

수 추리의 다양한 규칙들을 살펴보았는데, 지금까지 언급한 것들만 잘 익히고 이것들을 빠른 시간 안에 찾아낼 수만 있다면 수 추리 영역 문제에서 좋은 점수를 받기는 어렵지 않을 것이다. 수 추리 문제가 제시되는 유형에는 크게 4가지 정도의 형태가 있다. 이것은 적성검사의 형태가 다양한데 비해서 매우 적은 변형들로, 수 추리 문제의 대부분은 그냥 수열로 주어지는 경우가 많기 때문으로 이해하고 넘어가야 한다.

기본적인 수열 형태

지금까지 다룬 가장 기본적인 수열 형태로, 가장 일반적이면서 많이 쓰인다.

수열 두 개가 주어지는 형태

수열 두 개가 주어지는 형태인데, 한 수열로 번갈아서 주어지는 두 수열과는 다르다. 처음부터 두 수열이 주어지는 경우인데, 아주 특이한 형태로 다른 적성검사에서는 보기 힘들고 SK의 적성검사에서 찾아볼 수 있는 독특한 수 추리 유형이다. 문제는 이 유형만으로 한 파트가 구성될 정도로 비중이 상당하다는 점이다.

A열의 수열과 B열의 수열이 어떤 관계에 있는가를 밝혀야 하는데, 사실 말도 안 되는 규칙들이 나온다. 이미 앞에서 든 수치적인 규칙은 물론, 수열이 두 개니까 줄 수 있는 특별한 규칙들도 시도된다. 가령 다음과 같은 수열을 생각해 보자.

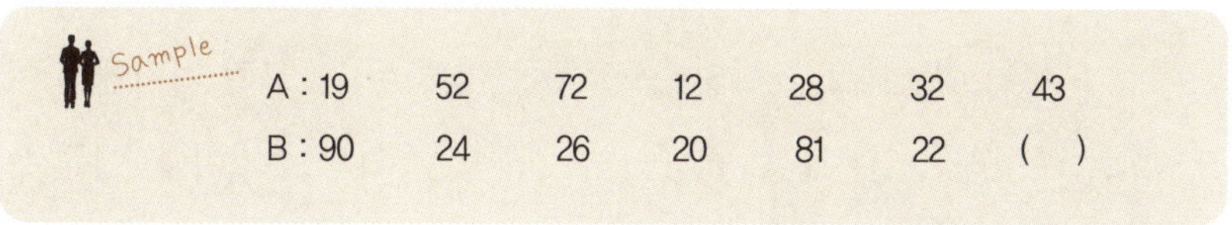

A와 B의 규칙은 A열 수의 십의 자리와 일의 자리를 바꾼 후에 −1을 한 숫자가 B열의 수로 제시된다는 것이다. 그래서 (   )에 들어갈 숫자는 43

을 바꿔서 34가 된 후에 −1을 한 33이 된다.

네모라든가 도형 안에 주어지는 형태

삼성의 적성검사에서 대표적으로 등장하는 수열의 형태다. 사실 도형 안에 들어가 있다고 해서 특별한 것은 아니다. 그냥 숫자 배열상의 문제일 뿐이고 본질은 수열 문제이기 때문에 배열만 정확히 하고, 수열 풀듯이 문제를 풀면 된다.

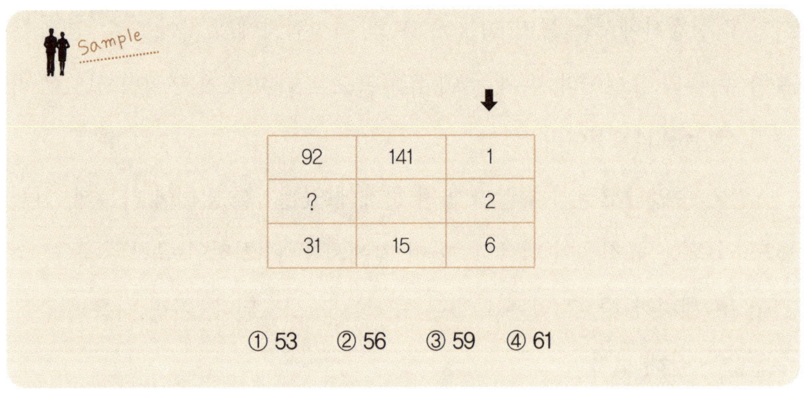

92	141	1
?		2
31	15	6

① 53　② 56　③ 59　④ 61

이런 도형에서는 1, 2, 6, 15 순으로 돌아가면 된다. 그런 의미에서 이 도형으로 주어진 수열은 1, 2, 6, 15, 31, 56, 92, 141의 수열이다. 이들 수열의 규칙은 다음과 같다. 한 번의 계차에다가 다시 한 번 계차를 하면 +10 이라는 규칙에 이른다.

$$1 \quad 2 \quad 6 \quad 15 \quad 31 \quad 56 \quad 92 \quad 141$$

$$+12 \quad +22 \quad +32 \quad +42 \quad +52 \quad +62 \quad +72$$

$$+10 \quad +10 \quad +10 \quad +10 \quad +10 \quad +10$$

정답은 ②이다.

문자에 대입해서 주어지는 형태

문자에 대입하는 것은 문자에 숫자를 부여하는 것으로, 알파벳이나 한글을 일렬로 써놓은 다음에 각 간격을 따져서 일정하면 그냥 풀면 되고 아니면 각 문자에 숫자를 부여해서 일종의 수열로 풀면 된다. 하지만 부여하는 숫자가 임의적이어서 복잡한 수열 문제가 나오긴 힘들고 대부분 등간격으로 떨어져 있거나, 일정한 규칙으로 간격을 넓히거나 좁히는 방식으로 움직이는 수열들이 나온다.

> **Sample**
>
> c, E, g, I, k, M, o, ( )

이런 수열을 풀기 위해서는 일단 알파벳을 써본다. 다음과 같이 등간격이 됨을 알 수 있다.

a, b, c, d, e, f, g, h, I, j, k, l, m, n, o, p, q, r, s, t, u, v, w, x, y, z

    1   2   3   4   5   6   7   8

그러니까 주어진 문자 추리 문제에 들어갈 문자는 q가 되는데, 대문자와 소문자가 번갈아가며 적힌 관계로 대문자 Q가 되어야 한다.

한글 역시 이와 비슷하게 주어지는데 한글의 순서는 다음 둘 중 하나다. 여기서는 쌍자음의 존재 여부를 잘 파악해야 한다.

1) ㄱ ㄴ ㄷ ㄹ ㅁ ㅂ ㅅ ㅇ ㅈ ㅊ ㅋ ㅌ ㅍ ㅎ

2) ㄱ ㄲ ㄴ ㄷ ㄸ ㄹ ㅁ ㅂ ㅃ ㅅ ㅆ ㅇ ㅈ ㅉ ㅊ ㅋ ㅌ ㅍ ㅎ

Chapter 10

자료 해석

1) 유형

자료는 정보를 표현하는 방법이다. 특히 수치적인 정보를 전달하는 데는 텍스트보다 훨씬 유리하고 효과적이다. 일반적으로 자료라고 하면 그래프와 표를 지칭하게 되는데, 수치적인 정보가 빼곡하다보니 전달 과정에서 잘못된 해석이 있을 수 있다. 주어진 자료를 정확하게 해석하고 활용하는가를 확인하려는 문제다보니, 텍스트적인 문제로 치면 일종의 내용 일치 문제에 가까울 때가 많다.

2) 측정 능력

주어진 수치 정보를 제대로 활용할 능력이 있는가를 보려고 하는 것이 자료 해석 문제다. 정보를 제대로 취득해야 하는 모든 직무에 필요하다. 특히 수치적인 정보를 활용해서 사업을 예측해야 하는 기획 업무라든가, 고객들의 니즈나 행동 패턴을 파악해야 하는 마케팅 업무 등에서 유용하게 사용할 수 있다. 그리고 일반적으로 보고서에 대부분 자료 형태의 수치가 같이 제시되는 경우가 많기 때문에 보고서나 PT를 판단할 때도 반드시 필요한 능력이라고 할 수 있다.

3) 핵심 스킬

자료 해석은 기본적으로는 주어진 정보를 정확히 읽었나를 확인하는 문제다. 따라서 공개된 자료를 바탕으로 함정을 만들어야 하니까 어떻게 생각하면 응용 출제의 여지가 많지 않다. 함정으로 자주 제시되는 양과 비의 차이라든가, 미묘한 비교 자료 스케일의 차이 등의 기법들이 있는데, 이런 함정들을 미리 알아놓아서 우선적으로 그런 부분들을 체크하게 되면 어려운 문제들을 상당히 많이 해결할 수 있다.

4) 최근 경향

자료 해석 문제의 중요성은 출제 문항이 점점 늘어나고 있다는 사실이 잘 말해주고 있다. SK, 두산, 한화, LG전자 등 대부분의 적성검사에서는 자료 해석만으로 적성검사의 한 파트를 구성하고 있다. 삼성 같은 경우는 수 추리 중의 한 부분이긴 하지만, 방정식 문제 같은 경우 사람들이 조금만 공부해도 다른 사람들과 차이를 내는 것이 쉽지 않기 때문에 수 추리의 키 문제들이라고 할 수 있다. 적성검사에서는 상당히 중요한 유형의 문제라 할 수 있는 것이 자료 해석이다.

크게 보면 자료를 주고 선택지에서 해석한 내용을 주는데, 그것이 맞는지 틀린지 여부를 판단하는 것이 주 유형이다. 그리고 주어진 자료를 바탕으로 계산하여 어떤 결론을 내는 것이 두 번째 유형이다.

자료의 거짓말

"세상에는 세 가지 종류의 거짓말이 있는데 그냥 거짓말, 나쁜 거짓말, 그리고 통계다." 마크 트웨인의 말이다. 통계 자체는 참이고 진실하지만, 그것을 이용하는 맥락은 얼마든지 '거짓'일 수 있다는 뜻이다.

가령 "올해는 우리 회사의 이익이 100% 신장되었다."는 문장은 얼핏 보면 회사의 매출 규모가 굉장히 커졌다는 말 같지만, 실제로는 원래 매출이 1천만 원 정도 되었는데, 올해는 2천만 원 정도가 된 것일 수도 있다. 반면 삼성전자 같은 기업은 매출이 5% 정도 늘었다고만 해도 거의 1조 원 가까이 늘어난 것일 수 있다.

이런 경우 삼성전자의 입장에서 많이 늘었다는 느낌을 주기 원한다면 매출 증가액을 %가 아니라, 금액 그대로 발표하는 것이 좋다. 가령 '올해는 작년에 비해 1조 2천억 가량 이익이 증가했습니다.' 하는 식으로 말이다. 적게 보이려고 한다면 %를 써서 발표하면 된다.

결국 통계는 제시하는 방법에 따라 다른 느낌을 줄 수 있기 때문에, 통계를 보았을 때는 늘 그 안의 객관적인 수치에 대해 생각해야 한다. 반면 통계를 제시하는 입장에서는 그 통계를 내밀어서 효과를 극대화시켜야 하기 때문에 어떤 식으로 수치를 제시할 것인지에 대해서 늘 고민해야 한다.

자동차 세일즈맨 입장에서 작년에 3천 대 판매된 차를 팔려고 하는데, 고객이 "작년에 얼마나 팔렸나요?"라고 물었을 때, 거짓말을 할 수는 없어서 그냥 "3천 대 정도 팔렸습니다."라고 대답하면 생각보다 인기가 없다는 인상을 주기 쉽다. 그러니까 이런 수치를 제시할 때는 "작년에 생산된 양의 90%가 팔렸습니다."라는 식으로 한 번 돌아가는 것이 요령이다. 인기 있는 차라는 느낌을 주기 때문이다.

소비자에게 전달되는 수치는 아무래도 이런 식의 필터링 과정을 거친 경우가 많기 때문에, 합리적인 소비자 입장에서는 이런 수치들에 대해서 정확히 분석해볼 필요가 있다. 정부에서는 실업률 같은 것을 발표할 때, 꼭 %를 강조해 발표한다. 6~7% 정도의 수치라면 많아 보이지는 않기 때문이다. 하지만 올해 취업자의 증가는 숫자로 발표한다. 32만 명 정도가 취업을 더 할 거라느니 하면서 말이다. 양적인 차이다.

또 하나 주의할 통계 자료의 문제는 그 근거에 대한 것이다. 대학 졸업자들은 작년 실업률 및 취업률 등에 민감할 수밖에 없는데, 사실 이 수치에는 경력자의 이직까지 모두 포함되어 있기 때문에, 대졸 신입 직원의 수치만 알 수 있는 것이 아니다. 아무래도 경력직의 이직인 경우 쉽게 취업하는 경우도 많기 때문에, 청년 실업에 대한 수치는 아무래도 전체 실업에 대한 수치보다 높을 수밖에 없다.

평창 동계 올림픽을 유치할 때 16조 원의 경제 효과가 있느니 하는 말들에 대해서, 나중엔 시트콤에서 풍자될 정도로 말이 많았다. 도대체 어떤 근거로 그런 수치가 나왔냐는 것인데, 의외로 검증된 듯이 제시되는 수치들이 특별한 근거 없이 그냥 잠정적으로 잡은 수치일 때가 많다.

한 예로 비정규직 고용법안이 처리될 때, '100만 실업대란' 어쩌고 하면서 정쟁으로 부딪혔었는데, 실제로 법안이 실행되었을 때 그런 충격은 없었다. 결국 도대체 그런 수치는 어디서 산출되었나 하는 점이 나중에 문제로 등장을 했다.

특히 정치인들의 공약 사항이나 기업의 내년도 달성 목표 등에 나오는 수치가 과연 얼마나 검증 가능한 것인가에 대해서는 의문을 가질 수밖에 없다. 그런데도 '아마 잘 될 거야.'라는 예측보다는 '100억 원 정도의 경제적 효과가 예상된다.'는 예측은 무언가 과학적으로 보이고, 객관적 근거가 있어 보인다. 그래서 그런 수치를 대하는 입장에서는 수치에 대한 객관적 근거가 무엇인지 궁금해해야 한다. 그래야 마크 트웨인이 경고했던 통계(수치)의 거짓말에서 해방될 수 있다.

　수치의 거짓말은 거짓말처럼 보이지 않는다는 점에서 가장 위험한 거짓말이다. 자료 해석에 대한 감각을 키워 이런 수치의 혼란에서 벗어날 수 있는 능력을 길러야 하겠다.

통계 자료의 구분

　통계 자료의 종류는 크게 두 가지로 나눌 수 있다. '수치 자료(양적 자료)'와 '범주형 자료(질적 자료)'다. 수치 자료는 평균연령, 키, 몸무게 등 수치로 나타낼 수 있는 자료들이다. 수치 그 자체가 의미를 가지기 때문에 사칙연산을 통해 의미 있는 결론에 도달하기도 한다. 키를 나타낼 때 178.3cm처럼 나타내듯이 측정 간격이 계속 쪼개질 수 있다면 이것은 수치 자료 중에서도 연속형 자료고, 가족 수가 2명, 3명 하고 나타나는 것처럼 작은 수치로까지 쪼개질 순 없는 것을 이산형 자료라고 한다.

　범주형 자료는 자료로 나타날 때에는 분명 숫자의 형태지만 사실 숫자가 큰 의미를 가지지 않는 자료들을 말한다. 혈액형 A를 1로, B를 2로, O를 3으로, AB를 4로 놓고 우리 국민들의 분포를 조사해서 통계를 냈더니 2.34가 나왔다고 하자. 이 수치가 가리키는 바는 전혀 의미가 없다. 서울시

내 버스 노선의 평균은 567.34번이라고 말하는 것과 똑같은 것이다.

그런데 어떤 수업의 강의 만족도를 조사해서 매우 만족하는 경우 3, 보통은 2, 별로는 1이라고 놓았을 때, 이때 나오는 평균 2.24는 아무 의미도 없다고 볼 수는 없다. 하지만 그렇다고 몸무게 67.3kg처럼 확실한 의미를 전달하는 것도 아니다.

매우 만족을 1, 별로를 3이라고 해도 아무런 상관이 없기 때문에 이 수치가 객관적으로 무언가를 지시할 수 있는 것은 아니다. 다만 서열을 보여줄 뿐이다. 이런 자료는 범주형 자료 중에서 서열 자료라고 불린다. 앞서 나온 범주형 자료인데다가 어떤 서열로 나타낼 수 없는 자료는 범주형 자료 중에서 명목 자료가 된다.

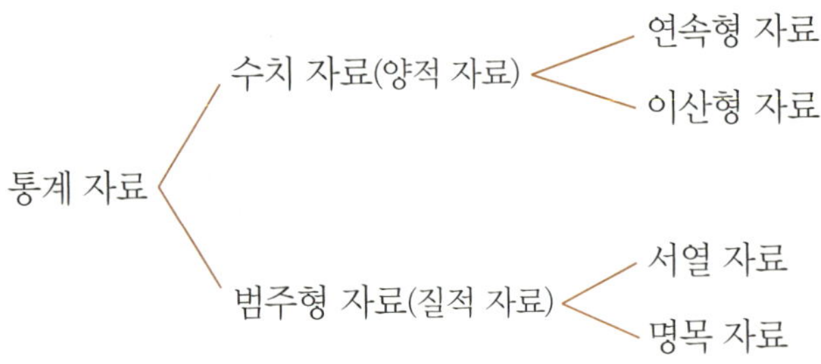

주어진 자료를 이렇게 구분하는 이유는 자료의 형태에 따라 우리가 자료를 활용할 수 있는 여지가 달라지기 때문이다. 가령 A학생의 경우는 집에서 학교까지의 거리가 4.45km이고, B학생은 2.3km 정도 떨어져 있다. 일차적으로 알 수 있는 것은 A학생이 B학생보다 통학거리가 길다는 것이다. 만약 이들이 걸어서 통학한다면 당연히 4.45km 떨어진 학생이 2.3km 떨어진 학생보다 아침에 서둘러야 할 것이라는 것은 이차적으로 추론할 수 있는 사항이다.

그런데 이들이 버스를 탄다고 하자. 그 버스의 번호가 하나는 324번이고 하나는 353번이다. "너희는 어떤 버스를 타고 다니냐?"는 담임선생님의 질문에 이들은 대답하기 귀찮아서 그 평균인 338.5번을 탄다고 대답했다. 이 대답은 선생님에게 어떠한 정보도 제공하지 못한다. 당연히 이차적인 추론 과정도 일어날 수 없다. 여기서 할 수 있는 추론이란 "이 녀석들 바보 아냐?"이거나 "이 녀석들이 반항을……" 정도일 것이다.

주어진 자료의 성격이 어떤가에 따라서 거기서 이끌어낼 수 있는 정보가 의미를 가지느냐 아니냐가 우선 결정된다. 다음에 제시되는 자료를 보자.

> **Sample**
>
> 교육인적자원부는 전국 480개 학교의 학생(약 12만 명)을 대상으로 표본 조사한 2005년도 학생 신체검사 결과를 발표했다. 체격 검사 결과, 키는 지난 10년 전에 비해 평균 남학생 2.19cm, 여학생 1.60cm씩 각각 커지고, 몸무게는 평균 남학생 4.03kg, 여학생 1.92kg씩 각각 증가했다. 그런데 고3 학생의 경우, 1년 전에 비해서 키는 평균 남학생이 0.06cm 작아진 반면에 여학생은 0.03cm 작아지고, 몸무게는 평균 남학생 0.21kg, 여학생 0.21kg씩 증가한 것으로 나타났다.

이 자료를 가지고 우리가 이끌어낼 수 있는 진술들은 무엇인가? 우선 학생들의 체격 조건이 갈수록 커지는 추세라는 것이다. 특이한 사항은 고3학생들의 키는 작년보다 오히려 줄었지만 몸무게는 늘었다는 것이다. 전반적으로 비만화 현상이 나타났다는 말이다.

자료로 파악할 수 있는 것은 여기까지다. 그 이후로는 추리를 해야 한다. 그 이유가 무엇일까? 아마 "입시준비로 인한 운동부족과 스트레스를 해소하기 위해 음식을 많이 먹는 등"의 여러 가지 요인이 복합되지 않았을까 추리할 수 있게 된다.

하지만 다음 자료를 보자.

인터넷 마케팅 리서치 기관인 B는 디지털 카메라에 대한 설문조사에서 캐논 카메라가 최고의 고객 제품 만족도와 전체(정품+비정품) 최다 판매 브랜드로 뽑혔다고 발표했다.

B는 지난 9월에 디지털 카메라 보유자 4,644명과 미보유자 3,410명 총 8,054명을 대상으로 소비자 조사를 했다. 따라서 이번 조사의 의의는 기존의 정품에만 의존된 디지털 카메라 시장 점유율 논쟁을 불식시킬 수 있는 소비자 중심의 리서치 결과가 나왔다는 데 있다.

이번 소비자 대상의 조사에서 브랜드별 만족도를 10개 분야로 세분화해 조사를 한 결과 캐논의 종합만족도가 51.45점으로 소니(50.49)와 니콘(49.98)을 제치고 1위를 차지한 것으로 나타났다.

여기서의 종합만족도라는 것은 수치화되었다고 해서 키나 몸무게, 나이처럼 그것이 즉시 어떤 의미를 전달할 수는 없다. 하지만 이 만족도가 의미가 없는 것은 아니다.

왜냐하면 비교 대상 없이 오직 한 제품의 만족도만 제시되었다면 아무 의미가 없었을 테지만 다른 제품들의 만족도가 동시에 제시되면서 상대적인 결과를 끌어낼 수 있었기 때문이다. 즉 서열 자료여서 상대적인 결과를 도출할 수는 있다는 말이다.

하지만 어떤 제품의 만족도가 98점에 다다른다든지 하면서 한 제품만 소개되는 광고가 있다면 주의해야 한다. 그 제품을 제외한 나머지 제품들의 만족도가 99점이라면 거짓말을 한 것은 아니지만 사실과는 다른 해석을 이끌어낼 수 있기 때문이다.

통계 자료 읽기의 비밀

자료 해석이라고 하면 자료를 보고 어떤 해석에 도달해야 한다는 뜻인데, 막상 통계 자료를 읽으려고 하니 막막하다. 도대체 무얼 읽으라는 것일까? 통계 자료 읽기의 가장 중요한 요령은 꺾은 선 그래프, 히스토그램 등의 종류를 아는 것이 아니다.

통계 자료의 가장 일차적인 역할은 '상태'를 보여주는 것이기 때문에, 우리가 읽어야 하는 것은 바로 상태다. 한 나라의 경제적 상태, 선거를 앞둔 국민의 의식 조사 등 통계 자료를 통해 알 수 있는 것은 '상태'나 '현황'인 것이다. 그런데 아주 복잡한 형태의 통계 자료가 아닌 한 이쯤을 읽어내는 것은 어려운 것이 아니다.

통계 자료를 가만히 보면 단 하나의 통계 수치만 제시되는 자료는 거의 없다는 것을 알 수 있다. 가령 한 나라의 GDP 자료가 제시된다면 그 나라의 2000년부터 지금까지의 자료로 제시된다든가, 아니면 다른 나라의 자료들과 비교하며 제시된다. 그러니까 통계 자료는 그 자체로 비교할 수 있는 지표를 가지고 있다. 바로 여기에 통계 자료 읽기의 비밀이 있다.

통계 자료에서 주목해야 하는 포인트는 수치 그 자체가 아니라 다른 자료와 비교해서 발생하는 수치의 '차이'와 '변화'다. 시기별로 나열되어 있는 자료라면 수치의 변화가 어떤 식의 변화를 뜻하는지 알아야 하고, 다른 것들과 비교되어 있는 자료라면 수치의 차이가 어떤 것을 의미하는지 알아야 한다. 통계 자료를 읽으라는 것은 바로 이러한 차이와 변화를 감지하라는 것이고, 통계 자료를 다른 자료와 연관하여 해석하라는 것은 이 차이와 변화가 지시하는 의미를 파악하라는 것이다.

다음은 지상파 방송사간 드라마 시청률을 보여주는 표다.

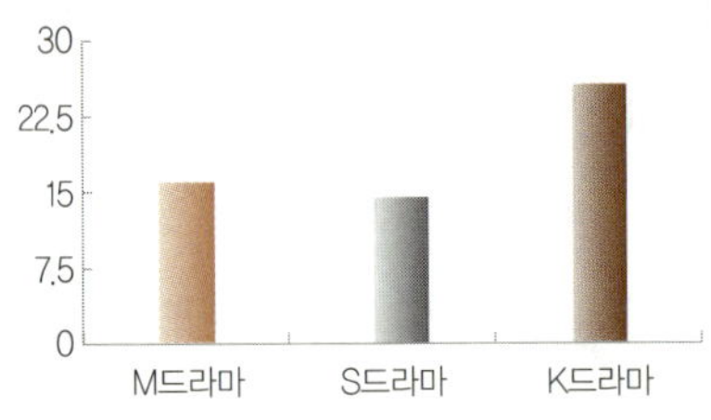

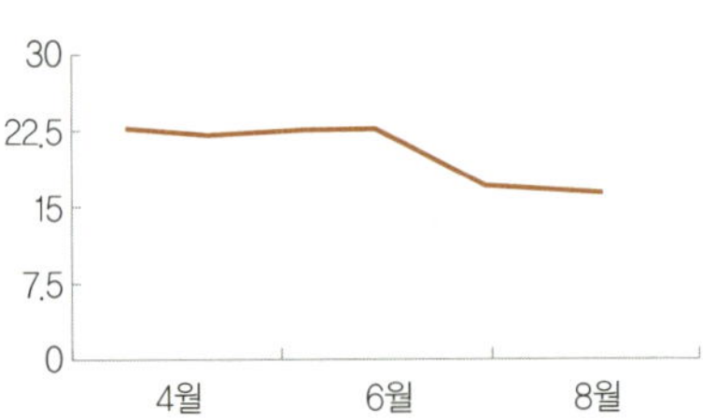

〈자료 1〉에서 읽을 수 있는 것은 K 드라마가 M 드라마나 S 드라마보다 시청률이 잘 나온다는 것이다. 통계 자료로 읽을 수 있는 것은 여기까지다. 이 자료에서는 차이를 읽게 된다.

〈자료 2〉에서 특징적인 것은 K 드라마가 매번 20%가 넘던 시청률을 기록하다가 어느 달부터 갑자기 10%대로 내려갔다는 것이다. 그래프에서는 이러한 변화를 읽어내는 것이 독해가 된다. 무슨 원인일까?

여름을 맞이해서 산으로 바다로 놀러나가서 그럴 수도 있다. 그렇다면 그런 추리를 확실히 하기 위해서 다른 방송국의 드라마 현황도 같이 비교 제시되면 좋다.

만약 드라마를 만드는 제작국의 입장에서 사장님에게 보고를 해야 한다면 자신의 드라마 시청률만 가지고 표를 만들 것이 아니라, 같은 기간 비슷한 비율로 떨어진 다른 방송사 드라마 수치와 비교하면 좋다는 것이다.

만약 다른 드라마들은 여름이라고 해서 특별히 떨어지지 않았다면 그다음에는 드라마의 콘텐츠 면에 주목해야 한다. 주연 배우의 전작에서 시청률과 평균 시청률 등을 비교해본 후 지명도에 비해 시청률을 견인하지 못했다는 통계가 있다면 주연 배우 탓을 할 수도 있을 것이다.

이처럼 통계 자료를 나란히 제시하는 것만으로도 어떤 주장보다 강력하게 자신의 의견을 개진할 수 있다. 사실 이러한 의견 개진에서 중요한 것은 바로 통계 자료의 수치 자체가 아니라 그 수치가 가진 '변화'와 '차이'다. '변화'와 '차이'를 읽었다면 통계 자료를 읽는 데 성공한 것이다. 그 다음은 이러한 '변화'와 '차이'의 원인, 결과, 의미 등을 해석하는 것이 중요하다. 이런 부분은 자료를 읽는 사람이 객관적으로 하는 것 같지만, 사실은 주어진 자료를 비교·분석하는 과정이기 때문에, 어떤 자료를 주느냐에 따라 객관성을 가장한 주관성이 개입할 여지가 많다.

통계 자료의 유형

통계 자료의 유형 분류라고 하면 흔히들 표나 그래프 같은 카테고리를 떠올리겠지만, 그런 식의 분류는 통계를 해석하는 데는 큰 도움을 주지 못한다. 그래서 통계 자료에서 중요한 분류는 통계의 성격과 역할에 따른 분류다. 다음과 같이 유형을 나눌 수 있다.

주로 한 사회가 처한 '상황'을 보여주는 유형의 자료들이다. 이 유형의 자료 읽기에서는 그래프나 표의 수치를 정확히 읽는 능력보다 주어진 자료를 보고 '투자환경이 악화되고 있다.', '양극화가 심화되고 있다.' 정도의 전체적인 이해를 할 수 있는 능력이 요구된다. 다음의 자료는 국제 사회의 일부 국가들에 대한 자료다. 무엇을 알 수 있는가?

국가명	1인당 국내총생산 (GDP)(US$)	저체중 아동(%)	하루 1달러 미만으로 생활하는 인구(%)	영양결핍 아동(%)	문맹률(%)
르완다	1,268	27	52	37	36
잠비아	877	28	64	49	32
에티오피아	711	47	26	46	58
예멘	889	46	16	36	51
탄자니아	621	29	20	44	51

*자료: UNICEF(2003)

이 자료에서 알 수 있는 것은 바로 아프리카 여러 국가들이 빈곤한 상태에 놓여 있다는 것이다. 하지만 이 자료를 바탕으로 탄자니아가 가장 불행한 국가라고만 할 수는 없다. 행복과 불행이라는 것은 주관적인 요소가 강한 느낌이기 때문이다.

게다가 수치적으로 봐도 탄자니아의 국내총생산은 가장 낮지만, 하루 1달러 미만으로 생활하는 인구는 그에 비해 많지 않다. 그러니까 이 자료에서 우리가 알 수 있는 것은 사실 상당히 제한적이다. 이 자료가 알려주는 것은 전반적으로 아프리카 국가들이 빈곤하다는 사실이지, 그에 대한 주관적 해석까지 담보하지는 않는다.

두 대상 간의 비교

제시된 비교 대상의 '다른' 포인트가 무엇인지를 찾아내는 것이 비교 자료의 핵심이다. 물론 두 가지 이상의 분석 대상이 나왔을 때 공통점을 찾는 경우도 있지만, 이런 자료에서 부각되는 것은 주로 차이점이다. 예로 든 것은 중국과 한국의 공무원들을 대상으로 한 〈가족의 가치〉에 대한 설문조사 결과이다.

〈'핵가족화가 심화되고 있으나 전통적인 가족의 가치는 지켜야 한다'는 진술에 대한 의견〉

	한국 장년	한국 청년	중국 청년	전체
정말 그렇다	91(45.5%)	95(30.9%)	11(5.9%)	197(28.3%)
대체로 그렇다	88(44.0%)	145(47.2%)	68(36.2%)	301(43.3%)
보통이다	18(9.0%)	50(16.3%)	78(41.5%)	146(21.0%)
별로 그렇지 않다	3(1.5%)	15(4.9%)	31(16.5%)	49(7.1%)
전혀 그렇지 않다	–	2(0.7%)	–	2((0.3%)

"동양과 서양은 다르기 때문에 동양에서는 서구의 형태보다는 동양적 모델이 더욱 적절하다."라는 주장처럼 동양과 서양은 다르다는 인식은 있지만, 또 한편에서는 동양은 동양끼리 서양은 서양끼리 같은 가치관을 공유한다는 생각을 한다.

그러나 위의 자료를 보면 같은 동양권이라도 한국과 중국의 가족에 대한 가치관의 차이가 크다는 것을 알 수 있다. 따라서 동양이라고 해서 무조건 동양의 모델이 획일적으로 적용하는 것은 옳지 않다고 볼 수 있다.

추세의 지표

추세라는 것은 사회가 움직이는 양상이다. 통계 자료는 기본적으로 변화가 근간이기 때문에, 변화의 양상을 연도별로 나타내면 그것이 곧 추세가 된다. 변화의 방향이라고 보면 될 것이다.

가령 '휴대전화의 사용 인구는 점점 늘어나는 추세'인 반면 '초등학교 취학 인구는 점점 줄어드는 추세'다. 이런 것을 변화의 방향성이라고 할 때 이런 방향성을 읽어낼 때 미래에 대한 예측이 가능하고 이를 토대로 사업성 검토가 이루어지는 것이다. 다음과 같은 그래프에서 알 수 있는 것은 무엇인가?

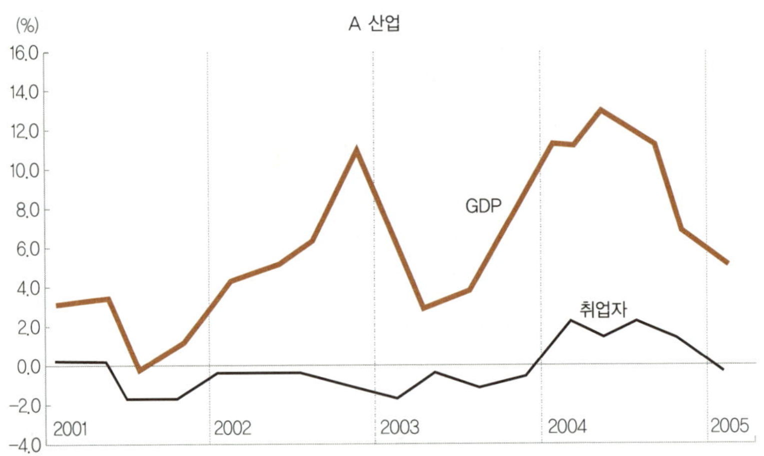

앞페이지의 그래프를 보면 GDP가 2003년에 높게 치솟았다가 한 번 어려움을 겪고, 2004년에 다시 높아졌다가 2005년으로 가면서 낮아진다. 하지만 그래도 전반적으로는 2001년 보다야 높다.

반면 취업자는 2003년에는 그리 높지 않았기 때문에 이때는 고용이 동반되지 않은 성장만 있었는데, 2004~2005년 사이에는 취업자와 GDP가 동시에 증가하는 것을 보니 고용이 동반되는 성장이 있었다는 것을 알 수 있다. 하지만 다시 취업자가 줄어드는 것으로 보아 그 후에는 실업에 대한 우려가 예상된다.

계산의 근거

문제에서 주어진 공식이나 규칙들을 이용하여 계산 방법을 찾아내고, 그 방법을 이용해 정확한 수치를 구해내는 유형이다. 정확한 수치를 구하는 문제이니만치 그 수치를 구하는 공식을 정확하게 이끌어내는 것이 관건인 문제다.

아예 공식이 직접적으로 주어지기도 하고, 표나 그래프에서 그 공식을 찾아내야 되는 문제도 있다. 공식을 직접 주는 경우에는 예외적인 경우라든가 단서 조항에 주의해서 공식을 적용하도록 하자.

그래프나 표로 주어진 경우라면, 정확하게 읽고 다른 추세들도 이 공식에 부합하는지 확인하도록 한다. 다음의 예를 살펴보자.

〈혼인과 이혼 관련 통계〉

연도	혼인수(건)	조혼인율(‰)	이혼수(건)	조이혼율(‰)	혼인대비 이혼율(%)
1980	403,031	10.6	23,662	0.6	5.9
1985	376,847	9.2	38,838	1.0	10.3
1990	399,312	9.3	45,694	1.1	11.4
1995	398,484	8.7	68,279	1.5	17.1
2000	334,030	7.0	119,982	2.5	35.9
2004	310,944	6.4	139,365	2.9	44.8

주1) 조혼인율 = (혼인수 / 당해연도 인구)×1000
주2) 조이혼율 = (이혼수 / 당해연도 인구)×1000
주3) 혼인대비 이혼율 = (이혼수 / 혼인수)×100

이 자료에서 중요한 것은 주)로 주어진 계산식이다. 위의 자료를 이용해서 조혼인율이나 조이혼율 등을 구할 수 있도록 계산 공식을 주고 있는 셈이다. 이런 자료를 바탕으로 문제를 낼 때는 선택지에 조혼인율은 얼마, 혼인대비 이혼율은 얼마 하는 식으로 직접 계산을 수행하게 나온다.

숨어 있는 꼼수들

통계자료 해석 문제는 세부적이고 지엽적인 사항을 묻는 유형의 문제가 대부분이다. 내용이 일치하는지를 묻는 문제가 대부분이기 때문에 주제가 무엇인지 묻는 문제 같이 큰 개념을 이해하고 있는가를 묻는 문제는 나오기 힘들다. 보통 수치를 자세히 들여다보고 정확한 수치를 찾아내는 유형의 문제가 일반적이다.

그런데 문제를 출제하는 사람 입장에서 보면 출제 유형이 너무 제한적이라는 데 한계점이 있다. 예를 들어 1/3과 2/9 중 어떤 것이 더 큰 수인지를 묻는 문제가 많은데, 이런 경우는 대충 눈대중만으로도 충분히 어림짐작할 수 있기 때문이다. 그래서 출제자 입장에서는 문제가 너무 쉬어져서 변별력이 없어지는 것을 막기 위해 문제를 더 어렵게 내게 된다.

예를 들어 11/25와 123/279 중 어느 것이 더 큰 수인지는 눈대중만으로는 절대 알 수 없다. 직접 계산을 해서 소수점까지 따져봐야 알 수 있기 때문에 시간이 오래 걸린다.

그래서 이런 문제는 출제자가 문제를 치사하게 내기 시작하면 계산하느냐고 한없이 시간이 오래 걸리는 유형이기도 하다.

최근 기업들은 적성검사 때 계산기를 지급하기도 하는데, 이런 경우 자료를 한꺼번에 많이 주고, 자료 찾는 데 오랜 시간이 걸리게끔 만들어 문제의 난이도를 높이기도 한다. 하지만 이런 유의 문제가 취업준비생의 '적성'을 얼마나 잘 반영하련 지와 현실에서 얼마나 유용하게 쓰이련 지는 다소 의문이 든다.

어쨌거나 나날이 고득점을 획득하는 수험생들을 변별하기 위해서라도 이런 방해공작은 불가피해 보인다. 그러나 실제로 적성검사 시험에서는 이런 식의 방해보다는 오답을 유도하는 선택지를 더욱 주의해야 한다. 언어 문제에서는 ①번과 ②번 중 정답이 무엇인지 아리송하게 선택지를 만들어 오답을 유도하지만 수리 문제의 경우는 문제를 푼 결과가 32면 32지 다른 숫자가 되기 어렵다. 그래서 32.00001처럼 근사치로 헷갈리게 만드는 방법을 사용하지는 않는다.

다음에 소개하는 세 가지 기법은 자료 해석 문제에서 자주 등장하는 오답을 유도하는 대표적인 기법이다. 출제자 입장에서 어떻게 오답을 유도하는지를 파악한 다음, 실제로 문제를 풀 때 오답을 유도하는 선택지에 걸려 넘어지지 않도록 만전을 기해야 할 것이다.

비와 양의 차이

비와 양의 차이로 오답을 유도하는 방법은 거의 모든 자료 해석 문제에 나온다고 볼 수 있을 정도록 흔하게 쓰이는 방법이다. 예를 들어 선택지가 5개라면 그중에 한 개 정도는 비와 양을 헷갈리게 써서 오답을 유도하는 기법이 나온다는 말이다.

가령 '2000년대 우리나라 노인인구의 비는 15.1% 정도인데 비해 2010년에는 15.3% 정도다. 그러므로 우리나라 노인인구는 거의 변화가 없다.'라고 하면 이것은 맞는 진술일까, 틀린 진술일까? 이때 수치에 대한 감 자체가 없는 사람은 대부분 맞는 진술이라고 대답한다. 0.2%의 차이가 마음에 걸릴 뿐이다.

하지만 실제로 이 진술은 단단히 잘못되었다. 2000년과 2010년의 전체 인구가 얼마인지 알 수 없으므로 노인 인구의 비중만 가지고는 노인 인구 자체를 알 수 없기 때문이다. 100명 중에 15%면 15명이지만, 200명 중의 15%면 30명이다. 숫자로 보면 2배가 차이가 난다.

이런 식의 오답 유도 기법은 반드시 나오는 기법이기 때문에 정확히 구분할 수 있도록 명심하고 연습해야겠다. 구체적으로는 %가 등장하게 되면 그것이 비중인지, 숫자인지 유의하면서 보아야 한다.

다음의 예를 살펴보자.

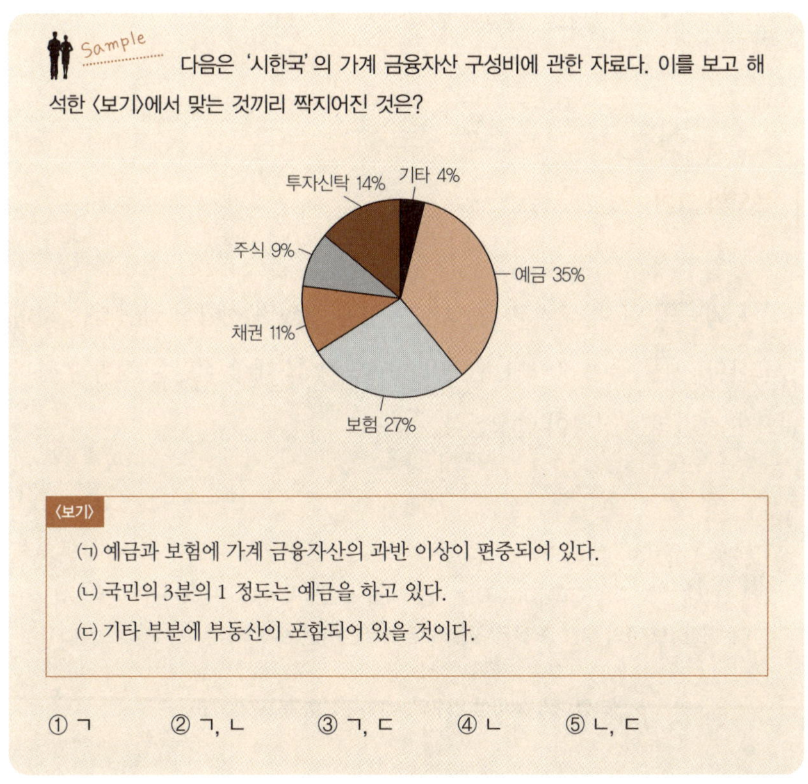

먼저 (ㄱ)은 합해서 62%이므로 맞는 말이다.

(ㄴ)이 중요한데, 예금이 35%이긴 한데 국민의 3분의 1이라는 표현과는 다르다. 가령 굉장한 부자 1,000명이 예금을 했더니 30%고 대다수의 국민들은 적은 돈으로 보험에만 가입되어 있을 수도 있기 때문이다. 이 경우에는 '알 수 없다'가 맞는데, 맞다 틀리다의 이분법에서는 틀린 단정이기 때문에 틀리다는 분류를 해야 한다.

(ㄷ)은 '알 수 없다'가 아니라 틀린 진술이다. 왜냐하면 표의 제목을 보면 이 자료는 금융자산에 관한 것이기 때문에 부동산은 포함되지 않는다.

따라서 정답은 ①이다.

분모의 크기

분모가 무엇인지, 그리고 그 크기가 어떤 것인지 정확히 판단하는 것이 중요하다. 예를 들어 30%면 무엇이 30%인지 그 대상 집단을 정확히 하지 않으면 헷갈리는 상황이 발생한다.

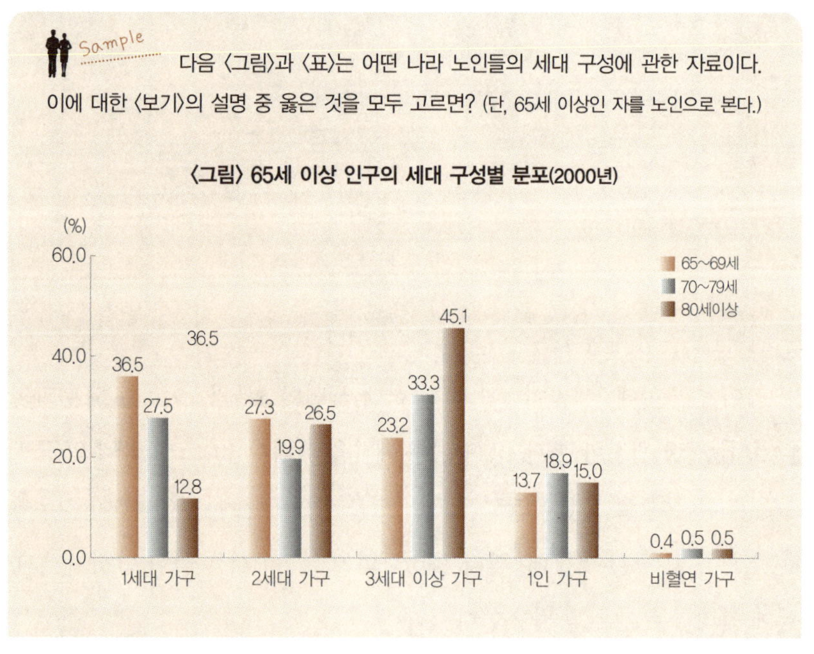

<표> 65세 이상 인구의 세대 구성별 분포

(단위 : %)

구 분	1990년	2000년	65~69세	70~79세	80세 이상
계	100.0	100.0	100.0	100.0	100.0
1세대 가구	16.9	28.7	35.5	27.5	12.8
2세대 가구	23.4	23.9	27.3	19.9	26.5
3세대 이상 가구	49.6	30.8	23.2	33.3	45.1
1인 가구	8.9	16.2	13.7	18.9	15.0
비혈연 가구	1.2	0.4	0.4	0.5	0.5

〈보기〉

(ㄱ) 이 나라에서 3세대 이상 가구가 세대 구성 형태 중에서 가장 큰 비중을 차지하고 있다.

(ㄴ) 2000년 전체 노인가구 중 1인 가구가 차지하는 비중은 1990년에 비해 1.5배 이상 증가하였다.

(ㄷ) 2000년의 2세대 가구수는 1990년과 비교해볼 때 거의 변화가 없는 것으로 보인다.

① ㄱ   ② ㄴ   ③ ㄱ, ㄴ   ④ ㄴ, ㄷ   ⑤ ㄱ, ㄴ, ㄷ

가령 '나는 우리 반에서 1등이다.'라고 하면 공부를 굉장히 잘한다고 생각할 수 있다. 하지만 섬에 있는 전교생 5명인 학교에 다닌다고 하면 반드시 그렇게 생각이 되지만은 않을 것이다. 그래서 분모가 무엇인지 정확히 파악하는 것이 중요하다.

(ㄱ)이 우리가 유의해서 보아야 하는 보기인데, 이 경우 65세 이상 인구가 가장 많이 속해 있는 세대 형태가 3세대 이상 가구인 것뿐, 3세대 이상 가

구가 이 나라 세대 구성 형태에서 가장 큰 비중을 차지하는 것은 아니다. 이 경우 분모가 무엇인지 헷갈릴 여지가 있기 때문에 주의해야 한다는 것이다.

(ㄴ)은 표에서 볼 때 2000년의 1인 가구 비중은 16.2로 90년 8.9%에 비해 2배 가까이 늘었으므로 맞는 진술이 된다.

(ㄷ)은 23.4와 23.9는 수치면에서는 거의 변화가 없으나, 이는 비율을 의미하는 수치이고, 65세 이상 인구의 총수가 제시되어 있지 않으므로 가구수의 변화는 판단 불가능하다. 따라서 틀린 진술이다.

따라서 정답은 ②이다.

전체 자료의 제목과 기준

다음은 전체 자료의 개념을 파악해야 하는 문제다. 앞서 첫번째 오답유형의 예제에서 보았던 (ㄷ) 선택지에서 '기타 부분에 부동산이 포함되어 있을 것이다.'라는 진술이 '금융자산 구성비'에 관한 표이기 때문이 그럴 리 없다고 결론 내린 것을 생각해보면 된다.

자료의 구체적인 부분에 주목해서 수치를 자세히 보기 시작하면 자칫 큰 덩어리들이 보이지 않을 수 있다. 그래서 중요한 것은 자료가 어떤 것을 알려주고 있으며 전체적으로 무엇을 말하고자 하는지를 파악할 수 있어야 한다. 이런 유의 오류로 x, y축의 스케일이 의미하는 바가 무엇인지 깜빡하는 경우도 있다. x축 위에 있다는 것이 어떤 의미인지, y축으로 오른쪽으로 가면 어떤 의미인지에 대해서 정확히 알아야 한다.

다음 〈그림〉은 최근 국제유가 상승이 우리나라의 주요 산업별 산업간 연관계수지표(영향력계수와 감응도계수)의 변화에 미친 영향을 나타낸 것이다. 이에 대한 분석 중 적절하지 않은 것을 〈보기〉에서 모두 고르면?

〈그림〉 최근 국제유가 10% 상승의 산업간 연관계수 조정효과

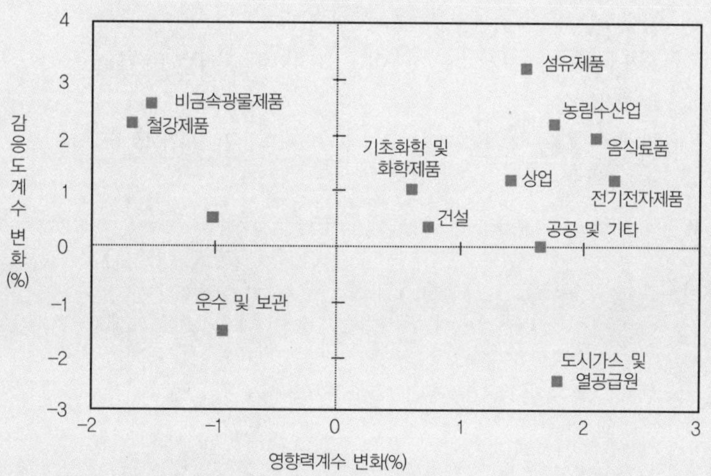

주1) 영향력계수는 어떤 산업에 대하여 수요 1단위가 발생할 때 전 산업 부문에 미치는 영향을 나타난 계수로 어떤 특정 산업이 다른 산업의 생산물을 중간재로서 얼마나 수요하느냐의 정도를 의미하며 후방연쇄효과라고도 한다.

주2) 이에 비하여 감응도계수는 어떤 특정 산업의 생산물이 타 산업에 얼마만큼 판매되느냐를 계수로 나타낸 것으로 전방연쇄효과라고도 한다. 감응도계수가 높다는 것은 다른 산업의 중간재로 많이 사용됨을 뜻하므로 여러 산업에 미치는 파급효과가 크다는 것을 의미한다.

〈보기〉

(ㄱ) 최근의 유가상승은 우리나라 공공 및 기타 산업부문의 전방연쇄효과에는 영향을 미치지 않은 반면, 후방연쇄효과에는 약 6.1%의 유의한 효과를 미쳤다.

(ㄴ) 도시가스 및 열공급업의 경우 철강제품이나 비금속광물제품 산업부문과 비교하여 볼 때 유가상승에 따른 효과가 감응도계수 변화와 영향력계수 변화에 있어서 서로 상반되게 나타났다.

(ㄷ) 음식료품 산업의 경우 우리나라 산업 중 영향력계수와 감응도계수 자체가 상당히 큰 그룹에 속하는 것으로 나타나고 있다.

(ㄹ) 유가상승으로 운수 및 보관 산업의 전·후방연쇄효과가 모두 약화되는 것으로 평가된다.

(ㅁ) 전기전자제품은 철강제품과 더불어 후방연쇄효과의 변화가 큰 산업으로 분류할 수 있다.

① ㄱ　　　② ㄱ, ㄷ　　　③ ㄱ, ㄹ　　　④ ㄴ, ㅁ　　　⑤ ㄱ, ㄷ, ㅁ

(ㄱ)은 후방연쇄효과에는 약 1.5%의 유의미한 효과를 미쳤으므로 적절하지 않다. (ㄴ)은 도시가스 및 열공급업의 감응도계수 변화는 (−), 영향력계수 변화는 (+)이고, 철강제품이나 비금속광물제품 산업부문은 그 반대이므로 맞는 진술이다.

중요한 것은 (ㄷ)인데, 음식료품 산업은 영향력계수 변화와 반응도계수 변화는 모두 큰 편에 속하지만 각 계수 '자체'가 큰지 여부는 알 수 없다. 주어진 축이 영향력계수 자체가 아니라 계수 변화라는 점에 주목해야 한다. 따라서 틀린 진술이 된다.

(ㄹ)은 운수 및 보관 산업은 모든 지표들이 (−)를 나타내기 때문에 맞는 진술이다.

(ㅁ)은 변화가 큰 산업이므로 맞다. 그 변화가 (+)인지 (−)인지 명시하지 않았기 때문에 앞뒤로 변화가 큰 두 개의 산업이기 때문이다. 이것 역시 주어진 축의 스케일이 의미하는 것이 변화라는 것을 인지하면 헷갈리지 않는다. 따라서 정답은 ②이다.

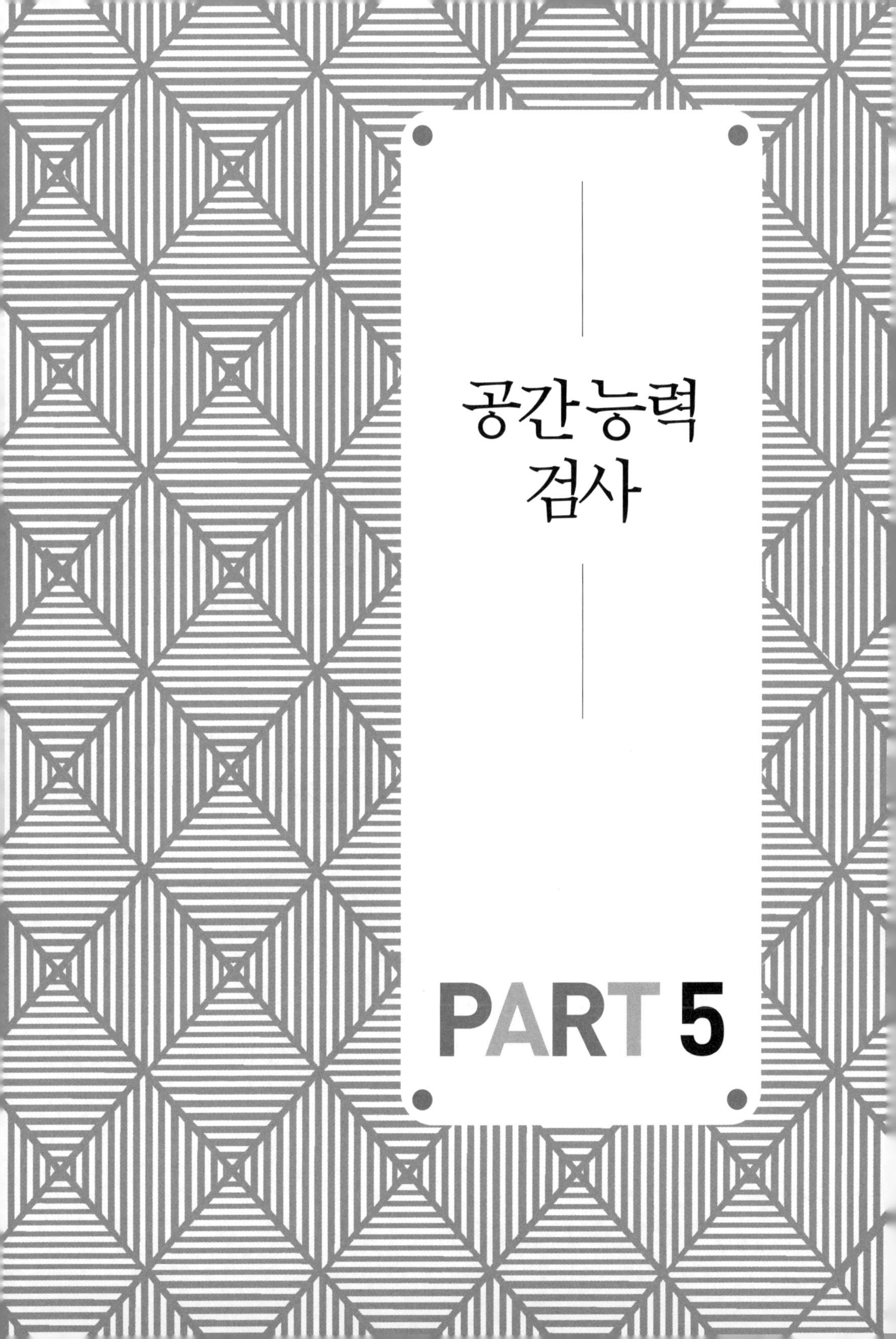
공간능력
검사

PART 5

Chapter 11

공간 이해

1) 유형

공간 이해 문제는 공간감각을 가지고 있는가를 확인하는 문제다. 머릿속에 도형에 대한 감각이 있는 사람이라면 쉬울 수 있지만 그렇지 않은 사람에게는 실력 향상이 어려운 분야이기도 하다.

흔히들 도형 문제라고 하면 생각나는 전개도 문제라든가 도형 통과 문제 등이 여기에 속한다. 이 유형의 문제들은 특별한 요령보다는 많은 경험이 필요한 문제라고 할 수 있다.

2) 측정 능력

아무래도 엔지니어들에게 요구되는 능력이다. 그래서 문과와 이과 시험을 나눠보는 기업의 적성검사에서는 이과계 적성검사에서 이런 유형들이 나온다. 주로 엔지니어들이 필요한 직무나 연구 직무 등에서 필요한 능력이다.

3) 핵심 스킬

공간 이해 유형의 문제들은 스킬이라고 할 수 있는 부분이 거의 없다. 여러 가지 유형의 문제들을 풀어봐서 실제 적성검사 문제지를 딱 접했을 때 어떤 유형의 문제인지 아는 정도가 되어야 한다. 문제를 파악하는 데 걸리는 시간을 최소화해야 머릿속에서 도형을 이리저리 움직여볼 수 있는 시간이 확보되기 때문이다.

4) 최근 경향

사실 최근의 경향에서는 이런 식의 전개도 문제 같은 경우는 점점 줄어드는 추세라고 보면 된다. 도형이 나오는 문제라면 다음 장에 나올 '도형 추리' 문제일 경우가 많고, 단순히 전개도를 접거나 펴는 문제 등은 한정적이다.

만약 나온다면 단순히 전개도 접고 펴는 문제에서 한 단계 더 나아가는 추세다. 두산의 DCAT처럼 물이 든 통을 회전시킨 다음에 전개도로 펼 때 물의 위치까지 표현해야 하는 복합적인 형태의 문제까지 등장했다.

IQ 테스트와 멘사 테스트의 차이점

나는 여지껏 살면서 아이큐 테스트를 총 세 번 치렀다. 중학교 때, 고등학교 때 그리고 멘사에 들어갈 때였다. 아이큐 시험에는 다양한 문제들이 나오는데 반드시 포함되는 것이 바로 도형 문제들이다.

결과 수치는 세 번 다 큰 차이가 없었는데, 문제들은 세 번 다 조금씩 달

랐던 것 같다. 특히 도형에 관한 문제는 멘사 문제와 중고등학교 때 보았던 아이큐 테스트 문제와는 큰 차이가 있었다. 한마디로 말하면 멘사의 도형 문제는 공간 지각 문제라기보다는 다음 장에 나오는 도형 추리 문제에 가깝고, 중고등학교의 아이큐 테스트 문제들이 지금 이 장에서 말하려는 공간 이해 문제들이었다. 둘 사이의 가장 큰 차이는 도형 추리 문제의 주인공은 도형이 아니라 추리라는 것이다.

도형의 변하는 양상을 추리를 통해 알아내고, 그것을 다시 적용하는 식의 문제여서 어떻게 생각하면 앞에서 보았던 수 추리 문제와 풀이 메커니즘이 유사하다. 수가 나열된 것을 보고 그 배열의 원리를 추리하는 것이 중요하기 때문에 수 추리 문제라는 이름이 붙었듯이, 도형이 변하는 양상을 보고 그 변하는 원리를 추리하는 것이 중요한 문제이기 때문에 도형 추리라는 이름이 붙는 것이다.

반면 공간 이해 문제는 그야말로 도형에 대한 감각을 알아보는 문제다. 또한 2차원에 그려진 도형을 3차원적으로 해석해야 하기 때문에 머릿속에 도형에 대한 시뮬레이션 능력이 있어야 한다.

한마디로 정리하자면 중고등학교 때 보았던 아이큐 시험 문제들은 추리에 대한 능력보다는 원초적으로 공간을 인지하는 능력에 더 중점을 두었던 것 같다. 하지만 최근의 아이큐 시험에서는 추리적인 요소가 더 많이 가미되고 있는 것 같다. 그러니 선천적인 능력보다는 후천적인 훈련으로 아이큐가 개발된다고 보아도 좋다는 말이다.

접거나 펴거나 뚫거나 맞추거나

공간 이해 영역의 문제들은 사실 타고난 공감각적인 면이 뒷받침된다면 상당히 쉽게 풀 수 있다. 타고난 감이 없다고 한다면 다 풀 생각은 말고, 푼 문제라도 확실히 맞히도록 신중하고 정확하게 접근하는 것이 필요하다.

공간에 대한 감각이 부족한 사람들은 문제를 일단 유형별로 분류하고, 그 유형에 따른 문제들을 계속 접하면서 익숙해지도록 훈련해야 한다. 모든 시험에는 어려운 문제와 쉬운 문제가 골고루 출제된다. 그러니 쉬운 문제라도 확실하게 맞히자는 전략은 언제나 유용하다. 유형 중 쉬운 문제는 반드시 맞힐 수 있도록 연습을 하자. 다음은 공간 이해에 대한 문제를 유형별로 분류해본 것이다.

도형 → 전개도

도형을 주고 그것의 전개도를 찾는 문제다. 가장 고전적인 문제 중 하나인데 한꺼번에 도형의 모습이 조망이 안 되면, 한 단면을 기준으로 세우고, 그 단면에 좌·우 양 옆으로 붙는 면들을 붙여가면서 한 단계씩 도형을 완성한다.

아니면 역시 한 면만 생각해서 그 면이 살아 있지 않은 것을 선택지에서 지워나가는 식으로 푼다. 예를 들어 전개도를 봤을 때 옆면이 사다리꼴이 나와야 하는데, 완성된 도형의 옆면이 사다리꼴이 아니라면 그 도형은 답이 아니니 선택지에서 지워야 한다.

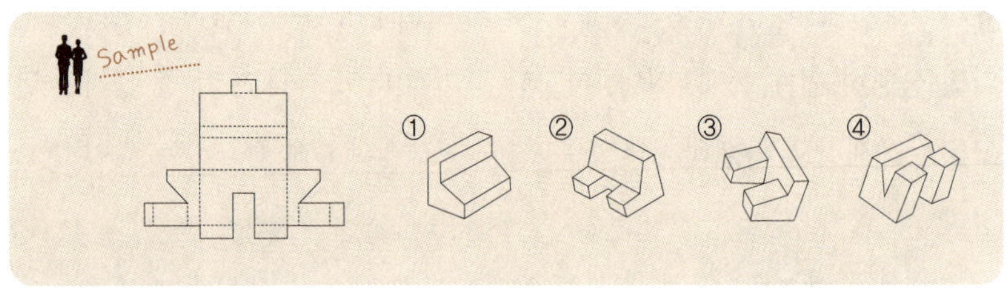

가령 위의 예에서 전개도를 보면 옆면이 이런 모양이 나와야 하는데, 이런 모양이 살아 있는 것은 ①과 ② 둘 중 하나다. 둘 중 가운데가 뚫려 있는 모양을 찾아야 하므로 정답은 ②이다.

전개도 → 도형

전개도를 보고 어떤 도형이 될 것인가 맞히는 문제로, 역시 고전적인 공간 문제이다. 도형 자체가 복잡할 수도 있지만, 오히려 요즘의 추세는 심플하게 사각형이 나온다. 대신 사각형 안에 무늬들이 들어 있어, 그 무늬들의 방향을 맞추는 데 시간이 오래 걸리게 한다. 두산 같은 경우는 사각형 안에 물까지 넣고 회전시켜 물의 위치까지 표시된 전개도 문제를 내기도 한다. 우선 일반적인 형태의 '전개도 → 도형' 문제는 다음과 같다.

한꺼번에 조망하려고 하지 말고 특징적인 무늬가 어떤 식으로 세팅될지 생각한 다음에, 그 두 무늬가 어떤 식으로 늘어질지를 생각해야 한다. 또

하나 주의해야 할 것은 무늬들의 조합은 비슷해 보이는데, 막상 도형 자체
가 만들어지지 않는 유형도 있으니 주의해야 한다.

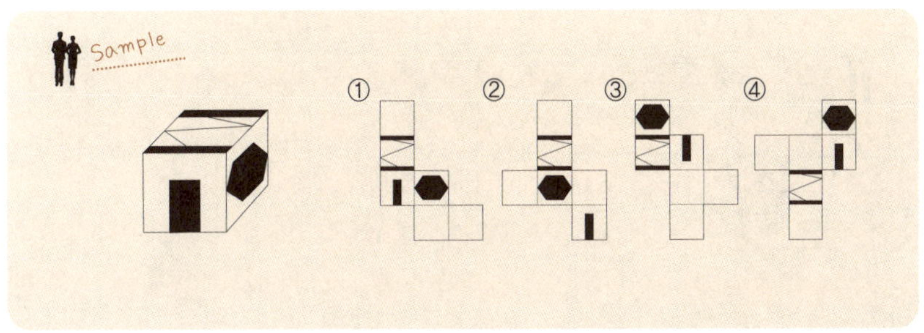

　육각형 무늬의 길쭉한 쪽으로 직사각형 무늬가 떨어진 채 존재해야 한
다. ②는 육각형 무늬와 나란히 달리게 되고, ③은 육각형 무늬와 붙어서
직사각형이 그려지게 된다. ④는 육각형 무늬의 넓은 쪽으로 직사각형이
오게 되니까 곤란하다. 따라서 정답은 ①이다.

도형 통과 문제

　3차원인 도형을 주고, 그것이 2차원인 면을 통과할 때 어떤 모양이 만들
어지는가에 대한 문제다. 만화에 보면 생쥐를 쫓던 못된 고양이가 생쥐의
잔꾀에 걸려 높은 데서 떨어지게 되면 땅에 고양이 모양으로 구멍이 뚫리
며 떨어지게 되는데, 바로 그러한 과정을 가정해서 푸는 문제가 이 도형 통
과 문제다. 어느 정도 연습하면 눈으로도 가능하지만 연습이 충분하지 않

은 상황일 땐 주어진 도형의 한쪽 면에 색칠을 해놓으면 어느 정도 단면이 보이게 된다. 그런 방법으로 단면을 짐작하는 연습을 해본다.

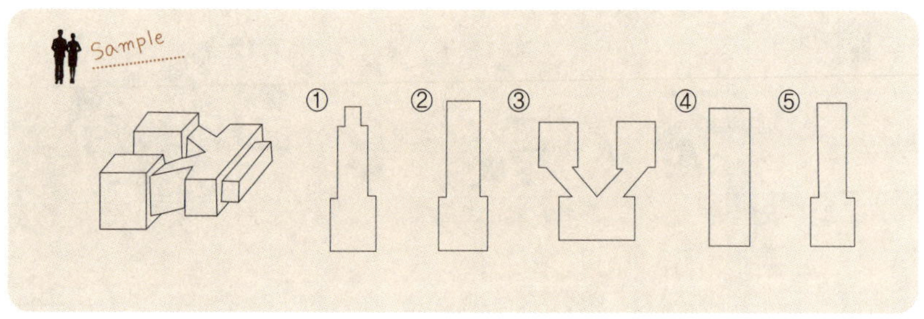

한쪽 면만 통과하는 것이 아니라, 세우고 돌리고 눕힌 상태에서도 통과를 시킬 수 있기 때문에 한쪽 면만 보아서는 안 된다. 도형의 전체적인 특징을 파악해야 하는데, 주어진 도형은 네모의 크기가 다양하다는 것이다. 따라서 ①이 답이다.

펀치 문제

종이를 주고 그것을 이리저리 접은 다음에 펀치로 구멍을 뚫을 때, 그 전개도에 어떤 식으로 펀치 구멍이 반영되는가 하는 문제다. 눈으로 풀어야 한다면 펑치가 뚫린 면의 특징을 기억했다가 보기에서 아닌 것을 골라내는 식으로 풀어야 한다. 또 다른 방법으로는 시간이 좀 걸리지만, 보기를 거꾸로 접어가며 비교하는 방법이 있다. 둘 중의 하나로 좁혀졌는데 헷갈릴 경우 역으로 접는 방법을 유용하게 쓸 수 있다.

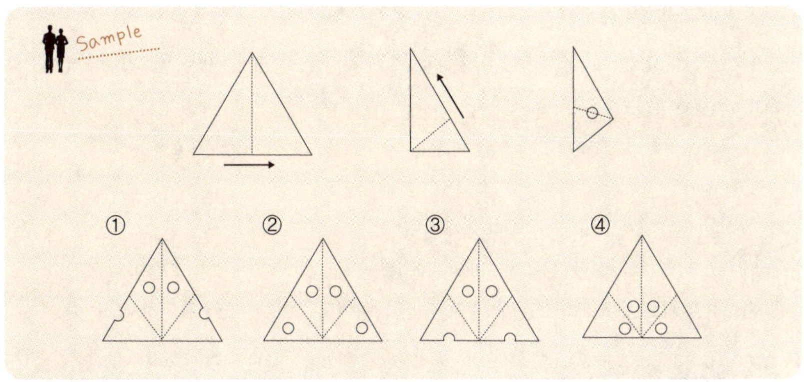

펀치를 뚫은 위치를 가만히 살펴보면 양쪽 날개에 상처가 난 형태가 된다. 그러므로 해당되는 것은 ①밖에 없다.

동일한 쌍 찾기

도형들을 준 다음에 그 도형들이 같은 것인지 아닌지 구분하는 유의 문제다. 몇 개를 찾느냐에 따라 유형이 다를 수 있는데, 근본적으로는 빠른 시간 내에 시각적으로 같은 도형으로 인지를 할 수 있느냐 없느냐의 문제이기 때문에 다르지 않다.

똑같은 도형을 여러 각도로 회전시켜 다양하게 늘어놓고 그중에 다른 것 하나를 찾는 유형이 있고, 하나의 기준 도형을 준 다음에 역시 회전시켜 다양하게 늘어진 보기에서 그 도형과 똑같은 도형을 찾는 유형도 있다.

도형 5개를 주고 그중에 똑같은 두 개를 찾는 문제가 나올 수도 있는데, 이런 유형은 OMR 카드에 정답 두 개를 기재해야 하기 때문에 흔하진 않다. 다만 SK 같은 경우 이런 유형의 도형 문제를 내기 때문에 SK에 관심이 있는 사람은 확실하게 연습해야 한다.

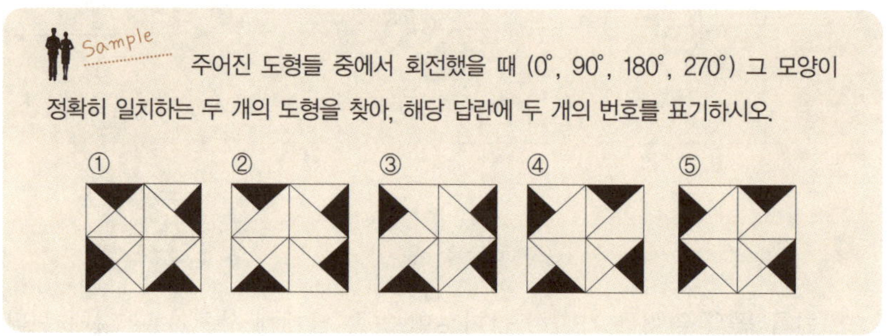

이 문제의 난점은 기준이 정확하지 않기 때문에 시간이 많이 걸릴 수밖에 없다는 것이다. ①-②가 될지 ③-⑤가 될지 ②-④가 될지 모르기 때문에, 기준이 되는 도형 하나를 빨리 찾는 것이 중요하다. 보통 나란히 놓게 되면 금방 눈에 띄기 때문에 나란한 번호는 배재한 채 한두 칸 띄운 상태의 도형을 비교해야 할 것이다.

그리고 전반적으로 도형의 큰 모양을 잡아야 한다. 도형의 상세한 모습을 따지지 않은 상태에서 크게 눈으로 본 다음에 비슷한 모양으로 보이는 것끼리 상세 비교에 들어가는 것이다. 이 문제의 경우도 크게 보면 하얀색 부분이 한쪽 방향으로 향하는 화살표로 보일 수 있다. 일단 그 화살표의 방향을 맞추면 어느 정도 회전이 들어갔는지에 대해 감이 잡힌다. 그리고 유사한 도형을 찾아 세부적인 사항을 비교하게 된다. 정답은 ③번이다.

조각으로 도형 맞추기

네모나 세모 등 큰 도형을 만드는데, 그 안에는 여러 가지 조각으로 나뉘어져 있어, 그 도형을 만드는 데 필요 없는 조각을 찾아내는 형태다. 조각 맞추기다보니, 약간 아동용 아이큐 발달 게임 같은 느낌도 든다. 그래서 LG전자 같은 경우는 구직자들에게 테트리스 맞추기라는 말도 듣는 실정이다. 조각의 특징을 하나 살펴서 그 특징을 도형 안의 조각들에 여기저기 대입해 빨리 매칭하는 눈썰미가 필요하다.

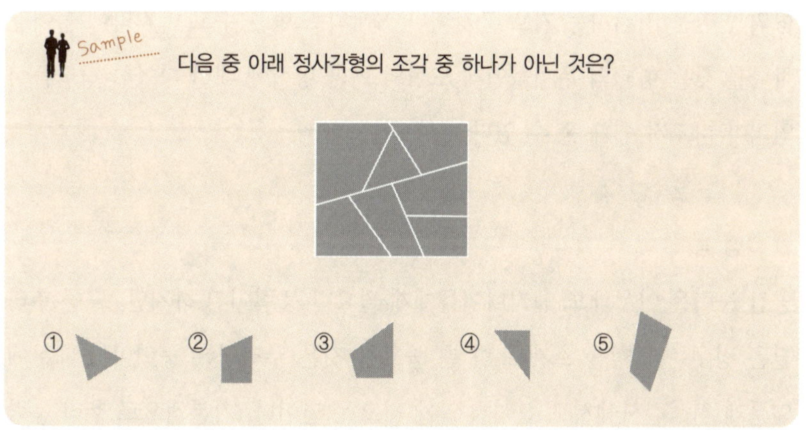

직각 삼각형 형태의 조각은 찾아볼 수 없기 때문에 정답은 ④이다.

Chapter 12

도형 추리

1) 유형

추리를 통해 도형이 변하는 규칙이나 원리 등을 찾아 적용하는 문제다. 도형의 변환을 지시하는 기호를 찾거나, 8개의 도형을 주고 마지막에 들어갈 하나를 찾는 형태의 문제들인데 도형의 변환 형식에 대한 다양한 경험들이 있어야 비교적 쉽게 풀 수 있다.

2) 측정 능력

공간 능력은 아무래도 엔지니어들에게 필요한 능력이긴 하지만, 도형 추리 같은 경우는 도형을 소재로 할 뿐 중요한 것은 추리하는 능력이기 때문에 인문계 적성검사에서도 심심치 않게 나오는 편이다. 기본적으로 추리 능력 측정이기 때문에 기획, 영업, 경영지원 등 거의 전 분야에 걸쳐서 필요한 능력이라고 볼 수 있다.

3) 핵심 스킬

삼성 SSAT 같은 경우는 기호를 거쳐서 도형이 변환되는 예제를 준 다음에, 그 기호가 어떤 변화를 뜻하는지 찾아내는 문제가 나온다. 이런 식의 문제에서 중요한 스킬은 도형의 변화 양태가 그다지 많지 않다는 것이다. 회전시키고, 반전시키고, 안과 밖을 달리 움직이게 하는 등 다 합해야 10여 가지 정도밖에 변환태가 없으므로 이런 변환 공식은 시험장에 들어가기 전에 외우고 가야 한다. 또 대표적인 유형으로 뽑히는 것이 8개의 도형을 주고 나머지 1개에 어떤 도형이 들어갈 것인가를 찾는 문제인데, 이 유형의 문제는 그 변환의 방법이 너무나 다양하다. 그래서 초반에 더하고 빼고 돌리는 문제들을 일단 확실히 맞힌 다음 시간이 남으면 후반에 나오는 난이도 높은 문제들은 이래저래 다양한 궁리를 하면서 풀어야 한다.

4) 최근 경향

최근에는 도형 문제들 하면 앞장에서 나왔던 공간 감각에 대한 문제보다는 추리 능력을 확인하는 도형 추리 문제가 더 많이 출제되는 편이다. 크게 보면 도형의 변환과 9개째의 도형 추리라는 두 가지 유형이므로 유형이 다양한 것은 아니다.

멘사 시험과 관점의 전환

내가 멘사 시험을 본 것이 1998년 2월이었다. 1996년에 한국 멘사가 만들어졌기 때문에 1998년만 해도 초창기라 시험지는 영국에서 가져와야 했고 채점도 영국에서 이루어졌다. 처음 멘사 시험을 지원해놓고 괜히 했나 후회하기도 하고, 나이 더 먹어서 시험쳤다가 떨어지면 그게 무슨 망신인가 싶은 생각에 잘했다 싶기도 하고……. 생각이 좀 왔다 갔다 했었다.

그래서 시험공부라도 해볼까 하고 멘사 시험에 대한 정보를 수집했는데, 당시만 해도 인터넷이 발달한 시기가 아니어서 거의 정보를 구할 수가 없었다. 간신히 알아낸 것이 국제 시험이니 언어 시험이 들어가면 그 언어에 정통한 나라의 사람들만 유리하기 때문에 언어 문제는 안 나온다는 것과 수학 역시 지나치게 어렵게 배우는 한국이나, 수에 능숙한 인도 같은 나라가 있기 때문에 수학적인 문제도 없다는 것이다. 결국 '그럼 도대체 어떤 문제가 나온다는 거야? 어차피 준비가 불가능하니 놀자.'라고 마음먹고 놀았다.

멘사 시험 치기 전날에도 친구들과 술자리가 있었기에 술에서 약간 덜 깬 느낌으로 시험장을 찾았었다. 혹시 떨어질까봐 그런 시험을 본다고 말을 못 한 탓에 친구들이 여지없이 술을 먹여댔기 때문이다(하긴 그런 사실을 알았다면 아마 밤새 먹였을 거다). 그런 상태에서 대하게 된 문제를 보고 깜짝 놀랐는데, 단 하나의 유형으로 40문제 정도가 나왔기 때문이다. 그 유형이 바로 8가지 도형을 준 다음에 마지막에 올 하나를 찾는 문제였다.

처음에는 쉬웠다. 그냥 돌려보거나 합해 보거나 빼보면 어느 정도 답이 나왔다. 하지만 이런 여유는 열 문제 정도까지였고, 그 이후로 이어지는 문제들은 그야말로 말도 안 되는 규칙들을 세우느라 정신이 없었다. 가운데를 빼고 옆으로 돌렸다가 왼쪽을 제거하는 식으로 멋대로 규칙을 만든 다음에 대강 적용되는 것 같으면 제일 그럴듯한 도형을 고르는 식으로 풀었는데, 나중에는 머리도 뺑뺑 돌고 술기운도 올라오는 것 같고 해서 거의 정신이 나갔던 것 같다. 시험 결과는 채점이 영국에서 이뤄졌기 때문에 한 달여 가량을 기다려야 했다. 그런 시험을 보았는지조차 희미해져갈 때쯤에 합격 통지서를 받았다. 합격 통지서라기보다는 당신의 아이큐는 얼마다 하고 통보해주는 종이였는데, 그 수치가 한국 멘사가 정한 기준치를 넘으면 회원가입 자격이 주어지는 그런 프로세스였던 것 같다.

통지서를 받고 생각했다. 술을 마셔서 제정신이 아니었기 때문에 합격한 것은 아닌가 하고 말이다. 이런 생각은 좀 슬프기 때문에 그런 생각을 떨쳐내고, 도대체 그런 문제들로 어떻게 아이큐를 시험할 수 있으며 어떻게 합격할 수 있었는가에 대해 생각했는데, 나중에 멘사 활동을 하며 느낀 것은 '좋은 머리란 결국 관점을 전환할 수 있는 능력'이 아닌가 하는 생각이 들었다.

돌리고 빼고 더하고 하는 정해진 규칙 외에 규칙을 스스로 정하고, 거기에 맞춰 적용해보는 그런 능력들 말이다. 많은 사람들은 정해진 규칙을 충실히 따르며 살아가는데, 때로 어떤 사람들은 그런 규칙들에 대해서 자유로운 사람들이 있다. 긍정적인 자유로움은 좋은 결과로 이어지지만 많은 사람들이 부정적인 자유로움을 가지기 때문에 범죄자가 되긴 한다. 어쨌거나 규칙을 이리저리 생각하고 만들어보는 것은 결국 주어진 사건이나 상황을 그대로만 보는 것이 아니라 열린 관점으로 다양한 가능성을 모색함으로써 더 나은 결과나 새로움을 창출하게 해준다는 점에서 긍정적으로 생각할 만하다.

도형 추리의 문제들은 '이 도형들을 어떤 식으로 변환시킬 수 있을까?', '이 도형들의 규칙은 무엇일까?'하는 다양한 관점들을 필요로 하는 문제다. 평소에 머리 좀 쓴다고 하는 사람들은 이런 문제가 반가울 것이고, 그 반대의 성실파들은 조금 부담스러울 수 있다. 하지만 아이큐 시험처럼 별 이상한 규칙들을 갖다 붙여놓은 것이 아니라 어느 정도 평범한 규칙들로 구성되어 있으므로, 관점의 전환을 억지로라도 연습한다는 기분으로 이런 규칙들을 익히고 적용하는 연습을 하면 합격할 정도의 점수는 충분히 얻을 수 있다.

9번째 도형을 찾아라!

도형 추리 문제의 가장 전형적이고 기본적인 형태는 바로 9번째의 도형을 찾는 문제다. 나머지 8개의 도형을 보고 9번째 올 도형의 힌트를 얻는 문제인데, 쉽게 나오면 규칙은 간단하지만 어렵게 나오면 한없다.

9번째의 도형을 찾기 전 비슷한 형태의 문제로는 다음과 같은 문제가 있다. 도형의 변환 규칙을 찾아 마지막에 들어갈 도형을 선택하는 문제다.

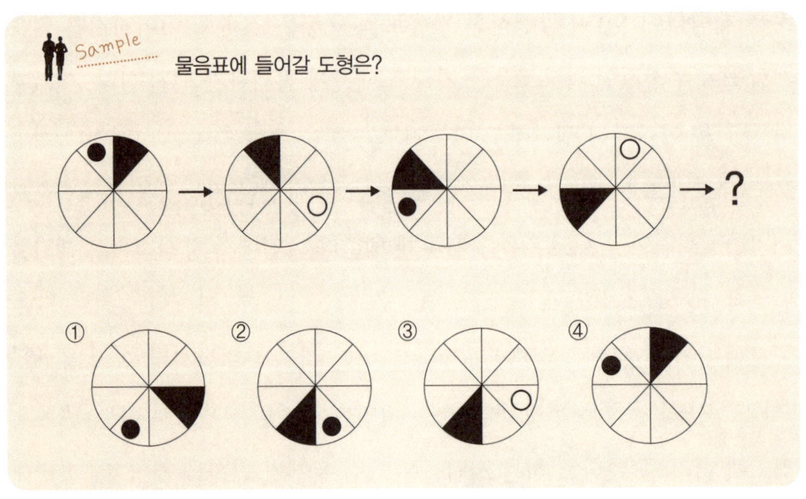

규칙을 찾아보니 부채꼴 모양의 색칠한 부분은 반시계방향으로 한 칸씩 전진하고 있다. 동그라미는 시계방향으로 세 칸씩 전진하고 있는데, 색깔이 검은색과 흰색이 번갈아 교차하는 식으로 바뀌고 있다. 그래서 마지막에 들어갈 도형은 ②가 된다.

이런 유형의 문제에서 최고봉에 있는 것이 바로 9번째 도형 문제다. 나머지 8개의 도형이 어떤 식으로 기능하는지 모르기 때문이다. 그냥 더하는 식일 수도 있지만, 규칙이 대각선으로 적용될 수도 있고, 전체 도형에서 3개씩 묶여 있다는 식으로 적용될 수도 있다. 8개의 도형을 이용한 다양한 변종이 존재하는 것이 바로 9번째 도형을 찾는 문제다.

한 가지 다행인 것은 어렵게 나오면 한없이 어려운 문제라, 적성검사에서는 많이 나올 수가 없다. 나와도 적성검사의 난이도를 생각해 더하고 빼고 돌리고 하는 정도로 나올 가능성이 많아 생각보다는 어렵지 않다. 대표적인 유형을 하나 보자.

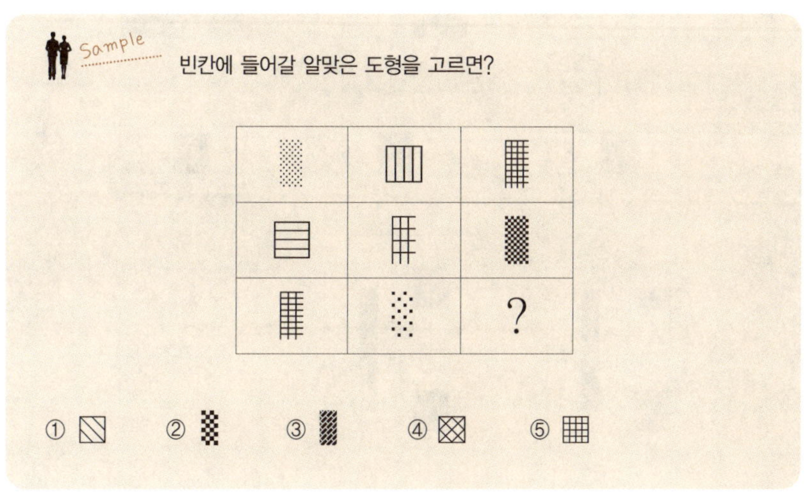

특별히 열이나 행의 규칙이라기보다는 전반적으로 봐야 한다. 다음과 같이 더하면 되는 문제다.

a	b	c
d	e	f
g	h	

$$a+h=f$$
$$e+g=c$$
$$b+d=?$$

그러므로 ⑤가 된다.

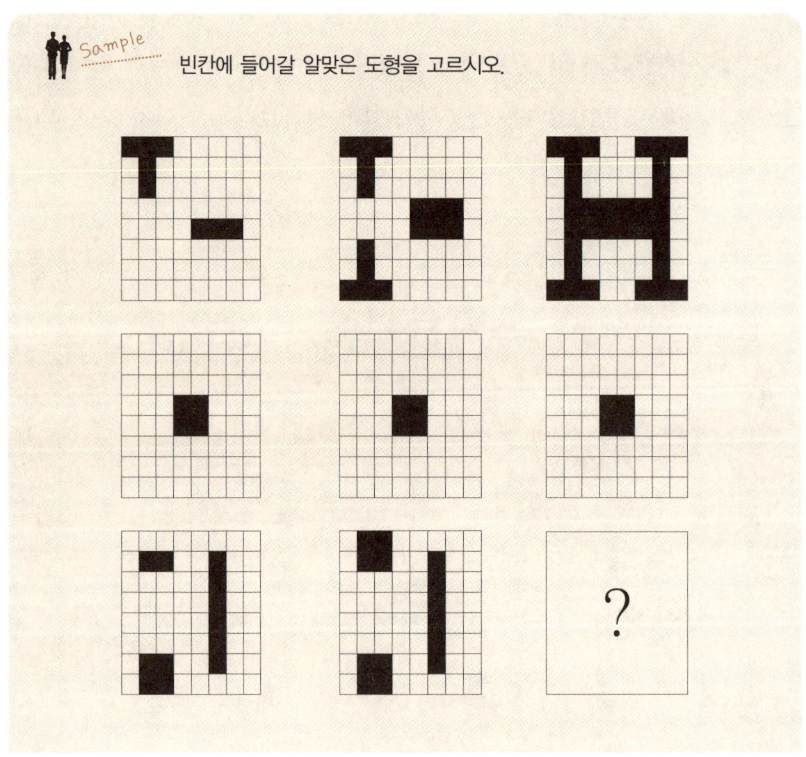

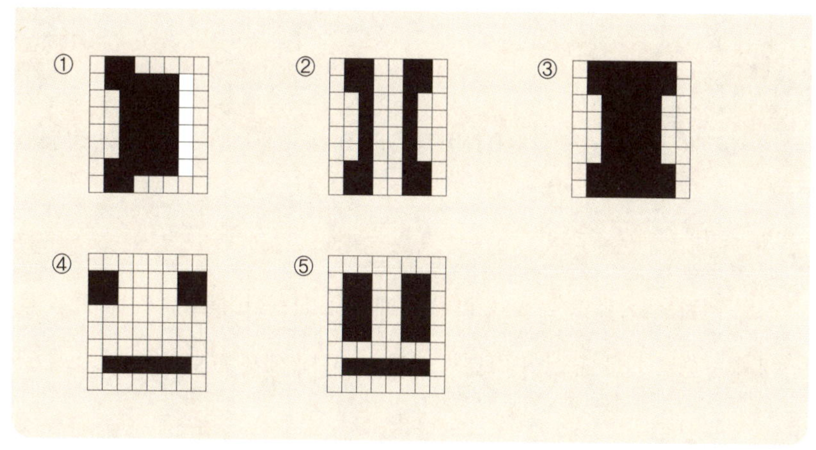

가로 쪽으로 진행하는 규칙이다. 첫 번째 단계에서는 아래위로 반으로 접어서 닿는 부분을 색칠하게 된다. 두 번째 단계에서는 좌우로 반으로 접어서 닿는 부분을 색칠하게 된다. 정답은 ②가 된다.

기호의 의미

도형 추리의 두 번째 유형이자, 실제로 현재 가장 많이 출제되는 유형은 기호를 이용한 도형 문제다. 기호가 어떤 변환에 대한 지시가 되고, 도형의 변환 모습을 그 기호의 의미로 찾아내는 것이 기본 프로세스다.

아주 쉬운 유형의 적성검사에서는 문자열을 변환하는 것도 나오는데, 이것이 기호를 이용한 문제의 가장 기본적인 형태라고 볼 수 있다.

이때 ◎라는 기호는 앞뒤를 뒤집어 배열한다는 의미를 가지게 된다. 도형에서 나오는 기호도 이와 다르지 않다. 다음의 예제를 보자.

이 경우 아래 위의 변환을 보면 각 기호의 역할이 대강 나오는데, A 같은 경우는 명암 반전이라고 볼 수 있다. B 같은 경우는 시계방향으로 90도 정도 회전했다고 볼 수 있다. 그러면 A는 ◐ 도형을 명암 반전시켜버리므로 ◑로 만든다. 그것을 90도 회전하면 ⊖ 모양이 된다. 따라서 답은 ⊖ 이다.

그럼 이제 본격적으로 가장 어려운 단계의 문제에 도전해보자. 기호 형태가 가장 어렵게 나오는 것은 삼성 SSAT 정도 수준이라고 보면 될 것이다. 어렵긴 하지만 좋은 것은 한 지문에 2~3문제가 딸려 있기 때문에 한 번 정확히 파악하면 세트로 문제를 맞힐 수 있다는 것이다. 반면 이런 시스템의 안 좋은 점은 한 번 잘못 파악하면 세트로 점수가 달아난다는 점이다. 양날의 칼이라고 할 수 있다.

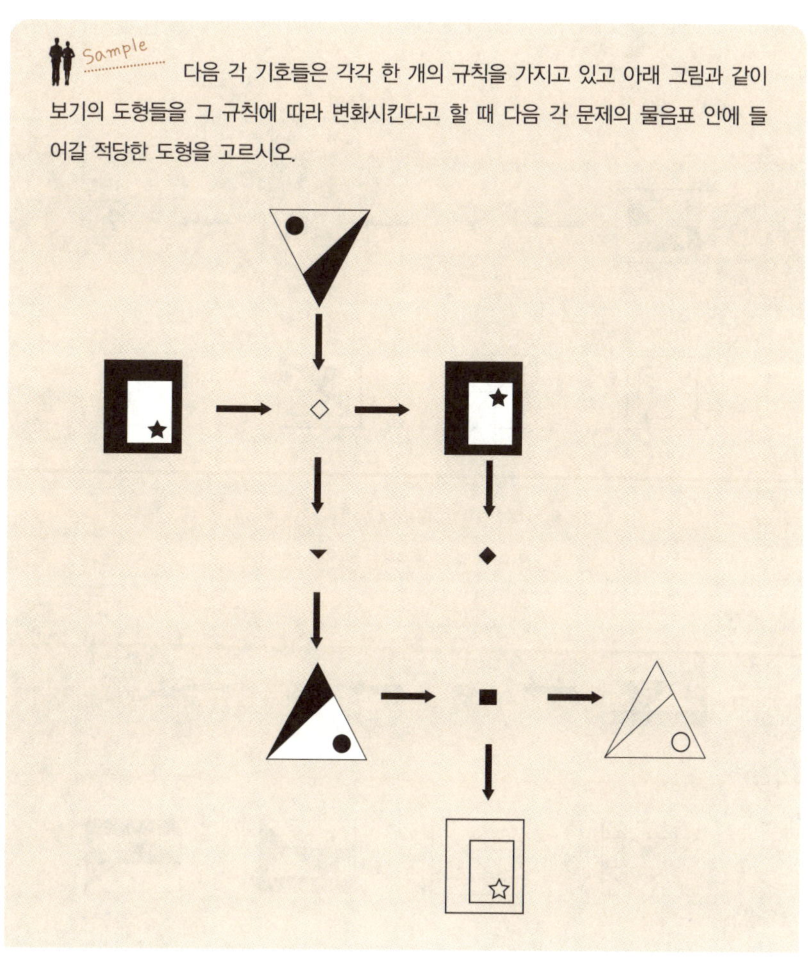

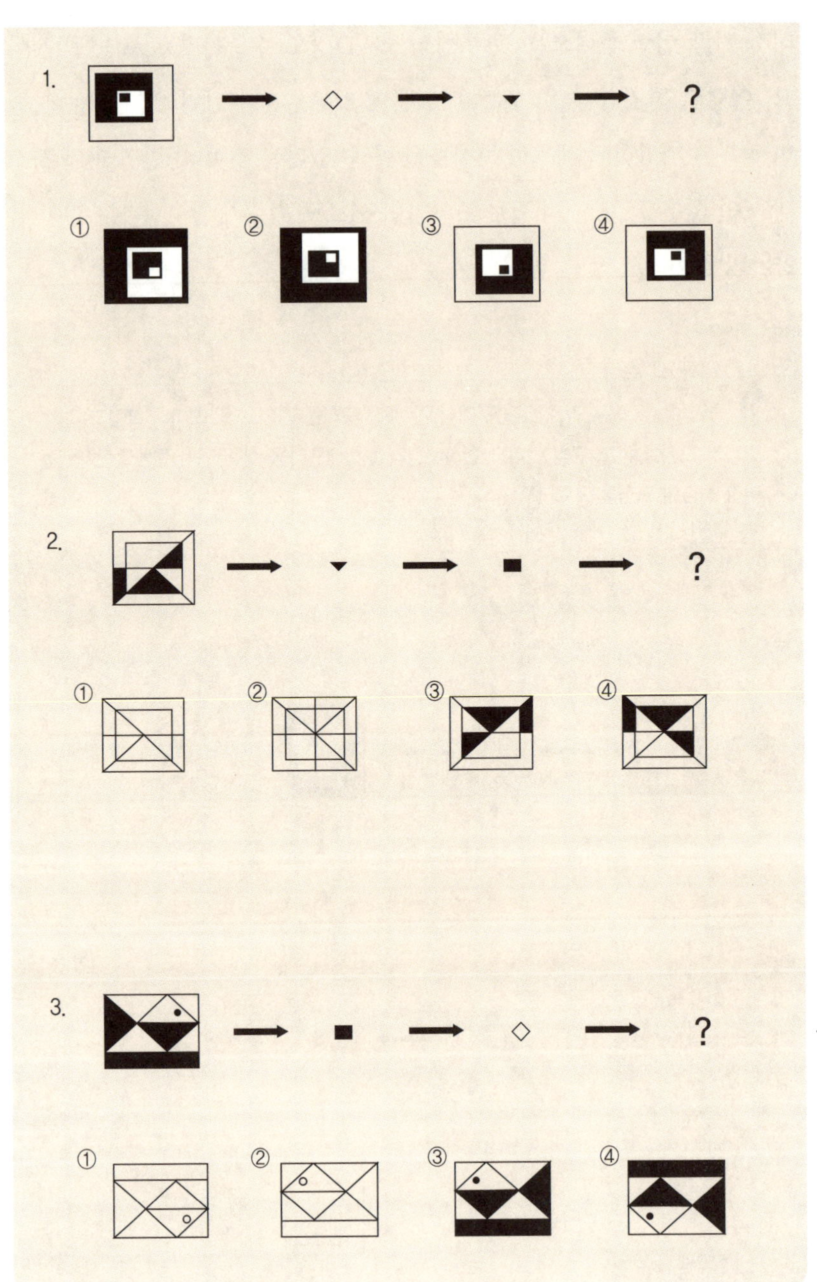

각각 기호의 숨은 뜻을 살펴보면 다음과 같다.

◇ 상하 대칭

▼ 좌우 대칭

■ 채색된 도형의 색을 제거한다.(탈색)

따라서 각 문제의 답은 1번에 ③, 2번에 ①, 그리고 3번에 ①이 된다.

적성검사를 둘러싼
최근의 동향

최근 몇 년 사이에 적성검사에 대한 취업계의 동향이 많이 변했다. 의례 통과해야 하는 길목쯤으로 여겼던 적성검사에서 수많은 지원자들이 떨어지는 모습을 보고, 구직자들은 적성검사가 길목이 아니라 관문이었다는 것을 깨닫게 된 것이다.

최근 들어 적성검사의 중요성이 점점 더 높아지고 있다. 무엇보다도 적성검사에서는 출신학교라든가 학점, 영어 점수 같은 정량적인 요소가 전혀 반영되지 않기 때문에, 모두가 제로베이스에서 경쟁해야 한다.

또한 적성검사는 공부한 만큼 점수가 오를 요소도 많다. 순수 적성에 대한 검사가 아니라 기초 학력 평가를 겸하고 있기 때문이다. 때문에 적성검사에 대한 이해와 공부, 그리고 훈련이 점점 중요해지는 추세다. 그 구체적 동향을 7가지로 정리해보자.

❶ 적성검사는 반드시 공부해야 한다.

4~5년 전만 해도 적성검사는 평소실력으로 보면 충분한 시험으로 인식되었다. 기껏 해야 시험보기 직전에 책 한권 보거나 모의고사 한 번 보는 정도로 준비를 갈음했었다. 하지만 지금은 누구나 그 정도는 하기 때문에 남들 하는 만큼 해서는 좋은 성적을 거두기 어렵다. 그래서 요즘에는 최소 한 달 전부터 적성검사를 준비하는 구직자들도 늘고 있는 추세다.

합격 통보를 받은 다음부터 시작해서는 늦은 감이 없지 않기 때문에 어느 한 기업의 적성검사 유형에 맞춰 준비하기보다는 서류 지원자 대대분이 적성검사를 보게끔 하는 삼성의 SSAT를 준비하든가, 대기업 적성검사를 전반적으로 정리할 수 있게끔 구성한 책으로 공부하는 게 좋다.

❷ 적성검사를 오래 공부한다.

1주일 정도 잠깐 공부하는 것은 남들도 다 하는 수준이기 때문에 티가 안 난다. 기본 1달 정도는 공부해주는 것이 좋다. 스터디를 통해 방학 동안 차근차근 준비하는 것도 한 방법이다. 이 경우 2달 이상을 적성검사 공부에 투자하게 되는 데, 들인 공만큼 효과도 크므로 적극 추천하는 방법이다. 적성검사 유형의 시험에 유독 약하다던 한 서울대생은 1년을 잡고 공부하겠다며 적성검사책을 추천해달라고 부탁한 적도 있다. 적성검사는 상대적인 기준으로 평가하므로 점점 적성검사 공부에 대한 투자가 늘고 있는 현실이다.

❸ 작년 기출문제라고 '반드시' 나오라는 법은 없다.

기업에서는 예고 없이 적성검사 문제를 바꾸기도 한다. 시중에 자사의 기출 유형이 너무 많이 퍼져서 어느 순간 변별 기준이 없어졌다고 생각되면 일순 바꿔버리는데, 특별히 이 부분을 공지해야 할 의무 같은 것은 없기 때문에 준비하는 구직자 입장에서는 황당할 때가 있다. 그렇다고 매해 적성검사 유형을 바꾸는 것도 비용 부담 때문에 곤란하다. 따라서 구직자들은 전년도 기출 유형들이 이번 년도에도 나올 가능성이 높을 것이라는 생각으로 문제를 대해야지, 반드시 전년도의 문제만 나올 것이라고 생각해서는 안 된다. 그래서 이 책처럼 전 유형을 커버할 수 있는 공부와 훈련이 필요한 것이다.

❹ 4~5년 전의 문제는 볼 필요가 없다.

특정 기업의 적성검사 유형만 모아 중점적으로 공부할 경우, 해당 기업에서 출제된 4~5년 전 문제까지 샅샅이 볼 필요는 없다. 이미 지나간 것이라 다시 나올 확률이 적기 때문이다. 예를 들어 삼성 SSAT 같은 경우, 2010년도 문제는 눈여겨볼 필요가 있지만 2005년도 문제까지 염두에 둘 필요는 없다. 물론 삼성뿐만 아니라 다른 기업도 마찬가지다. 어차피 적성검사 유형이라는 것이 엇비슷하고 돌고 도는 시스템이라, 안 보는 것보다야 도움이 될지 모르지만 한 기업만 놓고 본다면 이미 수년이 지난 문제를 다시 출제할 확률은 낮다.

❺ 적성검사에 떨어져본 사람이 더 열심히 공부한다.

취업준비 강의 중 적성검사를 대비하는 강의실에 들어가 보면, 적성검사를 치렀다가 한 번 이상 탈락의 아픔을 겪은 사람이 2/3 가량 된다. 적성검사를 공부할 필요성을 그만큼 절실히 느낀다는 것이다. 적성검사를 처음 보는 사람들은 '그까짓 게 뭐 대수라고' 라고 생각하지만 이는 그야말로 어불성설이다. 이른바 적성검사 재수를 하고 싶지 않다면, 취업 계획을 구체적으로 세움과 동시에 적성검사를 공부할 시간도 반드시 떼어놓아야 한다.

❻ 기업의 적성검사가 점점 어려워지고 있다.

공부하는 사람이 나날이 느는 만큼 기업의 적성검사 문제 또한 점점 어려워지고 있다. 언어 영역을 예로 들면 단순한 어휘 맞히기 문제에서 제시문을 읽고 그에 대한 이해까지 선행되어야 하는 복잡한 문제 유형으로 변하고 있다. 수리 영역의 경우도 단순한 방정식 문제에서 도표를 보고 해석하는 문제로 변화하고 있다.

적성검사를 보는 데 주어진 시간은 그대로인데, 문제를 푸는데 시간이 오래 걸리는 쪽으로 변하고 있어 난이도 역시 상승하고 있다. 구직자들도 예전과 달리 미리 공부를 하고 오기 때문에 단순한 문제로는 변별력이 없어지고 있어 기업의 입장에서는 적성검사를 더 어렵게 낼 수밖에 없어진 것이다.

❼ 웬만한 기업은 모두 적성검사를 본다.

이른바 대기업은 거의 대부분 적성검사를 본다. 서류 평가(출신 학교, 학점, 영어 점수 등)로는 변별성이 떨어지며, 그렇다고 그 많은 사람을 다 면접 볼 수도 없기에 만들어진 제도가 적성검사다. 이름만 들으면 누구나 알만한 대기업들은 거의 대부분 적성검사를 본다.

최근에는 중견기업에서도 적성검사를 많이 보는 추세로 바뀌어가고 있다. 다만 중견기업의 적성검사는 외주로 주는 일이 많기 때문에 그 기업만의 독특한 적성검사라기보다는 언어나 수리 같은 일반적인 유형이 많다. 그러므로 기업별로 따로 적성검사 공부를 하기보다는 이 책에서 제시하는 유형을 익혀 스스로 대비해야 할 것이다.

이시한의 취업 적성검사 불패노트

1판 1쇄 인쇄 2012년 3월 15일
1판 1쇄 발행 2012년 3월 25일

지은이 이시한

발행인 양원석
총편집인 이헌상
편집장 김은영
책임편집 민지혜
전산편집 나준희
교정교열 오미영
해외저작권 정주이
제작 문태일, 김수진
영업 마케팅 김경만, 임충진, 곽희은, 주상우, 장현기, 이수민, 김혜연, 권민혁, 송기현, 우지연

펴낸 곳 (주)알에이치코리아
주소 서울시 금천구 가산동 345-90 한라시그마밸리 20층
편집 문의 02-6443-8842 **구입 문의** 02-6443-8838
홈페이지 www.randombooks.co.kr
등록 2004년 1월 15일 제2-3726호

ISBN 978-89-255-4640-7 (13320)